RADIUS BÜCHER

ÜBERLEBENS FRAGEN
2

Bausteine für eine mögliche Zukunft

A. M. Klaus Müller
Günter Altner Claus Buddeberg
Kurt Egger Erhard Eppler
Gerhard Liedke Gerhard Rein
Ernst von Weizsäcker

Umschlaggestaltung Philipp Bertheau unter Verwendung eines Fotos von Oswald Kettenberger. Satz aus der Trump-Mediaeval Antiqua
Druck A. Oelschlägersche Buchdruckerei GmbH Calw
Werkdruckpapier OP 50 der Papierfabrik Scheufelen Oberlennningen
Einband Buchbinderei Hans Mack Schönaich
ISBN 3-87173-508-6 Printed in Germany

VORWORT

Für viele Bürger der Industriestaaten ist die Überlebenskrise durch den Schock des arabischen Ölembargos und seine Folgen zum ersten Male in einem vitalen Bereich hautnah geworden. Als dann aber die bleibenden Belastungen aus den Konsumengpässen bei Benzin und Heizöl in die Preise und in die für den Bürger fernliegenden Außenhandelsbilanzen gewandert waren und kräftige Lohnerhöhungen für einen Ausgleich sorgten, entstand sehr rasch der trügerische Eindruck, wir hier in der Bundesrepublik seien doch nun über den Berg. Die Einsicht in die globalen Mechanismen der Verkettung aller offenen oder unterschwelligen Krisenherde liegt noch immer jenseits unseres an den nationalstaatlichen Parzellen festgemachtes Bewußtseins. Was es bedeuten wird, daß eine erhebliche Zahl von Ländern der Dritten Welt auf Grund der verteuerten Öleinfuhren vor dem Staatsbankrott stehen, übersteigt so sehr die manipulierte Phantasie der Konsumenten wie die partikulare Kompetenz der Politiker, daß die daraus sich ergebenden Spannungen, die sich schließlich durch einen Verzweiflungsakt über uns entladen können, wie von selbst verdrängt werden.

Verdrängung ist längst das wohlfeile Rezept zum ungestörten Weiterleben geworden. Selbst dort, wo der Schock nachwirkt, hat er meist zu einseitigen Fixierungen geführt. So wurde die Vorstellung begünstigt, die Krisen der näheren Zukunft lägen hauptsächlich auf dem Energiesektor. Den Maßnahmen gegen die drohende Umweltverschmutzung und Zerstörung wird seitdem vielfach geringere Priorität beigemessen – Wasser auf die Mühlen mächtiger Interessen! Außerdem hat die eindrucksvolle Regelkreis-Flexibilität der multinationalen Ölgesellschaften während des Embargos den Glauben an die Wirksamkeit technokratischer Lösungen noch vertieft. Aber diese scheinbar positive Bilanz wird nur von kurzer Dauer sein.

Sie ist schon heute erkauft mit der Verdrängung nicht nur der bereits sichtbaren Symptome eines globalen Zusammenbruchs der vom Menschen weiträumig organisierten Zivilisation, sondern auch mit der Weigerung, das Augenmerk überhaupt auf jenen Horizont zu richten, in dem die tieferen Gründe für diesen Kollaps sichtbar werden. Dieser Horizont erschließt sich noch nicht durch eine bloß ökonomische Betrachtungsweise der vielfältigen Zusammenhänge. An die Stelle ökonomischer Engführung muß eine auf die Ökologie gerichtete Erweiterung des Wahrnehmungsfeldes treten. Wir haben es bisher versäumt, die partikularen Wirkungsbereiche des Menschen in Natur und Geschichte als Teile eines einzigen Wirkungsfeldes der Ökosphäre zu sehen und neu zu durchdenken. Erst hier tritt der volle Verkettungszusammenhang zutage, gegen den wir uns ständig ausbeuterisch vergehen.

Wenn wir daher in diesem Band die Durchmusterung einzelner Teilbereiche unserer Wirklichkeit auf die Überlebensproblematik hin fortsetzen, so wieder im Blick auf jene quer zu den etablierten Strukturen liegenden Zusammenhänge, von denen sich das säkulare Bewußtsein unserer Tage aus «pragmatischen Erwägungen» abzustoßen trachtet. Von daher – aber erst von daher! – eröffnet die latent über uns hereingebrochene Krise dann auch Chancen. Der erste Beitrag versucht sie in Form eines Rundgespräches zwischen Politikern und Wissenschaftlern zu ergründen. Mit diesem Gespräch wird zugleich der Rahmen für die folgenden Einzelbeiträge abgesteckt. Was im Gespräch durch raschen, beispielhaften Hin- und Hergang wenigstens angerissen werden kann, läßt sich bei einer mehr systematischen Durchforstung eines Teilbereichs erst durch ständigen Bezug auf die ökologische Tiefendimension ansichtig machen.

Der Horizont der Ökologie ist die Zeit (eine mir im Rundgespräch gestellte, aber dort nicht beantwortete Frage!). Deshalb wird im ersten Einzelbeitrag der Zusammenhang zwischen der grundlegenden Zeitlichkeit alles Wirklichen in Wissenschaft, Wirtschaft, Politik und Religion einerseits und der Überlebenskrise andererseits in den Vordergrund gestellt. Das ‹Prinzip Überleben› ist die politische Version des ‹Prinzips Zeit›. Hinsichtlich der Zeit zeigen Wissenschaft und ‹normale› Technik ein Doppelgesicht: einerseits sind sie der Schoß für die Produktivkräfte des Beschleunigungsprozesses unserer Zivilisation und also von zeitlicher Dynamik; auf der anderen Seite vermögen sie die Zeitlichkeit aber nur durch Darstellungsmittel wahrzunehmen, welche selbst eingefrorene Zeit und darin zeitlos sind. Es ist, als ob das Lichterspiel des Leuchtturms auf den Wellen durch Eisschollen dargestellt werden soll: das geht nur durch Spannungen und Brüche hindurch, welche in der Kumulation zu immer größeren Belastungen des Wirklichkeitshaushaltes führen. Hier türmt sich eine ‹Zeitmauer› auf, an die uns jede großräumige technologische Schadensbekämpfung nur immer noch weiter heranbringt.

Ernst von Weizsäcker überträgt im zweiten Einzelbeitrag diese Perspektive auf gesellschaftliche Bereiche. Es kann nicht allein um eine technologische Bekämpfung der Ursachen der Umweltverschmutzung gehen. Bereits ihre nicht-technischen Motivationen müssen begrenzt werden. Dies führt zu einer Anprangerung der ‹Konsumpioniere›, welche wiederum nur Sinn hat vor dem Hintergrund einer Art von ‹Kulturrevolution›. Es ist dann für eine wirkliche Begründung der Notwendigkeit eines neuen Kulturverständnisses unentbehrlich, die ökologischen Bruchstellen in der traditionellen Verkettung von Wissenschaft und Ethik aufzudecken. Dazu gehört, wie Weizsäcker im Anschluß an eigene Arbeiten betont, daß der für die Verbindung von Geist und Materie so wichtige Informationsbegriff nicht länger unbiologisch-technisch interpretiert wird.

Zwei wichtige Bereiche, die heute durch die in ihnen etablierten Verfahren paradoxerweise zur ständigen Verschärfung der Überlebensproblematik beitragen, sind Medizin und Landwirtschaft. In ihnen wird konkret sichtbar, daß die großräumig-technologische Schadensbekämpfung von einer gewissen Kumulationsstufe an selbst zum Schaden wird, der also mit eben diesem Verfahren dann nicht mehr behoben werden kann. Claus Buddeberg und Kurt Egger weisen dies an zahlreichen Aspekten ihrer eigenen Fachgebiete auf. Die Vorschläge dieser Autoren zeigen, daß eine überlebensgemäße Änderung in diesen Bereichen nur im Zusammenhang mit einer Umpolung kultureller Werte möglich ist. Die von Weizsäcker anvisierte Gruppenexistenz vor Ort etwa in Form einer Großfamilie muß in die medizinischen Behandlungsmethoden wie auch in die landwirtschaftlichen Produktionsmethoden integriert werden, wenn wir der Tendenz zur großräumigen Expansion, die uns an die Zeitmauer führt, entrinnen wollen. Eine ‹sanftere Technologie› läßt sich gerade nur aus jener neu zu entdeckenden Lebensvielfalt in überschaubaren Räumen gestalten, welche die in der Konsumhaltung liegende Entfremdung (Entwertung der Arbeit zum Job, Überbewertung der Freizeit als ‹eigentliches› Leben) zu überwinden in der Lage ist. Es wäre unrealistisch, wollte man nicht zugeben, daß sich derartige Konstellationen erst aus dem Zwang der Not ergeben werden. Aber selbst dann werden sie nur zustandekommen, wenn bereits genügend Ressourcen an Bewußtsein vorhanden sind. Spätestens hier wird deutlich, daß auch die innere Welt der Lebewesen Teil der ökologischen Prozesse im Spiel der Zeit ist.

Von zentraler Bedeutung ist dann aber die Frage, ob der Mensch im Haushalt der Wirklichkeit eine Sonderstellung einnehmen darf. An Hand einiger Ansätze aus der philosophischen Anthropologie beleuchtet Günter Altner das weithin ungeklärte Verhältnis solcher Theorien zur Biologie und zu einer im Horizont der Zeit umfassend verstandenen Evolution. Eine Humanökologie, die diesen Namen verdient, darf den Menschen nicht gegen die übrige Natur ausspielen. Gerade dies ist aber unter dem Einfluß der abendländischen Tradition und mit theologischer Legitimation geschehen. Daß es sich hierbei, was die Theologie angeht, in Wahrheit nur um eine Scheinlegitimation gehandelt hat, zeigt die Aufdeckung tiefer Mißverständnisse in der langen Wirkungsgeschichte des alttestamentlichen Schöpfungsbefehls.

Zu diesem Thema drucken wir als letzten Einzelbeitrag 23 Thesen aus einer Arbeit von Gerhard Liedke ab. Diese Thesen lassen erkennen, daß die Gottesebenbildlichkeit des Menschen nicht nur in keinem Widerspruch zu seiner Einordnung in die ökologischen Zusammenhänge steht, sondern sogar Bedingung dafür ist, daß diese Einordnung als ‹Kooperation› des Menschen mit seiner Umwelt gelingen kann. Die letzte These, welche an das Abendmahl als Modell solcher Kooperation mit den ‹Umweltelementen Brot und Wein› erinnert, stößt in die Dimension des Verhältnisses von Ökologie und Religion vor, die auch im Schlußteil des ersten Einzelbeitrages angesprochen wird. Die damit aufgeworfenen Fragen überschreiten den in diesem Band ausführlicher behandelten Themenkreis.

Braunschweig, im Juni 1974 A. M. K. Müller

Chancen der Krise

Gesprächsteilnehmer: Prof. Dr. Dr. Günter ALTNER, Bundesminister Dr. Erhard EPPLER, Prof. Dr. A. M. Klaus MÜLLER, Prof. Dr. Ernst von WEIZSÄCKER, Gerhard REIN: Moderator[1]

REIN: Guten Tag meine Damen und Herren! Auf unseren Autobahnen wird zwar teurer, aber wieder schneller gefahren. Die Ölkrise hat Ende vergangenen Jahres fast jedermann in unserem Land darauf aufmerksam gemacht, daß so sicher die Selbstverständlichkeiten des täglichen Lebens nicht sind. Deutlicher und konkreter als zuvor hatte die vor zwei Jahren eingesetzte Diskussion zur Qualität unseres Lebens nun ihren aktuellen Gegenstand gefunden. Aber man kann nicht sicher sein, wie tief das gedrungen ist, nun, da eine akute Verknappung für uns, die Zahlungsstarken, so nicht sichtbar wird. ‹Für uns›, das ist eine sehr nationale Betrachtungsweise; sie läßt außer acht zum Beispiel die Frage, wer dann, welche Länder, die Zeche der Energiekrise bezahlen müssen. Und kann man so isoliert von Ölkrise, Energiekrise sprechen? Das ist doch nur die Spitze des Eisberges, Energiekrise, Hungerkrise, Umweltkrise, Krise der Wissenschaft – das hat miteinander zu tun, hängt zusammen. Begreifen wir das, lernen wir daraus, werden wir die richtigen Schlüsse ziehen?

Im Chinesischen wird für Krise das gleiche Schriftbild benutzt wie für Chance. Das soll kein Trick sein, um einen Gesprächsgang vorherzubestimmen, den wir hier vorhaben, aber wir wollen einige Aspekte der Krise bezeichnen und nach Folgerungen fragen. Die Dienstag-Redaktion hat dazu drei Wissenschaftler eingeladen, die diesem Problem permanent nachgehen, einen Physiker, einen Biologen, einen Theologen und einen Politiker, Dr. Erhard Eppler, Bundesminister für wirtschaftliche Zusammenarbeit und Vorsitzender der SPD in Baden-Württemberg.

Ich ahne, Herr Dr. Eppler, daß Etikettierungen Sie nicht mehr besonders überraschen. Fähigkeiten zu Reflexion und politischer Aktion sehe ich nicht bei allen Politikern. Empfinden Sie das für sich eher als Hindernis für die Durchsetzung von praktischer Politik oder eher als Anregung?

EPPLER: Wenn man immer wieder versucht, Abstand zu bekommen von dem täglichen Kleinkram der Politik, von den Akten, den unmittelbaren Entscheidungen, um darüber nachzudenken, worauf das alles hinausgehen soll, so ist das zuerst einmal eine zusätzliche zeitliche Belastung. Und dann ist es eine zusätzliche psychische Belastung, weil man dann natürlich den Abstand spürt zwischen dem, was eigentlich geschehen müßte und dem, was tatsächlich geschehen kann. Dann spürt man natürlich auch, daß man der öffentlichen Meinung nie mehr als einen Schritt voraus sein darf als Politiker, weil man sonst den Kontakt dazu verliert, und wenn man weiß, daß man eigentlich drei Schritte voraus sein sollte, hier aber nur einen Schritt voraus sein darf aus ganz einfachen psychologisch-politischen Gründen, so ist das sicherlich eine zusätzliche Spannung, in der man zu leben hat.

Rein: Müssen Sie sozusagen ab und zu auf die eigene Bremse treten?

Eppler: Genauso ist das, ja.

Rein: Der zweite Studiogast ist Herr Dr. A. M. Klaus Müller, Professor für Theoretische Physik in Braunschweig. Sie müssen mich zuerst darüber aufklären, was A. M. bedeutet.

Müller: Adolf Max.

Rein: Ah, ja. – Sie haben ein großes Buch geschrieben vor zwei Jahren *Die präparierte Zeit: Der Mensch in der Krise seiner eigenen Zielsetzungen*, das einiges Aufsehen erregt. Überleben, so sagen Sie in diesem Buch, sei die Priorität der Menschen heute. Ist das nicht ein bißchen zu dramatisch, Herr Professor Müller?

Müller: Nein, das würde ich nicht meinen. Es mag dramatisch erscheinen – in unsere derzeitige Verfassung hineingesprochen. Und es mag auch denen zu dramatisch erscheinen, die beispielsweise wie die Theologen meinen, es gäbe doch viel grundsätzlichere Ansatzpunkte. Wenn wir aber auf der anderen Seite sehen, daß wir ja in unserer ganzen geistigen Situation beispielsweise zwischen Glauben und Denken eine Art Bruch konstatieren müssen, dann frage ich mich, ob wir nicht in einer wirklichen Krise, wie wir sie haben, bei einem kleinsten gemeinsamen Nenner beginnen müssen, freilich nicht, um dort stehen zu bleiben, sondern um dann weiterzufragen: was brauchen wir denn alles, um mit diesem kleinsten gemeinsamen Nenner über die Runden zu kommen? Und als diesen kleinsten gemeinsamen Nenner würde ich in der Tat Überleben sehen.

Rein: Davon wird nachher noch die Rede sein. – Dr. Ernst v. Weizsäcker ist Professor für interdisziplinäre Biologie an der Essener Universität. Sie haben sich eine Reihe von Jahren mit BC-Waffen und Friedenspolitik-Themen beschäftigt. Woran arbeiten Sie zur Zeit?

v. Weizsäcker: Teilweise durchaus noch in der Fortsetzung der Friedensforschungsarbeiten. Aber angesichts der Grenzen des Wachstums bekommt das notwendigerweise eine neue Note. Zum Teil werden wir alle praktischer und politischer, auch in der Wissenschaft – und das ist gut so –, zum Teil gehen wir noch tiefer in die Grundlagen, wie das Herr Müller vorgezeichnet hat, und auch das ist gut so. Nur wird die Synthese schwieriger.

Rein: Zu Gast ist auch Professor Dr. Günter Altner. Sie sind Theologe und Biologe, eine merkwürdige Mischung, wie ist es dazu gekommen?

Altner: Die Gründe liegen darin, daß ich während meiner Ausbildung gemeint habe, daß sich Theologie heute im Wirklichkeitsverständnis der Zeit artikulieren müsse. Zu diesem Wirklichkeitsverständnis tragen insbesondere die Naturwissenschaften und die Biologie bei, und so schien es mir einfach folgerichtig, etwas von Biologie und Ergebnissen der Biologie zu wissen, um gerade auch in diesem Kontext eine neue Aussage alter theologischer Inhalte zu versuchen.

Rein: Ist Schöpfung das gemeinsame Stichwort der beiden Bereiche?

Altner: Schöpfung könnte das gemeinsame Stichwort der beiden Bereiche sein, nur wird unter Schöpfung in beiden Bereichen etwas sehr Verschiedenes verstanden. Und die Verbindung zwischen diesen beiden Perspektiven von Wirklichkeit stellt sich nicht so von selbst ein.

Rein: Herr Minister Eppler, Herr Müller hat in seinem Buch gefordert, daß Wissenschaft und Politik sich an einen Tisch setzen, um so etwas wie Überlebensfragen zu diskutieren und auszuhandeln. Es gibt hier heute die Möglichkeit dazu, aber ist das wirklich dringender als je zuvor?

Eppler: Ja, es ist dringender als je zuvor, allerdings muß man darüber nachdenken, warum das bisher nicht so recht funktioniert hat. Und ich glaube, es hat nicht so recht funktioniert, weil die Politiker nicht in der Lage waren, den Wissenschaftlern die Fragen zu stellen, deren Beantwortung für die Politik unbedingt nötig ist, und zum anderen, weil die Wissenschaftler über Dinge geforscht haben, die für den Politiker meistens völlig unbedeutend sind, mit denen er überhaupt nichts anfangen kann. Daß heißt, Politik und Wissenschaft haben weithin aneinander vorbeigelebt, und jetzt kommt es darauf an, daß sie in ein vernünftiges Spannungsverhältnis zueinander treten.

v. Weizsäcker: Darf ich etwas einwerfen, Herr Rein; ich habe das Gefühl, daß bisher diese Forderung nach mehr Gespräch weitgehend so verstanden worden ist, daß die Politik mehr von der Wissenschaft zu lernen habe. Ich habe das Gefühl, heute lernen wir Wissenschaftler, daß wir sehr überheblich waren. Wir sehen, daß der Wissenschaftler von der Politik zu lernen hat, daß es in manchen Situationen gar keinen Sinn hat, Fragen zu stellen, von denen man ganz genau weiß, daß sie erst in zweihundert Jahren beantwortbar und wesentlich sind.

Eppler: Nehmen Sie einmal ein Beispiel: Entwicklungsländerforschung und die Forschung zur Entwicklungspolitik. Sie ist in den letzten Jahren unerhört gewachsen. Aber wenn ich mich frage, was wir in der Administration, in der Politik damit anfangen können, dann ist dies zwar nicht gleich null, steht aber überhaupt in keinem Verhältnis zu dem, was hier an Energie für die Forschung aufgewendet worden ist.

Rein: Wir wollen Energiekrise, Wachstumskrise, Krise der Wissenschaft, Umweltkrise, Krise der Menschlichkeit könnte man das nennen, ein wenig näher beleuchten. Wir haben einige informative Texte der Gesprächsteilnehmer dazu vorbereitet.

Begonnen hat ja die neue Diskussion eindeutig in einem größeren Ausmaß bei der Ölkrise, die gezeigt hat, wie abhängig wir sind von anderen Nationen, von anderen wirtschaftlichen Mächten. Herr Bundesminister Eppler hat im Januar 1974 in Bad Boll bei einer Tagung der Evangelischen Akademie einige Bemerkungen über die Auswirkung der Ölkrise auf die Entwicklungsländer gemacht, und wir wollen einen Teil dieser Ausführungen hier noch einmal in Erinnerung rufen.

(Zitat Eppler:) In Japan hat knappe und teure Energie die Wirtschaft stark beeinträchtigt und die Inflation enorm beschleunigt. In Großbritannien ist das ohnehin angeschlagene Wirtschaftssystem an den Rand des Stillstands geraten. Man schätzt, daß die Ölverteuerung das Minus der englischen Zahlungsbilanz in diesem Jahr verdoppeln wird, und es sieht so aus, als werde selbst der Überschuß in der Handelsbilanz der Vereinigten Staaten auf diese Weise aufgezehrt. Diese Krise schlägt auf die Entwicklungsländer durch:

Nahezu der gesamte südostasiatische Raum, von Hongkong und Singapur bis nach Sri Lanka und Bangla Desh ist von den Lieferkürzungen der japanischen Industrie betroffen, besonders bei Erzeugnissen wie synthetische Garne, Kunststoffe, Stahl, Stahlwaren und Kunstdünger. Der Präsident der Asiatischen Entwicklungsbank hat die Regierung in Tokio jüngst aufgefordert, Warenexporte, Kapital- und Wirtschaftshilfe für den südostasiatischen Raum aus Gründen der Energiekrise nicht zu kürzen, und all dies vor dem Hintergrund des Aufbegehrens der im japanischen Einflußbereich liegenden Länder gegen das, was man dort den japanischen Imperialismus nennt.

Im anglophonen Afrika erwartet man Importengpässe, verursacht durch die Dreitagewoche in Großbritanien. Kenia und Tansania verzeichnen bereits einen vierzigprozentigen Rückgang ihrer Urlaubsbuchungen, Flüge in die afrikanischen Touristenländer wurden drastisch eingeschränkt. Dies wird sich auf die Deviseneinnahmen – Kenia nimmt durch den Tourismus etwa so viele Devisen ein wie durch sein wichtigstes Exportgut, den Kaffee – ebenso auswirken wie auf die Beschäftigungslage. Der Anteil der Bevölkerung, der ohnehin schon an der Peripherie des ökonomischen Systems in den Entwicklungsländern lebt, erhöht sich.

Sollte wegen Verknappung und Verteuerung des Kunstdüngers die landwirtschaftliche Produktion in Bangla Desh zurückgehen, das wie der gesamte südostasiatische Raum in hohem Maß von der Kunstdüngereinfuhr aus Japan abhängt, sollten als Folge davon die Ernten zurückgehen und die Getreidepreise steigen, so würde dies dort und anderswo nackten Hunger bedeuten. Denn was sonst bedeutet ein fünfzigprozentiges Ansteigen der Grundnahrungsmittelpreise für die Existenz von Menschen, die ohnehin schon achtzig Prozent ihres Einkommens für Nahrungsmittel aufwenden müssen?

Erdöl wird für viele Entwicklungsländer in Zukunft unerschwinglich werden: Was die Entwicklungsländer in diesem Jahr zusätzlich für Erdöleinfuhren aufbringen müssen, kommt ungefähr der Summe der öffentlichen Entwicklungshilfe aller Geberländer der OECD im Jahr 1972 gleich. Schon jetzt rechnet man sich aus, daß Indiens Ölimportrechnung in diesem Jahr auf das Dreifache steigen wird und daß dort in Zukunft zwei Drittel aller Exporterlöse für Ölkäufe verwendet werden müssen, gegenüber bisher einem Zehntel. Und es wird nicht dabei bleiben; denn im Gefolge der Ölpreise steigen auch die Importpreise für Industriegüter.

Die westlichen Industrienationen verfügen immerhin über ausreichende finanzielle und technische Mittel, um ihre Wirtschaft nach und nach auf andere Energien umzustellen. In Ländern, deren Zahlungsbilanzen durch die Ölverteuerung tief ins Minus geraten, deren Infrastruktur ohnehin kaum mit den Anforderungen des Bevölkerungswachstums Schritt halten kann, sind Atomkraftwerke eine Utopie.

Nullwachstum in einer Gesellschaft mit hohem Lebensstandard und geringem Bevölkerungszuwachs mag unbequem sein, ungleich schwerer wiegt Null- oder Minuswachstum in einer Entwicklungsgesellschaft mit einem Bevölkerungszuwachs von jährlich etwa drei Prozent, einem hohen Schuldendienst, Devisenmangel und dringenden Infrastruktur- und Entwicklungsprogrammen. Wo es wenig Luxus zu beschneiden gibt, treffen alle Einschränkungen die Versorgung mit dem Nötigsten.

REIN: Ein Text von Ihnen, Herr Dr. Eppler, aus dem Januar dieses Jahres zu den Auswirkungen der Energiekrise auf die Entwicklungsländer. Hat sich Ihre Einschätzung bis heute so gehalten?

EPPLER: Im ganzen ja, Herr Rein, aber ich würde das heute etwas differenzieren. Ich glaube, wir sehen im Bereich der bisherigen Entwicklungsländer fünf Gruppen, was den Einfluß der Energiekrise und der Rohstoffverteuerung angeht. Die erste Gruppe ist die der bevölkerungsarmen Ölländer. Die wissen buchstäblich nicht, wohin mit ihrem Geld, so zum Beispiel Libyen, Saudi-Arabien und die kleinen Scheichtümer. Das zweite sind die bevölkerungsreichen Ölländer, wie zum Beispiel Algerien oder Nigeria oder Indonesien oder Venezuela, die mit ihren Ölerlösen sich wahrscheinlich ganz rasch, und zwar in unserem Stil, industrialisieren werden. Das dritte sind die rohstoffreichen Entwicklungsländer, die also mit ihren größeren Erlösen für Baumwolle oder Kupfer oder Zinn oder Blei oder was immer es ist, die größere Rechnung für das Öl bezahlen können – dazu gehört Sambia oder auch ein Land wie Peru, das Erdöl erzeugt, aber nicht exportiert. Die vierte Gruppe sind fortgeschrittene Entwicklungsländer, die schon weit industrialisiert sind, die einen hohen Bedarf an Öl und an Rohstoffen haben, und die jetzt einen gewaltigen Rückschlag erleben. Das sind Länder wie Südkorea oder auch Brasilien oder auch Kenia, also gerade die, von denen wir bisher geglaubt haben, sie seien über den Berg. Die fünfte und größte Gruppe sind die bevölkerungsreichen, rohstoffarmen Entwicklungsländer, die ohnehin schon immer sehr arm waren, die sind in einer Existenzkrise. Dazu gehört der gesamte indische Subkontinent: Indien, Pakistan, Bangla-Desh, Sri Lanka, auch Burma und andere Länder, und dazu gehört ein großer Teil von Afrika, das heißt eine Milliarde Menschen. Diese fünfte Gruppe ist nicht in wirtschaftlichen Schwierigkeiten, sondern sie steht vor einer wirtschaftlichen Katastrophe, die wir im Augenblick noch gar nicht genau absehen können; und die Frage ist jetzt, ob zum Beispiel die erste Gruppe, von der ich gesprochen habe, etwas für die letzte Gruppe tun kann. Da sind Versuche im Gange, aber sie sind noch nicht sehr weit gediehen.

Was mir nun zusätzlich zu dem allen Sorge macht, sind die hochindustrialisierten Länder. Denn inzwischen hat ja der Verlauf der Ölkrise gezeigt, daß wir in eine Lage geraten sind, daß die Bevölkerung der Industrieländer sich nicht mehr so unmittelbar betroffen fühlen muß wie vor einem Monat. Das unmittelbar Betroffensein, daß man etwa sonntags seinen Wagen nicht benutzen konnte, daß man sich Begrenzungen, sinnvollen Begrenzungen ausgesetzt sah in der Geschwindigkeit, ist weg, und ich habe den Eindruck, daß uns das in eine falsche Sicherheit bringt, die uns um so rapider, vielleicht in einer anderen Weise, erneut mit der Krise konfrontiert.

v. Weizsäcker: Das heißt, die Chancen der Krise werden nicht genutzt. Es werden nur die negativen Teile, die Herr Eppler überzeugend darstellt, immer sichtbarer, aber niemand nutzt die Chance, die in der Krise steckt.

Eppler: Die Krise ist noch gar nicht begriffen worden in diesem Land. Denn was wir als Energiekrise erlebt haben, ist im Grunde eine weltwirtschaftliche Umwälzung, wie wir sie sicherlich seit den Dreißigerjahren nicht mehr erlebt haben. Und diese Umwälzung bedeutet, daß die sogenannten ‹terms of trade›, die Bedingungen des Handels, umschlagen. Während wir jahrzehntelang immer weniger Autos und Maschinen ausführen mußten, um dieselben Mengen an Öl oder Baumwolle oder Erdnüssen oder Kupfer oder Zinn einzuführen, und zwar einfach, weil die Preise für die Rohstoffe im Verhältnis zu den Preisen für die Industriegüter immer niedriger geworden sind, geht es jetzt umgekehrt; das heißt, die Preise für alle Rohstoffe, vor allem für die knappen Rohstoffe, wie etwa Nichteisenmetalle, die, wenn wir sie so weiter ausbeuten, in einer Generation erschöpft sein werden, so für das Öl, aber auch für das Getreide, das auf dem Weltmarkt heute doppelt so teuer ist als vor etwa vierzehn Monaten, steigen wesentlich rascher als die Preise für das, was wir zu exportieren haben, nämlich Industriegüter. Dies bedeutet, daß wir im Jahr 1974 zwischen zwanzig und dreißig Milliarden mehr – hier in der Bundesrepublik – aufwenden müssen, also pro Kopf der Bevölkerung vierhundert bis fünfhundert Mark mehr, um dieselben Importe an Öl, an Kupfer, an Baumwolle, an Zinn und Zink zu bezahlen.

ALTNER: Wenn man fragt, was muß denn eigentlich begriffen werden, worin liegt eigentlich die Krise, müßte man dann nicht, wenn man es geschichtlich beurteilt, sagen: Die Krise liegt darin, daß wir bislang immer noch in einem nachkolonialen Zeitalter gelebt haben unter ständiger Ausnutzung der Dritten Welt?! Und jetzt erst beginnt uns dies angesichts der Verknappung des Öls und der nachziehenden Verknappung von Rohstoffen deutlich zu werden. Aus dieser Krise Resümee ziehen und das Verhalten ändern, würde bedeuten, die Verteuerungen hinnehmen in dem Bewußtsein, daß sich jetzt erst eine Weltgerechtigkeit einspielen könnte, die nun auch der Dritten Welt zugute kommt.

EPPLER: Ich fürchte, das ist so, wie Sie sagen, Herr Altner. Nur wäre natürlich die weitere Frage: wie kommt es eigentlich, daß die Entwicklungsländer heute für ihre Rohstoffe zum Teil das Doppelte oder, im Falle von Sisal, das Fünffache dessen erlösen können, was sie vor einem Jahr erlösen konnten? Und hier glaube ich, daß sich das Bewußtsein in der ganzen Welt geändert hat durch die Diskussion über die Grenzen des Wachstums; das bedeutet: Die Rohstoffländer haben plötzlich begriffen, was sie besitzen, daß sie also über etwas verfügen, das wir brauchen, was möglicherweise rasch erschöpft ist, was knapp ist und was sie also so teuer wie möglich verkaufen müssen, das heißt, die Rohstofferzeuger haben begriffen, daß sie eine Machtposition haben, sie haben mehr Selbstbewußtsein, sie treten ganz anders auf, und dadurch kommt der Vorgang, den Herr Altner – meiner Ansicht nach völlig richtig – beschrieben hat.

v. WEIZSÄCKER: Aber warum befürchtet das der Entwicklungshilfeminister? Wenn die politische Analyse stimmt, daß die Weltungerechtigkeit über kurz oder lang in fürchterliche Weltbrände umschlagen würde, dann wäre es gut, wenn wir durch das neue Selbstbewußtsein der Rohstoffländer zu diesem Ausgleich an Weltgerechtigkeit gezwungen würden; wo wir doch ohne Zwang nie zu einer hinreichenden Entwicklungshilfe gekommen wären.

EPPLER: Herr v. Weizsäcker, ich würde Ihnen dann voll zustimmen, wenn ich wüßte, was mit dieser fünften Gruppe geschehen soll, und auch was mit dieser vierten Gruppe geschehen soll. Denn wenn man die Gruppen vier und fünf, also die fortgeschrittenen Entwicklungsländer, die jetzt plötzlich nicht wissen, wie sie ihre Rohstoffe und ihr Öl bezahlen sollen, und die besonders armen zusammennimmt, dann sind das etwa eineinhalb Milliarden Menschen, und die Frage ist, was aus denen werden soll, und die ist natürlich auch durch die größere Gerechtigkeit gegenüber Baumwollanpflanzern oder Kupferproduzenten nicht beantwortet.

ALTNER: Dann wird sich aber der Ausgleich der Gerechtigkeit ja auch nicht so ohne weiteres einstellen. Es wird vielmehr zu einer Verschärfung der Konkurrenz kommen, so daß die steigenden Rohstoffpreise von den Industrieländern in den Preisen der Industrieprodukte zurückgegeben werden. Insofern wird sich ein Stück weit das zähe Beharrungsvermögen der westlichen Industrieländer dann immer noch zuungunsten der Entwicklungsländer auswirken können.

EPPLER: Ja, das ist richtig, Herr Altner. Nur, die Entwicklungsländer sind wild entschlossen, und die Ölländer werden dies auch tun können – ob es alle tun, ist eine andere Frage –, Preissteigerungen für Industriegüter wiederum zurückzugeben durch weitere Preissteigerungen der Rohstoffe; und hier liegt ja nebenbei eine Inflationsgefahr von ungeahntem Ausmaß für die gesamte Weltwirtschaft. Was wir jetzt erleben, ist ein weltweiter Verteilungskampf, der die Preise mindestens so sehr, aber wahrscheinlich noch mehr in die Höhe treibt als das, was wir an nationalem Verteilungskampf zwischen verschiedenen Gruppen gewöhnt sind. Eine Folge – und um diese Folge kommen wir gar nicht herum – ist, daß wir in einer Welt von rascher Inflation leben, und daß wir im Jahr 1974 nur noch ganz wenige Länder haben werden – darunter möglicherweise die Bundesrepublik –, die mit einstelligen Preissteigerungsraten zu rechnen haben, alle anderen mit zweistelligen, bei Japan immerhin inzwischen schon 24 Prozent.

ALTNER: Frage an den Politiker: Wer könnte das organisieren? Dies würde ja eine internationale Politik voraussetzen, die gerade hier an diesen Stellen Verantwortung empfindet und die Initiative unternimmt. Aber ich sehe nicht, wo das derzeit möglich wäre.

REIN: Ganz im Gegenteil, es hat sich ja gezeigt, daß die Ölkrise, in Europa jedenfalls, den Nationalismus einzelner Staaten wieder hat aufblühen lassen. Die Krise wirkt eher desintegrierend auf Westeuropa. Wie beurteilen Sie das, Herr Müller?

MÜLLER: Wir beginnen jetzt erst zu sehen, in welchem Ausmaß der Mangel an Integration, den wir ja haben – auch in Europa, trotz aller Bemühungen, also die Parzellierungen in Nationalstaaten und das Wiederaufleben des Nationalismus –, wie sehr uns dies in die Quere kommt bei der Lösung dieser Probleme. Ich würde insgesamt natürlich auch sagen, das gilt genauso für die Nationalstaaten des Nahen Ostens, die ebenso angesprochen wurden wie andere Bereiche: überall brauchten wir eigentlich so etwas wie eine übergeordnete politische Behandlung der Probleme, und überall verfängt sich dieser Versuch im Kräfteringen der Nationalstaaten; ich würde meinen, daß wir nicht mehr viel Zeit haben, und ich frage mich, woher sollen wir rechtzeitig solche politischen Institutionen bekommen, die auch nur etwa einen Einfluß haben vom Range der Europäischen Gemeinschaften?

v. WEIZSÄCKER: Das ist ja wirklich eine ganz ironische, ganz traurige Entwicklung, daß gerade in dem Moment, wo uns allen klar wird, daß wir in einem Raumschiff sitzen, die auseinanderteilenden Tendenzen in allen Nationen und in allen Einzelgruppen stärker werden. Das hat einen logischen Zusammenhang: In dem Moment, wo klar wird, daß der Kuchen begrenzt ist, fängt der Verteilungskampf an. Aber gerade in dem Moment, wo die Begrenztheit des Kuchens klar wird, ist Einheit nötig. Wie Herr Altner schon richtig angefragt hat, müßten wir eine Institution dafür haben. Das kann letztlich nur die UNO sein. Aber es gehört ja bei uns zum bürgerlichen Chic, auf die UNO zu schimpfen, und indem man die Ohnmacht der UNO anprangert und vielleicht auch manche anderen Untugenden der UNO, bestätigt man ja gerade das, was man selber diagnostiziert.

REIN: Gibt es Chancen für internationale Organisationen in dieser Zeit?

EPPLER: Ich glaube, daß tatsächlich die Notwendigkeit internationaler Zusammenarbeit in einem krassen Widerspruch steht zu dem, was heute im Bewußtsein der Völker, auch der Politiker, ist. Nationalismus ist im Augenblick ebenso modern, wie er lebensgefährlich ist, ich sage ausdrücklich:

lebensgefährlich (vgl Müller, S 40 f). In einigen Ländern wird sich das in diesem Jahr noch zeigen. Wir werden ja in wenigen Wochen eine UNO-Konferenz haben zu diesen Themen, in New York, eine Sonderkonferenz. Ich bin sehr skeptisch. Sie ist schlecht vorbereitet, und ich fürchte, es wird die Verlesung von langen, langen Statements geben, tagelang, vielleicht vierzehn Tage lang, und dann wird man froh sein, wenn man wenigstens einige Themen herausgreifen und sagen kann: diese überweisen wir mit einer bestimmten Empfehlung an eine bestimmte Unterorganisation der Vereinten Nationen. Aber Herr v. Weizsäcker hat völlig recht. Bei allem, was man gegen die UNO sagen kann: sie ist heute notwendiger denn je, sie ist genauso stark, wie wir sie miteinander machen, und so schwach, wie wir sie lassen, und unser Interesse müßte es sein, jetzt bei der UNO oder bei der Weltbank, wenn es um die Verteilung von Ölgeldern an Entwicklungsländer geht, diese Institution so stark zu machen, daß sie tatsächlich handeln kann.

v. Weizsäcker: Darf ich noch einen weiteren Punkt herausgreifen: Da ist die gelegentliche Aussage von Begüterten, daß eine höhere Besteuerung doch sehr wenig zur Vergrößerung des öffentlichen Haushalts beitragen würde. Damit könnte man all diese Schäden gar nicht bezahlen, die aus der Wachstumsentwicklung entstehen. Dann wird noch gesagt, es sei die breite Masse schuld an dem wachstumstreibenden Konsum und gar nicht die wenigen Reichen. Diese Aussage scheint mir psychologisch undurchdacht. Diejenigen, die als erste finden, daß man einen BMW fahren muß, daß man einen Farbfernseher braucht, daß man nach Rhodos fahren kann usw, empfinden das nicht in erster Linie als Konsum, sondern in erster Linie als eine Pioniertat. Sie bewerten diese Konsumtaten entsprechend positiv. Und wenn die breite Masse nachzieht, empfindet sie das natürlich zunächst auch nicht als Konsum, sondern den Farbfernseher als bessere Information, den BMW als sportlich und die Rhodosreise als Bildung. (So lernt man das schließlich auch aus den farbigen Prospekten!) Wenn wir nicht an irgendeiner Stelle diese Konsumspitzen, diese Vorreiter etwas zügeln, dann wird es auf alle Zeiten ohne Chancen sein, das Wachstum insgesamt einzudämmen (vgl v. Weizsäcker, S 69). Das gilt übrigens auch im internationalen Maßstab. Solange wir Ärmeren gegenüber den Konsumstandard zum Meßwert der Selbstachtung machen, bleibt es illusorisch, daß sie einen anderen Weg als den des Konsumwachstums einschlagen.

Altner: Nun gibt es ja eine Schwierigkeit dabei. Es ist nicht von vornherein immer so klar zu sehen, was eine verhängnisvolle Konsum-Pioniertat sein wird. Also lassen sich die Konsumpioniere im Moment ihrer Tat nicht leicht als Konsumanführer brandmarken. In der Regel bewerten wir ja solche Konsum-Pioniertaten zunächst positiv. Erst durch ein öffentliches kritisches Bewußtsein, das technische Neuerungen nicht immer jubelnd begrüßt, sondern zugleich den Blick auf ihre gefährlichen Folgen lenkt, auf ihre ambivalenten Folgen, kann sich hier etwas ändern.

Eppler: Herr v. Weizsäcker, da ist etwas ganz Wichtiges angesprochen. Bisher waren wir ja immer der Meinung, wenn irgendeine Form des Konsums beginnt, beginnt sie zwar mit ein paar Leuten, aber im Lauf der Zeit werden dies sich alle leisten können. Damit hat man das auch gerechtfertigt. Nur ein Beispiel: der Tourismus. Rhodos ist doch schon ein kleiner Fisch. Heute fliegt man, wenn man etwas auf sich hält, nach Sri Lanka oder nach Bangkok oder doch mindestens nach Nairobi. Wenn Sie das jetzt mal überlegen: es ist gar nicht möglich, daß wir in einigen Jahren fünf Millionen oder sechs

Millionen deutsche Urlauber in diesen Ländern haben werden. Erstens nicht, weil man, um nach Bangkok zu fliegen, von Frankfurt aus eben das Zweihundertfache an Energie verbraucht, was man braucht, um mit dem TEE in den Schwarzwald zu fahren. Zweitens, weil wir gar nicht so viele Flugplätze haben, um diesen Flugverkehr einzurichten in der Bundesrepublik. Wenn wir sechs Millionen Urlauber haben wollten in Asien oder Afrika, dann müßten wir wahrscheinlich die Hälfte der Fläche der Bundesrepublik schließlich zu Flugplätzen machen. Und sogar wenn wir das tun könnten, dann würden die Meteorologen kommen und sagen: Ihr verschmutzt die Atmosphäre mit euren Jets so, daß sich das Klima verändert. Das heißt zu deutsch: Die Vorstellung, daß schließlich jeder einmal nach Bangkok fliegen kann, wenn er gerade Lust hat, ist falsch. Hier sind Grenzen. Die Frage ist nun: wenn man diese Grenzen sieht, was hat das dann politisch, wirtschaftspolitisch für eine Folge? Und ich bin in der Tat der Meinung, daß man nicht den größten Teil der Bevölkerung zum Konsumverzicht auffordern kann, wenn ein kleinerer Teil der Bevölkerung diesen Konsum vorexerziert. Und hier liegt in der Tat das Problem, von dem Herr von Weizsäcker gesprochen hat.

MÜLLER: Und nun kommt aber noch etwas anderes hinzu. Da ist die Aufforderung zum Konsumverzicht, die ja irgendwo an die Einsicht appellieren muß, daß das sinnvoll ist. Und sie kann nicht allein dadurch gelingen, daß man vor Augen hält: das geht nicht. So, wie Sie das eben geschildert haben, muß auch in der unmittelbaren Lebenswelt des einzelnen ein Äquivalent erscheinen. Was ist denn das, wodurch er entschädigt wird? Und ich meine, das ist ein besonders schwieriger Punkt.

Ich will hier noch ein anderes Beispiel nennen, nämlich das Fernsehen. Neulich sagte mir ein Kollege: Es ist ja frappierend, wie gebannt Kinder ins Fernsehen schauen, und er fügte hinzu: Ja, sie erleben da ja auch eine Perfektion der Darstellung, zum Beispiel in der Kinderstunde, die sie in ihrer eigenen kleinen Kinderstube nicht so perfekt inszenieren können. Das ist auch so ein Aspekt, wo wir hineingezogen werden in ein gewisses großräumiges Angebot, und alle unsere Angebote sind ja großräumig inszeniert und gemacht.

Die Frage: Muß nicht das, was in uns einen eigenständigen Widerstand gegen das Hineingezogensein leisten könnte, muß das nicht auch vom Kleinen her begründet sein in einer kleinen Gruppe, die in sich selbst lebt? Das ist eine ganz schwierige Frage. Unsere ganze Gesellschaft tendiert heute zur großräumigen Organisation. Und auch die Wissenschaft bringt sie dahin, die bisherige Wissenschaft. Die Verbindung von Wissenschaft und Politik, die Herr v. Weizsäcker schon ansprach, scheint mir auch den Aspekt zu haben, daß wir dahin kommen müssen, in kleineren Gruppen so etwas wie eine Qualität des Lebens aus dem kleineren Raum heraus zu finden.

REIN: Kennen Sie Beispiele dafür, daß ‹small is beautiful› einleuchtend dargestellt werden kann?

MÜLLER: Dieser Gedanke ist aufgekommen zunächst einmal im Blick auf die Entwicklungsländer: daß etwa unsere hochkomplizierte Technik, die ja auch auf bestimmten Voraussetzungen beruht, die eben nur die Industrieländer bieten können, für diese Länder gar nicht optimal ist. Aber was ich jetzt ansprach, war, daß sich dasselbe Problem eigentlich bei uns auch stellt. Denn wir sind ja ebenfalls in der Gefahr, gleichsam eingebettet zu werden in ganz bestimmte technische Verfahren und technische Beeinflussungen, die uns eigentlich unsere Lebensqualität mehr nehmen als geben. Obwohl es zunächst so aussieht, als erhöhten sie unseren Lebensstandard. Und da würde ich sagen: Schon wenn man in kleinen Gruppen das bespricht, was den einen oder anderen konkret trifft, so wäre das, wenn man es in seinem Wert erkennen würde, ein erster Schritt. Die Artikulation von Menschen, die sich kennen, die zusammenkommen und sagen, also das ist doch eigentlich untragbar – ich brauche jetzt nur an die Abgase zu denken. Diese Debatte ist längst gelaufen – aber sie fing ja einmal damit an, daß Menschen an den Abgasen gelitten haben; und es waren nicht die Konstrukteure von Autos, die das in Gang gesetzt haben.

ALTNER: Ein weiteres Bezugsfeld, in dem die Frage nach der Grenze, nach der verantwortbaren Überschaubarkeit unbedingt diskutiert werden sollte, wäre die Frage der Kommunalpolitik. Man kann, wenn man hier einen Überblick hat, einfach nur sagen: In der Regel ist die Kommunalpolitik von einem Wachstumsdenken durchsetzt und pervertiert, das die Frage nach der Grenze für den Bereich der Kommunalpolitik völlig außer Kraft setzt. Dabei könnte man gerade im Bereich der Kommunalpolitik sehr sinnvoll über die Grenze sprechen, und zwar auch so, daß es dem Bürger einsichtig ist, und daß sich der Politiker mit dem Bürger zusammen engagieren kann.

EPPLER: Das hat zum Teil ganz primitive, banale Gründe, daß das so ist, Herr Altner. Zu diesen banalen Gründen gehört zum Beispiel die Gewerbesteuer, daß eben immer noch ein zu großer Teil der Gewerbesteuer – trotz der Finanzreform – an die Gemeinden fließt und die Vorstellung bei den Gemeinderäten und Bürgermeistern immer noch da ist, wir müssen sehen, möglichst viel Industrie zu bekommen, um entsprechend gewerbesteuerstark zu sein. Und es soll sogar noch banalere Gründe geben, nämlich daß ein Bürgermeister oder Oberbürgermeister besser bezahlt wird, wenn seine Gemeinde größer ist.

REIN: Kommt er dann in eine neue Gehaltsstufe?

EPPLER: Ja, nach den Gehaltsregeln bekommt natürlich jemand, der einer Gemeinde von sechstausend Menschen vorsteht, mehr als einer, der dreitausend Menschen vorsteht.

v. WEIZSÄCKER: Herr Müller hat vorhin einen Punkt angesprochen, der auch durch seine wissenschaftlichen Beiträge wesentlich vertieft worden ist – den lohnt es sich zu verfolgen: Die Einsteinsche Relativitätstheorie gilt überall, sie gilt in Nairobi genau wie hier. Dagegen die Lebensqualität, selbst wenn sie meßbar sein sollte, ist hier etwas ganz anderes als in Nairobi. Wenn wir versuchen, das, was wir für uns vielleicht sogar als meßbar gut und glückmachend erkannt haben oder empfinden, in ganz andere Gegenden zu verpflanzen, richten wir Unheil an. Das heißt also, eine neue Wissenschaft, die geographische Verschiedenheit, ethnische Verschiedenheit, soziale Verschiedenheit, vielleicht auch religiöse Verschiedenheit wirklich ernst nimmt, kann nicht den Allgemeinheitsgrad haben, den die Relativitätstheorie hat. Nun ist aber die ganze Wissenschaft so angelegt, daß sie immer allgemeingültige Aussagen macht. Und die Wissenschaftler sind sehr traurig, wenn sie irgendwelche Grenzen sehen. Das Unternehmen Wissenschaft leugnet in seiner Geisteshaltung gern Grenzen, unter Umständen sogar die Wachstumsgrenzen, obwohl natürlich die besseren Wissenschaftler immer schon mit begrenzten Geltungsbereichen ihrer Aussagen operiert haben.

REIN: Wir können vielleicht als Beispiel dafür einen Text einbringen, den Herr Professor Müller geschrieben hat, einen Ausschnitt aus einem größeren Manuskript, das nochmals bezeichnet, was Grenzen des Wachstums sind, und an ein paar konkreten Beispielen das verdeutlicht.

(Zitat Müller:) Maßnahmen zur Slumsanierung amerikanischer Städte brachten häufig nur in den ersten Jahren die anvisierten Erfolge, führten dann aber zu einem Desaster, weil die Slums sich schließlich genau dort ausbreiteten, wo die Maßnahmen zuvor ihre positiven Wirkungen gezeitigt hatten. Ich wähle noch ein einfacheres Beispiel aus einem Zeitungsartikel: «Am Südrand der Sahara wurden für die dort lebenden Nomaden Tiefbrunnen gebohrt. Mehr Wasser und bessere tierärztliche Versorgung bewirkten mehr Vieh; mehr Vieh bedeutete: Vernichtung der letzten Grasnarbe; das Vieh verhungert, die Menschen hungern, müssen das Land verlassen – die Sahara dringt weiter in bislang bewohnte Gebiete vor.»

Dieses Beispiel zeigt besonders klar, daß ein solcher Umschlag-Effekt mit dem Vordringen technischer und organisatorischer Verfahren in Bereiche zu tun hat, die bisher auf einem weniger gezielt beeinflußten Niveau sich entwickelt hatten. Die Zielsetzungen rufen zwar einschneidende Veränderungen hervor, aber entweder nur anfänglich oder überhaupt nicht die gewünschten, sondern andere, meist schädliche. Was als Wohltat konzipiert war, löst so bei der Durchführung eine Krise der eigenen Zielsetzungen aus, weil sich bei näherem Zusehen – etwa bei einer Computer-Simulation – zeigt, daß die Mittel, mit denen das Ziel angesteuert wurde, nur vordergründig richtig gewählt waren, während sie in Wahrheit schließlich genau das Gegenteil dessen, was man wollte, bewirken mußten; weil die Komplexität, die im Zusammenwirken aller beteiligten Faktoren liegt, nicht durchschaut wird, paßt man, ohne es zu wissen, die Ziele an die am deutlichsten hervortretenden Symptome an (Slumsanierung, Bewässerung!) und löst dadurch unter der Decke der komplizierten Zusammenhänge Nebenwirkungen aus, die schließlich zu Hauptwirkungen werden und den eingangs hergestellten Zusammenhang von Zielen und Maßnahmen illusorisch machen.

Genau diesen im Grunde katastrophalen Effekt fand Forrester, als er seine Computer-Simulationen auf ein Global-Modell übertrug, das die gesamte Menschheit als übergreifendes System umschließt und durch Hochrechnungen zu Prognosen über die künftige Menschheitsentwicklung führt. Die Ergebnisse solcher Weltmodell-Rechnungen, die dann im Auftrag des Club of Rome, einer internationalen Vereinigung von Industriellen und Wissenschaftlern, von einem Team unter Leitung von Dennis Meadows weitergeführt wurden, sind unter dem Stichwort ‹Grenzen des Wachstums› weltweit bekanntgeworden und haben ein starkes Echo ausgelöst. Auch bei den Hochrechnungen der Weltmodelle führt ein ‹teuflischer Regelkreis› vom Typ des eben geschilderten Verhaltens schließlich aus der Wohlstands-Expansion zu einer katastrophalen Krise in den hochindustrialisierten Ländern, und zwar in etwa fünfzig bis siebzig Jahren. Ein bemerkenswerter Zug, der durchaus in der Logik des Umschlag-Effekts liegt, besteht darin, daß die Katastrophe um so schlimmer wird, je später sie eintritt, das heißt, je weiter sie durch zunächst positiv zu veranschlagende innovatorische Entwicklungen, wie zum Beispiel neue Erfindungen, hinausgeschoben wird. Gerade dieses qualitative Resultat erweist sich als weitgehend stabil gegen Änderungen in den Annahmen, welche die Hochrechnungen begleiten, und verdient, außerordentlich ernst genommen zu werden.

REIN: Herr Professor Müller, wie ernst müssen wir die Zeitangaben nehmen und was bedeutet Zeit in diesem Zusammenhang?

MÜLLER: Ja, zunächst würde ich dazu sagen, daß natürlich diese Weltmodelle der Kritik offen sind. Es gibt inzwischen eine englische Forschergruppe, die zum Teil kritische Simulationen vorgenommen hat an diesen Modellen, die sich viel Gedanken darüber gemacht hat. Und man kann ganz klar sehen, daß diese Modelle insgesamt zunächst einmal viel zu einfach sind, um schon Endgültiges sagen zu können. Interessant ist, wie ich schon in diesem Text sagte, daß gewisse Änderungen in den Modellen hinsichtlich dieses Umschlag-Effektes doch immer wieder ergeben: je länger diese Katastrophen vermieden werden können, desto steiler wird der Abfall in sie dann sein. Andererseits ist für diese Modelle typisch, was Herr v. Weizsäcker schon sagte, sie sind im Grunde konzipiert in Begriffen und Elementen von eben der Allgemeinheit, die bisher die Wissenschaft auszeichnet. Man könnte sagen, sie sind gemacht aufgrund etwa der Art von Kybernetik, wie wir sie bisher haben. Und diese Art von Kybernetik ist viel zu einfach, gemessen beispielsweise an der ungeheuren Vielfalt von Regelkreisen in der Biologie. Wir haben zwar auch so etwas wie eine Rückkopplung in diesen Modellen. Aber die Zahl der Rückkopplungsschleifen: wenn sie hundert bis tausend ist, dann eilt man eigentlich schon dem Stand voraus. In der Biologie, wo ja jeder Mensch aus einer unerhörten Zahl von Regelkreisen besteht und die ganze Weltbevölkerung also Milliarden solcher Regelkreise enthält, ist das natürlich etwas ganz anderes.

Aber ich würde meinen, genau das, was in diesen Modellen nicht enthalten ist, gibt nun nicht etwa Anlaß zu dem Optimismus, daß man sagen kann, nun, das wird dann die Sache schon wieder hinbringen; die Modelle sind eben zu einfach, und daß in ihnen die Katastrophen eintreten, das geht nur zu Lasten ihrer Einfachheit. Das, finde ich, ist ein zu optimistischer Standpunkt, weil gerade die vielfältigen Elemente unserer Welt, die in den Modellen nicht auftreten, auch in den Steuerungen unserer Gesellschaftspolitik und unserer technisch-industriellen Verfahren beiseite gelassen werden.

Wir setzen ja durch Veränderungen, die wir heute großräumig einleiten, Wirkungen frei in einer Vielfalt, die wir gar nicht zu überblicken vermögen, weil eben unsere Begriffe so einfach und allgemein sind, gemessen an dieser Vielfalt. Und der Frage, ob dann diese Wirkungen, die wir im Horizont solcher einfachen Modelle gar nicht wahrnehmen, hernach nicht noch viel katastrophalere Konsequenzen haben, der müssen wir uns stellen. Und ich würde meinen, in der Tat, wenn schon diese Modelle, so einfach sie sind, zeigen, daß es so etwas wie einen Kollaps gibt, dann muß man annehmen, daß sie eine Art Abschätzung nach unten sind für noch viel verwickeltere Verhältnisse, in denen unter Umständen Schockerlebnisse, wie wir sie ja nicht mehr ausschließen können – etwa bei der Senkung des Lebensstandards in den hochindustrialisierten Ländern, vor der wir jetzt stehen – solche Schocks also, solche Turbulenzen könnte man sagen, die nicht in den Modellen vorkommen, sehr wohl noch drastischere Katastrophen hervorrufen können; und insofern will ich sagen, der Aussagewert der Modelle, so fragwürdig sie im Moment noch sein werden, wird vielleicht bei Verbesserung immerhin bleiben, daß sie eine untere Grenze, eine untere Abschätzung für das ergeben, was uns bevorsteht. Und wenn die dann immer noch so negativ ausfällt, wie die Modelle im Moment zu zeigen scheinen, dann behalten sie eben einen hohen Aussagewert (vgl Müller, S 58).

REIN: Sie haben einmal bemerkt, daß wir etwa auf den Standard der Entwicklungsländer kommen werden.

MÜLLER: Das halte ich nicht für ausgeschlossen, ich bin in der Tat der Meinung, daß wir damit rechnen müssen, daß die großräumigen Organisationen, wie sie für die Industrieländer kennzeichnend sind, politisch und wirtschaftlich vor einem Zusammenbruch stehen könnten, und zwar in der Generation, in der wir leben.

ALTNER: Ein Mangel dieser Modelle läßt sich eindeutig benennen, obwohl man dann natürlich genauso eine Problemsondierung machen muß, wie Herr Müller das eben versucht hat. Ich würde sagen, alle diese Modelle sind von einer eigentümlichen Anthropozentrik durchsetzt. Es wird im Grunde genommen immer wieder gefragt: Wie weit kann der Mensch in einem solchen Rahmen leben und vor allem, wie weit kann er die gesetzte Grenze immer wieder überschreiten? Dabei wird nie ernsthaft auf die dem Menschen gesetzte Grenze reflektiert. Dieser Aspekt wird immer ganz ungenügend gesehen und anvisiert. Aber darin steckt noch ein tieferes Übel. Es ist nicht nur dies, daß die Grenze biologisch nicht sorgfältig genug umschrieben wird, sondern vor allem dies, daß diese Grenze auch falsch bewertet wird. Im geheimen gehen alle Wachstumsmodelle dann doch immer wieder von der Annahme aus, als ob der Mensch Mittel finden werde, die jeweils auftauchende Grenze noch einmal zu überschreiten. Und dabei bleibt das andere unbeachtet, daß die Grenzen selber offenbar nicht nur für das nichtmenschliche Lebewesen, sondern auch für den Menschen selber eine lebenserhaltende Funktion haben, daß sie eine Lebensgarantie darstellen, daß die Frage nach der Grenze eine Wertfrage ist.

EPPLER: Ich habe diese Modelle von Anfang an mit einiger Skepsis betrachtet, obwohl ich mit dem Ergebnis voll übereinstimme. Das Ergebnis, daß nämlich in einer endlichen Welt mit endlichen Hilfsquellen, mit endlichen Energiequellen, mit endlichen Rohstoffquellen es kein unendliches Wachstum der Produktion geben kann, dazu brauche ich keinen Computer, das kann jeder Grundschüler im Kopf ausrechnen. Die Frage ist nur, was man daraus für Folgerungen zieht. Ich glaube nicht an den großen Kladderadatsch, ich glaube nicht daran, und im Grunde tut das auch Meadows nicht, daß das Wachstum jetzt nochmals vierzig, fünfzig Jahre so weitergeht und dann der große Kollaps kommt. Was wir tatsächlich erleben, ist, daß wir eben überall kleinere Teil-Krisen oder auch Zusammenbrüche haben, also der Weg gar nicht so weitergeht, wie er in diesem Modell simuliert worden ist.

Wir haben jetzt eine Energiekrise erlebt, und wir werden eben mit knapperer und teurerer Energie leben. Dies bedeutet zum Beispiel auch eine Ernährungskrise. Denn wenn wir mehr bebaubares Land haben wollen, wenn wir also Land bewässern wollen, wenn wir Wüste bewässern wollen, brauchen wir unendlich viel billige Energie. Dies heißt zu deutsch nach dieser Energiekrise: wir werden die nächsten zehn, fünfzehn Jahre froh sein, wenn wir mit dem bebaubaren Land auf dieser Erde rechnen können, das wir jetzt schon haben. Daraus ergibt sich ganz offenkundig eine Nahrungsmittelkrise, von der wir schon in diesem Jahr einiges zu spüren bekommen werden in einigen Teilen der Erde. Oder: die Grenzen zeigen sich etwa beim Reichtum des Meeres. Bisher waren wir der Meinung, das ist ein unerschöpflicher Reichtum; seit drei Jahren gehen die Erträge beim Fischfang auf dieser Erde zurück, und zwar in dem Maße, wie der Eiweißbedarf in manchen Ländern, die praktisch auf Fischfang angewiesen sind, steigt. Man kann also nicht mehr Fische aus diesem Meer herausholen, als man bisher herausholte, im Gegenteil: wir werden immer weniger herausholen, wenn wir das Meer so ausbeuten. Und so gibt es etwa bei den Buntmetallen Grenzen. Wenn wir eben so weitermachen, gibt es für unsere Kinder, wenn sie einmal fünfzig oder sechzig sind, kein Kupfer mehr, kein Zink mehr, kein Blei mehr und möglicherweise auch kein Erdöl mehr, weil es am Ende ist. Wir stoßen also an einzelnen Punkten, an ganz wichtigen Punkten, an Grenzen, die dazu führen, daß wir, da das Wachstum ohnehin sich abflacht, auf diese Weise auch um den großen Kladderadatsch herumkommen, den die Herren vom Club von Rom nicht vorhergesagt, aber doch als Gefahr dargestellt haben.

v. Weizsäcker: Ich wollte das fortführen, was Herr Altner gesagt hat. Neben der Erkenntnis, daß wir uns irgendwie emotional umstellen müssen, daß wir die Grenzen in unser inneres Leben mit einbeziehen müssen, daß wir zum Beispiel auch die Natur in unseren Denkhorizont wesentlich stärker einbeziehen müssen, entwickelt sich an vielen Stellen eine neue Unterstützung von inneren Werten des Bewahrens, des Konservativen, eine Unterstützung des idealisierten Einzelmenschen und nicht mehr der in Schwierigkeiten geratenen Gesellschaft. Das sehen wir auf breiter Front nicht zuletzt in den Wahlerfolgen konservativer Parteien. Die Richtung dieser Kehrtwendung scheint mir aber die falsche. Die gleichen Leute, die die Werte des Bewahrens neu erkannt haben, schimpfen auf die Studenten und die Jungsozialisten, die als erste diese Fehler der kapitalistischen, immer auf Wachstum gerichteten Wirtschaft gebrandmarkt haben. An diesem Beispiel sehen wir, daß die Umwertung der Werte, zu denen uns die Grenzen des Wachstums bereits heute zwingen, keineswegs vor schwerwiegenden politischen Mißverständnissen schützt.

Rein: Herr Eppler, dazu müssen Sie jetzt einmal Stellung nehmen.

Eppler: Ja, das ist ja das Groteske an der gegenwärtigen Situation, daß diejenigen, die sich selbst für konservativ halten, diese Grenzen des Wachstums am wenigsten zur Kenntnis zu nehmen geneigt sind. Als ich vor zwei Jahren, ziemlich genau vor zwei Jahren, dieses Thema zum ersten Mal dargestellt habe, waren es gerade die Konservativen, die es mit Hohn überschüttet haben, und es sind auch heute noch diejenigen, die sich selbst für konservativ halten in der Presse, im politischen Raum, die jetzt so tun möchten, als sei im Grunde gar nichts passiert, als könnten wir so weitermachen wie bisher.

Ein typisches Beispiel war doch dieser lächerliche und zum Teil beschämende Streit um die Geschwindigkeitsbegrenzung. Daß es zu diesem Streit gekommen ist, kam doch daher, daß eine politische Gruppe, der ich angehöre, damit auch ein Signal setzen wollte: daß es nämlich, wenn wir ehrlich sind, gar nicht so weitergehen kann, wie es bisher gegangen ist; während ausgerechnet diejenigen, die sich für konservativ halten, nun ein Signal dafür setzen wollten, daß es so weitergehen kann wie bisher.

Das Groteske ist, daß heute konservative Bergbauern und Jungsozialisten gemeinsam gegen irgendeine wenig sinnvolle Autobahn protestieren, weil hier in beiden Teilen dasselbe Anliegen wirksam ist, nämlich diese Landschaft nicht zu zerstören, ein immens konservatives Anliegen, während es diejenigen, die eigentlich politisch sich konservativ nennen, sind, die diese Autobahn unter allen Umständen haben wollen und damit beweisen wollen, daß es so weitergeht. Das Groteske ist, daß die, die sich konservativ nennen, heute gerade nicht konservativ sind, wenn es darum geht, das zu bewahren, was tatsächlich bewahrenswert ist. Und dadurch kommt natürlich auch eine gewisse Verwirrung in die öffentliche Meinung hinein und das, was Herr v. Weizsäcker angedeutet hat, bezieht sich auf diese Verwirrung.

ALTNER: Ich finde, wir sind hier in der Tat an einem interessanten Punkt, an dem sich deutlich machen läßt, daß das Leben mit der Grenze höchst progressive Politik bedeutet. Das Leben mit der Grenze ist auch nicht im Kern konservativ, sondern es ist im Kern progressiv. Nun habe ich in diesem Zusammenhang aber noch eine unmittelbare Frage an Herrn Müller. Ich halte das Stichwort von dem Leben mit der Grenze und von dem Bewußtmachen der Grenze für ein entscheidend wichtiges Stichwort. Sowohl für den Bereich der Wissenschaft als auch für den Bereich der Politik. Aber nun haben Sie, Herr Müller, in die Diskussion immer wieder den Gesichtspunkt des Überlebens eingebracht. Ich habe dabei manchmal die Befürchtung, dieses Schlagwort könnte in die falsche Richtung wirken, so daß man angesichts der Grenzen des Überlebens, die deutlich werden, jetzt geradezu fanatisch immer wieder den Gesichtspunkt des Überlebens aufbringt und hochpeitscht und zu jenem Anrennen gegen die Grenzen geradezu ermutigt, was tödlich sein könnte. So ist es von Ihnen nicht gemeint. Überleben ja, aber ich würde gleich hinzufügen: Überleben mit der Grenze. Erst dann hat das Stichwort seinen hilfreichen Sinn.

MÜLLER: Ja, und es wäre noch zu ergänzen, daß ich Überleben auch nicht so verstehe, als würden wir irgendetwas, das in die Brüche gegangen ist, nur reparieren müssen, und dann könnten wir uns gleichsam wieder zur Ruhe setzen, weil wir es geschafft hätten. Ich habe vielmehr den Eindruck, und da will ich noch einmal auf die Weltmodelle zurückkommen: Die Krise, in der wir uns befinden, scheint mir im Grunde so etwas zu sein wie eine Krise unseres bisherigen eingeschränkten Wahrnehmungsvermögens. Deswegen bin ich auch nicht ganz glücklich, wenn man etwa sagt: ja, wir werden quasi durch eine Reihe von Schritten, auch vielleicht kleinere Schritte, die Kurve schon bekommen. Immer, wenn ich mir diese Schritte ansehe, so scheinen mir darin doch im großen und ganzen gewisse Dinge konstant durchgehalten zu werden, auch in der heutigen Politik, beispielsweise unser Versuch, der ja einfach auch angelegt ist in unserer gesamten Staatlichkeit, Demokratie zunächst einmal repräsentativ zu praktizieren, was ja schon sehr viel ist, gemessen an unserer Geschichte. Aber möglicherweise viel zu wenig für die Zukunft. Ich spreche hier also die großräumig angelegten Verfahren der Wahrnehmung des politischen Mandats an, die besagen: alle vier Jahre wird gewählt, und dann haben wir Leute unseres Vertrauens, und die machen es dann vier Jahre.

Oder ein ganz anderes Beispiel: Der Kreislauf der Landwirtschaft, der an einem ganz anderen Standort die chemische Industrie einbezieht, die Düngemittel produziert. Diese großräumigen Zusammenhänge: wenn irgendwo beispielsweise ein solches großes chemisches Werk kaputtginge, dann würde das für die Landwirtschaft an ganz anderen Orten große Folgen haben. Die alte Weise des Landbaus, bei der die Regelkreise vor Ort eingespielt sind, in biologischer Vielfalt, ist viel krisenunabhängiger als das, was wir produziert haben an großräumigen technischen und industriellen Komplexen (vgl Egger, S 121 f). Hier in dieser eingeschränkten Wahrnehmung – daß wir immer sagen, da setzen wir noch eine weitere Stufe der Raffinesse drauf, dann wird's schon gehen – sehe ich keine wirkliche Zukunft dieses Verfahrens. Und ich glaube auch, daß bei Leuten wie Meadows und Forrester, obwohl sie das Ganze hernach in dieser simplen Weise eines kybernetischen Modells versuchen, wo man sehr schnell sieht, daß das seine Grenzen hat, die Skepsis tiefer liegt; nur konnten sie das mit den ihnen zur Verfügung stehenden Mitteln gar nicht artikulieren.

Die Skepsis ist schon berechtigt bei der Frage: Was machen wir eigentlich kaputt, wenn wir überhaupt organisatorisch in dieser übergreifenden Weise in unseren gesamten Wirklichkeitshaushalt eingreifen? Wenn wir das aber anders machen wollen, dann müssen wir unerhört viel ändern, und zwar sehr einschneidend, und auch organisatorisch bis ins Politische hinein die Verfassungen unserer gesamten Länder ändern. Und ich fürchte, daß wir das in der zur Verfügung stehenden Zeit nicht werden leisten können und daß dies zurückschlägt in einer Krise auf jeden einzelnen von uns in Form eines Schocks. Und dann frage ich mich, wie können wir diesen Schock überstehen? Und ich meine, wir sollten auch in dieser Richtung etwas unternehmen. Ich meine, wir können ihn vielleicht überstehen. Wir können ihn um so eher überstehen, je mehr wir das von vornherein sehen, was ja gerade die Studenten gesehen haben und was eben auch die Progressiven in unserer politischen Landschaft sehen, daß wir nämlich mehr Demokratie vor Ort brauchen.

v. Weizsäcker: Ich wollte noch ein Wort zu der eingeschränkten Wahrnehmungsfähigkeit sagen. Es ist ja merkwürdig, daß wir des komplizierten Instrumentariums der Wissenschaft bedürfen, um die trivialen Einsichten von den Grenzen des Wachstums in breiter Öffentlichkeit hoffähig zu machen. Dabei ist es doch wesentlich die grenzenlose Naturwissenschaft und Technik gewesen, die uns an die Grenzen des Wachstums geführt hat. Ich habe jetzt das Gefühl, daß wir bei dieser anspruchsvollen Thematik nicht darum herumkommen, noch einmal und immer wieder die Grundlagenfragen der Wissenschaft, die unsere technische Welt kennzeichnet, zu stellen – bis in die kulturellen Fragen hinein. Und ich meine, daß eine ganz große Chance der akuten Krise, auch wenn sie zeitweise überdeckt worden ist durch die Interessen der Auto- und Ölindustrie, darin liegt, daß wir die gar nicht ganz neue Einsicht gewinnen, daß Wissenschaft und Technik einen entscheidenden Beitrag zu diesem verhängnisvollen Galopp leisten, daß also Wissenschaft und Technik selbst und nicht nur ihr böswilliger Mißbrauch die Zauberbesen sind, die wir nicht wieder loswerden.

Rein: Können Sie das an ein paar Beispielen erläutern?

v. Weizsäcker: Vielleicht wäre ein gutes Beispiel, das wir damals in Heidelberg selber bearbeitet haben, das der B- und C-Waffen, der bakteriologischen und chemischen Waffen: es war die gute Wissenschaft der Pflanzenschutzforschung oder der medizinischen Mikrobiologie, die uns die B- und C-Waffen beschert hat. Sie hat die Technologie der B- und C-Waffen soweit gebracht, daß die Resultate von den Militärlaboratorien nur noch gepflückt zu werden brauchten. Und es waren häufig sogar noch gute Motive von Militärstrategen, diese Früchte der Wissenschaft zu pflücken: Sie sagten, man solle die Feinde nicht zerfetzen und umbringen, man sollte sie nur für eine Weile durch Krankheit gefechtsunfähig machen, dann könne man militärisch siegen, und nachher würden die Feinde wieder gesund. Es waren also vermutlich nicht einmal böse Motive im Spiel, als dieses Teufelszeug der B- und C-Waffen erforscht und entwickelt wurde. Und heute können diese Waffen, etwa die Viren-Kampfstoffe und die gefährlichen Bakterienwaffen die ganze Weltbevölkerung ausrotten. Dieses Zeug haben wir, und wir haben überhaupt keine politischen Strukturen, um damit fertig zu werden. Die B-Waffen-Ächtung und die C-Waffen-Vernichtung sind kaum wirksame Versuche der Bewältigung. Und so geht es überall im Bereich der normalen zivilen Wissenschaft. All die Umweltprobleme, die wir heute kennen, können letztlich als Produkte zielstrebiger Entwicklungen aus der Grundlagenwissenschaft zur angewandten Wissenschaft, zur Technologie und dann zur Alltagstechnik angesehen werden; und das politische und moralische Instrumentarium wird nicht mitentwickelt (vgl v. Weizsäcker, S 75).

ALTNER: Wobei es ja sehr markant ist, an welcher Stelle der von Ihnen aufgezeigten Entwicklung, Herr v. Weizsäcker, die ethischen Überlegungen einsetzen. Sie setzen meistens erst dann ein, wenn eine angewandte Technologie geschaffen ist. Vorher fällt die ethische Überlegung völlig aus – auch beim Naturwissenschaftler (vgl Müller, S 45 ff). Für mich ist eigentlich immer wieder die Äußerung von Otto Hahn aufschlußreich, der, in der Rückschau befragt, was er damals bei seiner Entdeckung der Kernspaltung gedacht habe und ob er eventuell auch an die Konsequenzen und die ethischen Implikationen gedacht habe, nur antworten konnte: Liese Meitner und ich hatten das Gefühl, eine gute chemische Arbeit gemacht zu haben. Ich meine, da liegt ein Teil der Ursachen dafür, weshalb technisch-naturwissenschaftlicher Fortschritt so gefährlich werden kann. Stellte Hahn die ethische Frage erst nach dem entscheidenden Experiment? Konnte er sich vorher über die ethischen Konsequenzen überhaupt im klaren sein?

EPPLER: Aber das war im Grunde noch nie anders.

MÜLLER: Das sprachen Sie ja vorhin schon an, meine ich, als Sie sagten, die Wissenschaft hat auch ihre Schwierigkeiten, bisher beispielsweise in der Politikberatung, gehabt. Sie ist eben immer noch sehr stark im Elfenbeinturm. Darüber dürfen wir uns keinen Illusionen hingeben. Und eine Konzeption von Wissenschaft, die das vermeidet, ist noch kaum zu sehen. Die brauchen wir aber.

REIN: Was Herr v. Weizsäcker gerade gesagt hat, klingt wie Lamento, ist es aber bestimmt nicht, ein Lamento auch in Richtung von Politik, die mit der Krise von Wissenschaft, die durch dieses Beispiel erläutert wird, nicht fertig wird, sondern so laufen läßt, was da an Ergebnissen neu kommt. Ist das richtig beschrieben?

EPPLER: Wir versuchen, das doch einigermaßen in den Griff zu bekommen, etwa durch eine Gesetzgebung im Arzneimittelsektor. Das ist ja ein ganz, ganz trübes Kapitel, was hier mit der Wissenschaft und eben auch mit der chemischen Industrie zusammen produziert worden ist und wie das der Kontrolle entglitten ist. Oder das gilt natürlich jetzt für die gesamte Umweltgesetzgebung. Denken Sie an den Gewässerschutz und ähnliche Dinge. Die Politik versucht, das in den Griff zu bekommen, nur eben ist die Frage, ob sie die nötigen Handwerkszeuge, die nötigen Instrumente hat. Denken Sie mal daran, daß wir jetzt kein gemeinsames Bundes-Wasserschutzgesetz zustandebringen, weil im Bundesrat die Länder sagen, das braucht ihr gar nicht im Bund, das machen wir in jedem Land für uns, wobei Sie dann in Mannheim ein anderes Wasserrecht haben als in Ludwigshafen.

Das heißt, die Instrumentarien, die wir dazu brauchen, reichen weithin nicht aus; und zum anderen – das was ich am Anfang sagte – ein Politiker kann eben nicht sehr viel weiter gehen – nicht *sehr* viel weiter, er muß weitergehen, aber nicht sehr viel weiter – als die öffentliche Meinung es ihm gestattet. Wenn er zum Beispiel in einer solchen Situation wie jetzt sagt: aber die Geschwindigkeitsbegrenzung ist etwas Unverzichtbares, ist in allen Ländern da, und wir müssen hier einmal die Sicherheit – und natürlich auch den Energieverbrauch, beides – ernster nehmen als den Wunsch des einen oder anderen, nun mal 170 oder 180 zu fahren, wenn das schon einen solchen Aufruhr hervorruft, der sich möglicherweise dann in Wählerstimmen niederschlägt, dann ist natürlich die Frage, wo ist die Manövrierfähigkeit der Politiker und wo sind die Instrumente?

v. WEIZSÄCKER: Ja, ich hoffe, daß ich aus Herrn Epplers Worten nicht entnehmen muß, daß er glaubt, man könne mit einem Bundes-Wassergesetz das Wasserproblem lösen. Es ist eine notwendige, aber sicher noch keine hinreichende Bedingung.

EPPLER: Sicher, aber es ist eben ein Schritt, der einmal getan werden muß, der aber vorläufig noch nicht getan werden kann.

v. WEIZSÄCKER: Gut, das ist für die Öffentlichkeit wichtig, festzuhalten, daß selbst die noch unzureichenden kleinen Schritte blockiert werden. Ich finde es auch wichtig, festzuhalten, daß wir Wissenschaft und Technik einschließlich der Finanz-, Steuer- und Sozialtechnik brauchen, um die Folgen der Wissenschaft und Technik auch nur zu überleben. Aber wie Herr Altner und im Grund wir alle doch sagen: das bringt nichts, das führt uns nicht weit genug. Die *Werte* müssen mitverändert werden. Ein technokratisches Verständnis – nach meiner Meinung Mißverständnis –, daß man mit einer perfektionierten Sozialtechnik die Umweltprobleme wirklich lösen könnte, ist noch nicht genug. Aber schon dies setzt eine Umwertung voraus. Ich glaube, wir müssen bis in die privaten Lebensweisen, bis in die *Kultur* hinein, also auch in die öffentlichen Lebensweisen hinein, einiges ziemlich radikal verändern; wir müssen wahrscheinlich die Werte von Menschlichkeit, Gemeinschaft, Solidarität wieder höher belohnen in unserer Erziehung, wir müssen sie ausbauen als Gegengewichte gegen Protz und Herrschsucht, aber wahrscheinlich auch gegen Wettbewerb in Einzelleistungen.

Zum öffentlichen Sektor vielleicht noch ein Wort: wir können und dürfen nicht immer warten, bis der Staat oder die Industrie uns Lösungswege für die anstehenden Probleme anbieten; denn was durch den Staat, also Verwaltung, oder die Industrie, also Produktion, geleistet werden kann zur Problemlösung, muß, weil es Breitenwirkung haben soll, auf der Basis von Allgemeingültigkeit, von Wissenschaft geschehen. Das heißt also: alles, was von oben kommt, basiert auf Wissenschaft. Und wenn die ganze Strategie darauf hinauslaufen soll, uns unabhängiger von dem Zauberbesen Wissenschaft zu machen, dann ist ein Staatsverständnis, eine öffentliche Haltung, die im wesentlichen wartet, was von oben kommt, nicht ausreichend.

REIN: Herr Professor Altner hat Erwägungen zu einer christlichen Umweltethik angestellt, die sich hier anschließen sollen.

(Zitat Altner:) Die Aufgabe einer Umweltethik und die Methoden zu ihrer Realisierung bringen es mit sich, daß hier weniger Handlungsanweisungen für einzelne und Gruppen ausgesprochen, sondern vielmehr Strukturbeschreibungen für anzustrebende Ziele der Gesellschaft gegeben werden. Der Appell an den einzelnen und die Gesellschaft wird wirkungslos bleiben und allenfalls Umwelthysterie erzeugen, wenn er nicht von einer entsprechenden Aufklärung über die einzurichtenden Verantwortungsstrukturen der Gesellschaft begleitet ist. Umweltethik muß vor allem die Beschreibung von Herrschaftsstrukturen beinhalten, die mit ihrem korrelativen Bezugscharakter Beispiele befreiter und befriedeter Naturherrschaft sind.
Damit ist aber nun die Notwendigkeit ethischer Appelle in Sachen Umwelt nicht bestritten. Man wird vielmehr sagen müssen: Erst dort, wo die Perversion der technologischen Machtmöglichkeiten öffentlich transparent gemacht ist und die Alternative lebenerhaltender Verantwortungsstrukturen aufgezeigt wird, kann die ethische Appellation an die Öffentlichkeit vonstatten gehen. Erst dann werden auch die politischen Entscheidungsprozesse eines demokratischen Staatswesens zu einschneidenden Maßnahmen führen.
Die faktische Entwicklung des Umweltproblems im Laufe der letzten Jahrzehnte zeigt, daß selbst diese Einschätzung der Wirksamkeit ethischer Appelle noch zu optimistisch ist. Erst wenn die erdrückende Macht der Umstände eine Gesinnungsänderung erzwingt, ist eine Gesellschaft bereit, neue Wege, Zielsetzungen und Normen zu akzeptieren. Um so wichtiger ist die Arbeit aufgeschlossener Gruppen und Organisationen, die von ihrem Problemgefühl und ihrem Wertempfinden her Handlungsmodelle und Verhaltensänderungen antizipatorisch aufgreifen und diese in Zeiten der Krise zur öffentlichen Verfügung stellen.
Dabei können und dürfen die Initiativgruppen nicht davor zurückschrekken, ihre Wert- und Zielvorstellungen auch auf dem Weg einer Umweltlobby in den politischen Entscheidungsspielraum einzubringen. Wie anders soll der Vorsprung des Mißbrauchs technologischer Machtausübung eingeholt werden? Es geht nicht nur darum, Zielvorstellungen zu entwickeln, sondern die hier bestehende Aufgabe ist erst dann vollendet, wenn es gelingt, der Qualität des Lebens auch einen politischen Vorsprung zu sichern ...
Die Konvergenz der ethischen Forderungen bei verschiedenen weltanschaulichen Ausgangspunkten stellt für die zu bewältigende Aufgabe des Umweltschutzes eine erhebliche Starthilfe dar. Dennoch darf die Übereinstimmung der ethischen Forderungen nicht überschätzt werden. Es gibt hier auch Grenzen und Verständigungsschwierigkeiten. Dies wird schon an dem einen Hinweis deutlich, daß etwa Carl Amery auf der Grundlage einer dezidiert immanenten und heilsfeindlichen Welteinstellung die Ethik des Umweltschutzes für eine Angelegenheit ‹schlichter Kausalität› hält, bei der Schuld ‹so evident und berechenbar› ist, ‹wie der Tritt oder der Kieselstein, der eine Lawine auslöst›.
Christliche Ethik wird demgegenüber die Maßangaben präziser Umweltparagraphen nicht weniger ernst nehmen wollen. Aber sie wird vor allem darauf hinweisen müssen, daß das meßbare Vergehen gegen die Gesetze der Natur im Zusammenhang einer prinzipiellen Verneinung gesehen werden muß, eben in der Weigerung, sich der Unverfügbarkeit der

Geschichte zu öffnen, dem Glauben an eine kommende größere Einheit von Natur und Geschichte beizutreten und eine Liebe zu beantworten, die in der Qualität des Lebens erfahren werden kann. Wer hingegen im Kreuz Jesu Christi jene vielfach geahnte und doch nie erfaßte Einheit von Gott, Mensch und Welt antizipatorisch verwirklicht sieht, der kann in den Einstellungen von Hoffnung, Glaube und Liebe das unabgeschlossene Stückwerk einer Umweltethik betreiben, ohne die Vollendung vorwegnehmen zu müssen. Das proprium einer christlich intendierten Umweltethik bemißt sich nicht an der inhaltlichen Besonderheit einzelner Forderungen, sondern an dem spezifischen Augenmaß für die unabgeschlossene Vieldimensionalität des Lebens, wie es durch die Einstellungen von Glaube, Hoffnung und Liebe garantiert wird.

Müller: Ja, ich wollte eigentlich gleich anschließen an diese unabgeschlossene, offene Vieldimensionalität. Sie spielt ja in das, was wir schon sagten, stark hinein. Man meint oft, und das scheint mir ein technokratisches Mißverständnis unserer ganzen Lage unter dem Einfluß einer total gesehenen Wissenschaft und Technik zu sein, man meint oft, es wäre beispielsweise möglich, so etwas wie Gerechtigkeit und Freiheit gleichzeitig zu maximieren. Nun ist aber unser Leben auf Spannungen gestellt zwischen Tendenzen, die im Grunde in ihrer extremen Realisierung einander ausschließen. Und hier liegt bereits einer der Gründe dafür, daß Wissenschaft und Technik nicht maximal auf uns wirken dürfen, sollen wir nicht totalitär werden. Ich würde – um ein Beispiel zu nennen – zur ganzen Lebensproblematik sagen, eine liebevolle Zuwendung zu einem Menschen ist in einem gewissen Sinne von einem globalen Standpunkt immer eine Ungerechtigkeit, während umgekehrt der Versuch, sozusagen total gerecht zu sein, ausschließen würde, daß ich mich einem bestimmten Menschen besonders zuwende. Wir stehen aber in dieser Spannung, und das Problem ist: wie können wir das Beste daraus machen?

Eppler: An der Stelle, Herr Müller, wird's nun doch ein bißchen kontrovers, endlich. Ich bin der Meinung, daß das, was wir im Lauf der letzten hundert Jahre – sagen wir mal seit Bismarcks Sozialgesetzgebung – unter mehr sozialer Gerechtigkeit verstanden haben, die Freiheit der Menschen, die davon betroffen waren, nicht eingeschränkt, sondern erhöht hat. Ein Arbeiter, der weiß, wovon er im Alter leben kann, der weiß, wie er im Falle der Krankheit gesichert ist, ist kein unfreierer Mensch, sondern ist freier als einer, der das nicht weiß. Er kann mit seiner Freiheit überhaupt erst etwas anfangen, denn vorher hatte er Angst, mit dieser Freiheit etwas anzufangen. Ein ganz primitives Beispiel: Wir haben jetzt im Bundestag beschlossen, daß jemand, der eine Betriebsrente hat, diese Betriebsrente mitnehmen kann, wenn er zu einem anderen Betrieb geht. Das ist mehr soziale Gerechtigkeit, ist gleichzeitig ein Stück mehr Freiheit für den, der seinen Arbeitsplatz wechseln will, denn er weiß, ich kann das tun, ohne daß ich dadurch meine betriebliche Altersrente verliere. Es mag Fälle geben, wo Freiheit und Gerechtigkeit sich beißen – das will ich gern zugeben –, aber es gibt natürlich auch ein weites Feld, wo diese Gerechtigkeit eine Voraussetzung dafür ist, daß Menschen mit ihrer Freiheit etwas anfangen können.

Müller: Ja, dazu möchte ich sagen, Sie sprechen jetzt im Grunde an, daß wir uns über einen langen Zeitraum, bis in die Gegenwart, in eine Art Optimum hineinbewegt haben. Da will ich Ihnen zustimmen. Ich glaube aber nicht, daß man daraus den Schluß ziehen darf, daß wir immer noch so gut liegen werden wie bisher, wenn wir diese Tendenz einseitig fortsetzen sollten.

EPPLER: Darüber kann man reden. Aber sehen Sie, weil Sie von dem ethischen Aspekt geredet haben – es gibt natürlich auch einen Machtaspekt, über den wir noch reden müssen, einen ganz massiven Machtaspekt –, aber beim ethischen Aspekt ist mir aufgefallen, daß bis in die Theologie hinein, übrigens auch bis in die Theorie meiner eigenen Partei hinein, wir gar nicht gemerkt haben, wie völlig individualistisch unser Reden vom Lebensstandard gewesen ist. Denn was bedeutet denn Lebensstandard? Er bedeutet nämlich, was der einzelne als einzelner konsumieren kann. Dabei haben wir ganz vergessen, daß der Konsum des einen sehr häufig die Belästigung des andern ist: das Auto des einen ist der Lärm und Gestank des anderen, der Transistor des einen ist die Schlafstörung des anderen, und der Zigarettenkonsum des einen sind die Kopfschmerzen des anderen. Das heißt, wir haben überhaupt nie darüber nachgedacht, was eigentlich Konsum bedeutet, wenn man den anderen mit einbezieht. Und ich könnte mir vorstellen, daß – um es einmal herunterzudividieren, was hier gesagt worden ist – zum Beispiel der ganz einfache primitive Begriff der Rücksichtnahme für diese Gesellschaft wesentlich wichtiger werden muß, als er das bisher gewesen ist. Dann können wir uns wahrscheinlich viele ethische Deduktionen sparen, wenn wir klarmachen, daß wir überhaupt nur noch leben können in diesem Land, wenn wir etwas mehr Rücksicht nehmen aufeinander als bisher. Und gerade das Thema Geschwindigkeitsbegrenzung hat gezeigt, daß wir nur an den denken, der gern auf den Gashebel tritt, daß wir aber überhaupt nicht an die denken, die dadurch gefährdet werden oder die dadurch plötzlich einen Schock bekommen, auch wenn kein Unfall dabei entsteht. Das heißt: dieses schrecklich individualistische Denken, das hat sich nun überlebt.

REIN: Herr Altner, gibt es eine Krise der Theologie wegen der Umweltkrise?

ALTNER: Ich würde sagen, daß es eine Krise der Theologie gibt; nur darf man diese Krise der Theologie nicht zu kurzfristig sehen. Ich würde sagen, es ist dies eine permanente Krise der abendländischen Theologie gewesen, daß sie die Grenzen der Freiheit des Menschen nicht hinreichend beschrieben hat. Da sehe ich die Krise. Das hat natürlich sehr verschiedene Ursachen. Teilweise liegt das daran, daß sich die Theologie auf einen zu engen Bereich zurückgezogen hat, auf den Bereich der Innerlichkeit, auf den Bereich des Seelischen; oder daß sie in einem falschen Sinne den technisch-naturwissenschaftlichen Fortschritt begleitet hat, wohl bremsend, aber nicht aus der Erkenntnis heraus, daß man den Fortschritt der Naturwissenschaften nur dann sinnvoll bremst, wenn man über die Grenzen menschlicher Freiheit spricht.

Da sehe ich die Krise der Theologie, die sich ja heute so äußert, daß die Theologie relativ hilflos in der ganzen Diskussion über Umwelt, Umweltschutz und Grenzen des Wachstums ist und meistens so reagiert, daß sie nun ganz flink irgendwelche ethischen Argumente und Maximen einbringen will. Dabei müßte sie viel weiter ausholen, gewissermaßen diese ganze Krisengeschichte noch einmal aufrollen und neu nachdenken: über die Stellung des Menschen in der Natur, in der Welt, in der Schöpfung, so wie sich das aus den Perspektiven der Bibel darstellt, und das alles mit Konzentration auf die Frage der Grenze und Endlichkeit des Menschen (vgl Liedke,

S 136 f). Ich darf anknüpfen an das, was Herr Eppler eben gesagt hat. Es ist in der Tat so, daß wir darüber nachdenken müssen, wo die Freiheit des Menschen ihre Grenze erreicht. Im Mitmenschlichen haben wir das immer individualistisch ausgelegt.

Ich finde, heute ist etwas viel Entscheidenderes nötig, nämlich daß wir gerade aus der Perspektive einer christlichen Weltverantwortung darauf aufmerksam machen, daß es auch einen gesamtmenschheitlichen Individualismus gibt gegenüber allen anderen Kreaturen auf dieser Erde (vgl Altner, S 133). Und offenbar ist es doch so, daß wir im Abendland durch Jahrhunderte hindurch diesen gesamtmenschheitlichen Individualismus oder Anthropozentrismus gepflegt haben auf Kosten der Mitgeschöpfe, obwohl es von der christlichen Verantwortung her ganz anders intendiert war.

v. Weizsäcker: Ich würde an einer Stelle widersprechen: Die Theologie hat im Grunde – ich bin kein Theologe, also ich sage das als Laie – die Theologie hat doch jahrhundertelang immer die Bevölkerung, vor allem die Unterdrückten, auf ihre Grenzen hingewiesen, hat immer wieder Grenzen gezeigt, nämlich die durch die Obrigkeit gesetzten Grenzen usw. Sie ist also nicht zu unrecht im öffentlichen Bewußtsein eine Instanz, die einen in die Schranken weist. Aber es waren häufig die falschen Schranken. Andererseits haben Theologie, Religion und Kirche auch eine gute Tradition, nämlich im Ausbau dessen, was Herr Eppler gerade Rücksichtnahme nannte. Das findet sich ja in allen Schriften und Dokumenten, zum Beispiel als Mitmenschlichkeit, den Nächsten ernstzunehmen, aber auch vielleicht den Fernsten. Diese Art von Rücksichtnahme, auch Solidarität, gibt es in der ganzen christlichen Tradition, sie ist aber nicht kritisch genug genutzt worden. Die Strukturschwächen einer Gesellschaftsordnung, die auf Naturwissenschaft und Technik basierte, sind von der Theologie im großen und ganzen akzeptiert worden.

Altner: Ich stimme Herrn v. Weizsäcker ganz zu. Selbstverständlich hat die Theologie und haben die christlichen Kirchen durch ihre Geschichte hindurch immer wieder Grenzen akzeptiert und unterstrichen. Aber das waren jene Grenzen, die sich die Christenheit vielfach hat zuweisen lassen, und die sie eigentlich hätte überschreiten müssen. Die Theologie hätte in anderer Weise – und das ist mein Argument – von ihren Grenzen sprechen müssen. Nun muß ich jedoch auf der anderen Seite auf das Verdienst des Christentums hinweisen, den Mitmenschen überhaupt entdeckt und beschrieben zu haben – bis hin zu der Dimension des fernen Nächsten. Aber nun sage ich: dies reicht erstens heute nicht hin, und dies war angesichts der Weltverantwortung des vor Gott stehenden Menschen immer schon zu wenig. Denn christliche Weltverantwortung schließt die Fürsorge für das nichtmenschliche Geschöpf mit ein. Dieser Bezug ist eindeutig zu kurz gekommen in der abendländischen Theologie; wie es ja auch ganz bezeichnend ist, daß das Zentrum abendländischer Theologie – Nachdenken über das Kreuz, Christologie – überall ganz stark konzentriert war auf das Heil für den Menschen. Und nur ganz selten ist über das Heil für die Schöpfung nachgedacht worden. In der orthodoxen Theologie klingt so etwas an, aber es hilft uns heute wenig, weil es nicht genügend auf unsere heutige Diskussion zugespitzt ist.

Eppler: Ich bin auch dafür, daß wir – gerade in der christlichen Ethik – diese Dinge durchdenken und von daher Impulse weitergeben. Aber wir sollten uns nicht darum drücken, bei dieser ethischen Reflexion auch über das Thema Macht nachzudenken. Ein paar Beispiele: Es ist doch heute so, daß da, wo Macht ist, gern noch mehr Macht hinkommt und daß die Macht des Bestehenden immer darauf drängt, die Dinge wieder zu reproduzieren, wie sie waren. Beispiel: Als wir die autofreien Sonntage hatten im Zusammenhang mit der Energiekrise, da ist das gescheitert daran, daß es inzwischen seit zwanzig Jahren eine Art von Gaststätten gibt, die überhaupt nur noch mit dem Auto leben können, weil man nämlich dort nur mit dem Auto hinkommen kann. Also kam verständlicherweise von dort ein ungeheurer Druck: laßt das sofort bleiben, wir gehen zu Grunde. Weil hier in den letzten zwanzig Jahren eine bestimmte Struktur geschaffen wurde, drängte sie darauf, alles so zu lassen, wie es war, damit diese Struktur erhalten bleibt. Dasselbe war doch das Argument der Autoindustrie, obwohl es auch noch in der Sache falsch war. Die Autoindustrie hätte das alles ganz gut überlebt, wenn wir zu einer Geschwindigkeitsbegrenzung gekommen wären. Aber man sagt, inzwischen arbeitet jeder siebente bei uns in der Autoindustrie, also müssen wir in der Verkehrspolitik exakt so weitermachen, wie wir es bisher gemacht haben. Das heißt: hier stößt man auf Machtstrukturen, die immer darauf drängen, das Bestehende zu erhalten. Und jede Ethik, die sich um diese Frage drückt, wie man denn solche Machtstrukturen aufbrechen kann, hilft jedenfalls dem Politiker nicht sehr weit.

v. Weizsäcker: Das Unterlaufen dieser verhängnisvollen Kultur kann nicht nur bei den großen, sichtbaren Machtstrukturen ansetzen, es muß auch und wesentlich wieder beim Individuum, bei der kleinen Gruppe ansetzen. Herr Altner hat vorhin darauf hingewiesen, daß unsere Kommunen eine für das Individuum unüberschaubare Größe gewonnen haben, und Sie haben das doch sicher nicht als positiv angesehen. Wenn wir etwas für die Veränderung der Machtstrukturen leisten wollen, müssen wir das vor allem durch überschaubare Solidarität tun. Ich würde das gern noch an einer kleinsoziologischen Stelle schildern. Die Art von Rücksichtnahme, die wir brauchen, steht im Widerspruch zur *Arbeitsteiligkeit* bis in unsere Familien hinein, etwa zwischen Mann und Frau, zwischen Erwachsenen und Kindern (vgl Buddeberg, S 97 f). Die Art, wie wir die Kinder erziehen als Immer-noch-nicht-Menschen, führt dazu, daß die Kinder unsere Erwachsenenrequisiten, unsere Konsumrequisiten mit dem eigentlichen Menschsein assoziieren und dann später danach leben. Auch hier ist wieder ein Zusammenhang zu vermuten zwischen arbeitsteiliger Wissenschaft, arbeitsteiliger Welt und Konsumwachstum.

Altner: Ich gehe nochmal auf das Stichwort der Macht ein. Ich stimme ganz mit Ihnen überein, Herr Eppler, wenn Sie sagen, christliche Verantwortung muß sich auch so äußern, daß die Kritik der Macht Reflexion der Grenzen von Macht ist. Aber dann wird man im Endeffekt wieder genauso verfahren müssen, wie wir das eben schon einmal durchdiskutiert haben, daß wir gesagt haben, Freiheit muß bezogen werden vom einzelnen auf den Nächsten, auf die Gesellschaft, ja darüber hinaus auf die Mitkreatur, die Endlichkeit der Erde. Und so würde ich sagen, Kritik der Macht kann für den Theologen immer nur eine relationale Kritik sein, die deutlich zu machen versucht, wo Grenzen der Macht liegen: beim Mitmenschen, in der Gesellschaft. Die Grenzen der Macht liegen im allgemeinen Wohl. Und jetzt würde ich nochmals im Rückblick auf die ganze Umweltproblematik betonen: die Grenzen der Macht liegen auch im Allgemeinwohl der Schöpfung. Und von daher läßt sich folgern: Machtstrukturen lassen sich heute sorgfältig nur so analysieren und kritisieren, daß man bis in die Schöpfung zurückfragt und sich Gedanken darüber macht, weshalb denn der technisch-zivilisatorische Fortschritt der Menschheit so tödlich ist. So gefolgert zu haben, heißt dann auch, auf den Horizont der Wirklichkeit Gottes Bezug genommen zu haben.

REIN: Herr Müller, gibt es so etwas wie eine Überlebens-Strategie?

MÜLLER: Ich denke doch. Herr v. Weizsäcker hat das im Grund auch schon angesprochen. Mir scheint – ich habe das vorhin ganz bewußt so scharf gegeneinander gesetzt, von Gerechtigkeit und liebevoller Zuwendung zu sprechen, man kann das natürlich individualistisch auch kontern – ich meine aber, Macht hat eine Eigentümlichkeit; man kann es vielleicht etwas extrem so sagen: Macht ist schon dort vorhanden, wo Eindeutigkeit existiert. Und das ist ja unser Bereich von Wissenschaft und Technik. Natürlich müssen wir uns dort, wo wir Lösungen, die Gerechtigkeit fördern, also großräumige Lösungen, finden wollen, dieses Instrumentariums bedienen, aber ich glaube, Herr Altner, Sie waren es, der schon sagte, wir brauchen einen überschaubaren Raum, in dem wir eine Art Vor-Ort-Gerechtigkeit einüben. Beispielsweise jene Gerechtigkeit, die ich wahrzunehmen habe, wenn ich auf der Autobahn aus dem Wagenfenster blicke. Da geht es ja nicht um sämtliche Autos, sondern um das verkehrsgerechte Verhalten in der Reichweite meiner Sinne. Dieses Einüben der Vor-Ort-Gerechtigkeit ist immer schon eine gewisse Mischung von Gerechtigkeit und liebevoller Zuwendung. Das meine ich. Und gerade in dieser Mischung ist Gerechtigkeit machtloser – wenn man so will – als das, was wir großräumig an gerechten Beziehungen verfügen können.

Das gibt noch keine Antwort auf die Frage, was wir in der Politik heute großräumig tun sollen. Aber ich komme zurück auf mein früheres Votum und meine, die Antwort wird in der Richtung liegen müssen, daß wir im Vorfeld des öffentlichen Bewußtseins – das ja, wenn es einmal da ist, den Politiker auch bindet, weil er diesem Bewußtsein höchstens einen Schritt voraussein kann – im Vorfeld des öffentlichen Bewußtseins, eben in kleinen Gruppen so etwas einüben müssen wie eine Erneuerung unseres Bewußtseins. Und da scheint mir auch eine ganz entscheidende theologische Relevanz zu liegen. Mir scheint, für die zukünftige Ethik brauchen wir den überschaubaren Raum. Das ist jetzt kein Sichdrücken vor dem, was wir heute tun müssen, sondern, wie ich glaube, eine notwendige Ergänzung, ohne die das andere Instrumentarium, das wir zum Teil schon haben, auf Dauer sich in seiner Macht fatal auswirken wird. Ich leugne die Notwendigkeit der Macht nicht, aber ich meine, sie muß eingebettet werden in einen Zusammenhang von Öffentlichkeit, der im Vorraum sich neu konstituiert.

REIN: Herr Dr. Eppler, gibt es Schritte dazu? Was wir hier gehört haben, klingt ein bißchen resignativ. Ist nicht die Arbeit eines Politikers immer schwieriger geworden dadurch, daß sein Handwerkszeug, das Handwerkszeug eines Politikers, für die komplizierter gewordenen Machtverhältnisse in Industrienationen einfach nicht ausreicht zur Durchsetzung bestimmter Einsichten?

EPPLER: Ja, Herr Rein, wenn es wahr ist, und das scheint diese Diskussion ergeben zu haben, daß, wer heute diese Erde bewahren, bewohnbar halten will, sehr vieles verändern muß, ja geradezu revolutionär sein muß, um zu konservieren, wenn es weiterhin wahr ist, daß wir in unserer Ethik vieles neu durchdenken müssen, wenn es weiterhin wahr ist, daß die Machtstrukturen in allen Ländern außerordentlich stabil sind und sich gegen jede Veränderung wehren, das gilt natürlich für die Machtstrukturen im Ostblock mindestens ebenso wie für die Machtstrukturen hier, dann müssen wir zuerst einmal schlicht zugeben, daß die Chance, daß alles gut geht, im Augenblick geringer ist als die Chance, daß es schief geht. Es wäre unredlich, wenn man das nicht sagen würde. Und daraus ergibt sich dann die Frage: will man nun die Flinte ins Korn werfen? Ich sage: ganz sicherlich nicht; aber erst, wenn man einmal weiß, daß die Wahrscheinlichkeit, daß die Machtstrukturen sich so verfestigen, daß der notwendige Wandel zu spät kommt, daß diese Wahrscheinlichkeit die größte ist, dann hat man den richtigen Ausgangspunkt.

Ich bin der Überzeugung, daß wir in der Tat kleine Gruppen brauchen, Herr Müller. Denn auch im Bereich der Regierung sind es heute schon immer Gruppen von drei oder vier Leuten, in denen die wirklichen Entscheidungen vorbereitet werden oder auch die geistigen Grundlagen verändert werden, und das gilt selbstverständlich für die ganze Gesellschaft.

Wir brauchen zweitens sicherlich neue Instrumentarien in unserer parlamentarischen Demokratie. Ich halte sie immer noch für die beste aller denkbaren Staatsformen, auch für die flexibelste – mit all ihren vielen Fehlern; aber das ist ja auch, glaube ich, von Herrn Müller und den anderen gesagt worden, daß wir hier stärkere Elemente haben müssen, wo die Impulse, die aus der Bevölkerung selbst kommen, sich stärker in Politik umsetzen lassen.

Und wir brauchen nach meiner Meinung auch eine gründliche Überlegung darüber, wo unser ökonomisch-politisches System verändert, wo es mindestens modifiziert werden muß, damit wir mit dem fertig werden, was wir nun heute an Einzelbeispielen dargestellt haben. Ich bin nicht pessimistisch, aber ich glaube, der Realismus setzt hier voraus, daß man weiß, die Chancen sind geringer als die Gefahr.

Altner: Ich möchte das Stichwort von der Überschaubarkeit, das Herr Müller gebracht hat, noch einmal aufnehmen. Das erscheint mir äußerst glücklich. Auch theologisch ist dieses Stichwort äußerst interessant. Die Verpflichtung, Macht überschaubar zu machen, kann sich einmal so äußern, daß man für die kleine Gruppe denkt und herauszufinden versucht, was heute Verantwortung in kleinen Gruppen heißt. Aber ich finde, über die Überschaubarkeit menschlicher Macht nachzudenken, das erfordert auch sehr tiefgehende Grundüberlegungen, die sich mit der Frage nach der Endlichkeit und Sterblichkeit des Menschen berühren. Meines Erachtens könnte der Begriff der Überschaubarkeit menschlicher Macht geradezu ein Zentralbegriff für theologische Überlegungen in diesem Zusammenhang werden.

A. M. KLAUS MÜLLER

Der Mensch an der Zeitmauer des Überlebens

In mehreren Veröffentlichungen[1] der vergangenen Jahre habe ich darzustellen versucht, daß und warum das Überleben der Menschheit der zentrale Horizont alles politischen Vorgehens werden muß. So schrieb ich 1973 im Vorwort zu dem ersten Band *Überlebensfragen:* «Es gilt, bei all unseren Entscheidungen heute für das Leben von morgen und übermorgen nicht länger partikularen Interessen, sondern dem Überleben der Menschheit die erste Priorität einzuräumen. Wie einschneidend dieses ‹Prinzip Überleben› als Randbedingung in unsere bisherigen Ordnungen und Gewohnheiten eingreifen wird, habe ich ausführlicher in *Die präparierte Zeit* erläutert.» ‹Das Prinzip Überleben› ist in diesem 1972 erschienenen Buch der Obertitel des gesamten ersten von drei Teilen, und diese Anordnung wurde mit Vorbedacht gewählt und thematisch durchgeführt, weil alle produktive Vorwegnahme der Zukunft im Bewußtsein des Menschen mit der Möglichkeit dieser Zukunft und ihren verborgenen Bedingungen schon rechnen muß, diese Bedingungen aber in der vor uns liegenden Zeit nicht mehr von selbst erfüllt sind. Indem wir deshalb genötigt sind, diese Bedingungen ans Licht zu bringen und in ihrem Licht die Verantwortung für eine mögliche Zukunft erstmals umfassend wahrzunehmen, gewinnt alles, was im Leben des Menschen überhaupt eine Rolle spielt oder spielen kann, einen Bezug zum Überleben, erweist sich zunehmend, daß es vom Standpunkt der Eroberung einer menschlichen Zukunft keinen kleineren Horizont mehr geben darf als jenen, in dem das Weiterbestehen der Menschheit als neuartige Aufgabe ständig zur Herausforderung für möglichst viele Menschen wird.

In Gesprächen, welche in diese Richtung zielen, ist mir oft eine Hemmung begegnet, diese Art der Zuordnung aller Ebenen unserer Erfahrung zum Problem des Weiterbestehens der Menschheit für eine prinzipielle zu halten. Die Einwände, die geltend gemacht werden, sind oft nicht deutlich artikuliert, ich habe aber immer empfunden, daß sie einem gemeinsamen Motivationskern entspringen, den man grob als die Weigerung beschreiben könnte, etwas so Zeitbedingtes wie eine Überlebenskrise mit vermuteten oder gewußten Wahrheiten vom Range zeitloser Gültigkeit ernsthaft konkurrieren zu lassen. Ich kann diese Hemmung sofort verstehen, spiegelt sich in ihr doch die uns allen vertraute abendländische Tradition eines metaphysisch geprägten Verständnisses der Wirklichkeit wider. Für die Beantwortung der *Wahrheitsfrage* in der *Metaphysik* galt – etwas vergröbernd gesagt – die Formel: «Wahr ist, was für alle allezeit gilt»,[2] oder anders ausgedrückt: die Wahrheit ist zeitlos. Ist aber Wahrheit zeitlos, so muß alles, sofern es wirklich ist, in der Gegenwart, und sofern es wahr ist, in der *ewigen Gegenwart* unveränderter Grundverhältnisse erscheinen, muß von der unverbrüchlichen *Identität* des Wesens der Dinge mit sich selbst zeugen.

Von dieser der griechischen Religion entsprungenen Wesensbestimmtheit der Wahrheit ist die Sprache und sind die Methoden durchtränkt, mit denen wir im Verlaufe einer mehr als zweitausendjährigen Auslegungsgeschichte in Wissenschaft und Religion Wahrheit zu benennen suchen. Angesichts dieser Lage muß der Gedanke eines zeitbedingten Horizonts der Auslegung von Wahrheit zunächst einmal als Herausforderung empfunden werden und die Gegenfrage provozieren: Übertreibst du nicht, wenn du die Überlebensfrage so hoch spielst? Wird dadurch nicht verdunkelt, daß selbst in der größten Krise, gerade weil sie zeitlich ist, immer noch auf etwas Verlaß bleibt, nämlich auf das, was vermöge seiner Wahrheit gerade zeitlos und damit der Krise entnommen ist? Ist also ein prinzipieller Bezug auf das Überleben nicht vielleicht Panikmache, ja selbst ein panischer Vorgang, der uns die Wahrheit, die uns retten könnte, gerade verdunkelt, und damit eher zum Scheitern als zum Gelingen beiträgt?

Ich sage, ich verstehe diese Einwände. Aber ich sehe mich genötigt, ihnen gegenüber standhaft zu bleiben – auch und gerade im Blick auf die Religion und hier besonders auf den christlichen Glauben. Die folgenden Erwägungen sollen uns bis zu dem Punkt führen, wo diese Haltung verständlich wird und uns in die Lage versetzt, die Bedeutung von Glaube, Liebe und Hoffnung für die Zukunft des Menschen in der Welt mit neuen Augen zu sehen.

Zunächst: Es ist wahr, daß es die Überlebenskrise, vor der wir heute stehen, nicht immer gegeben hat. Die Bedingungen, unter denen das jeweilige Überleben der Spezies Mensch sich vollzog, waren in vergangenen Zeiten jedenfalls der überschaubaren Menschheitsgeschichte niemals so ernsthaft gefährdet, wie heute oder in naher Zukunft. Es ist nicht übertrieben zu sagen, daß wir *heute vor einer beispiellosen Überlebenskrise* stehen. In der *Präparierten Zeit* habe ich im Zusammenhang mit der Datierung der Krise häufig die Wendung «in der vor uns liegenden Weltzeit» gebraucht. Das ‹Prinzip Überleben› bezieht sich nicht auf die vergangene Geschichte, sondern auf die vor uns liegende Weltzeit, die durch eine kritische Zuspitzung aller Verhältnisse gekennzeichnet ist. Wenn wir die prinzipielle Bedeutung ermessen wollen, die dieses futurische Prinzip künftig für uns hat, dann müssen wir verstehen lernen, ob und in welchem Ausmaß uns die Wahrnehmung der Wahrheit selbst in diese kritische Zuspitzung hineinführt; denn dann könnte die Weise, wie uns Wahrheit erscheint, nicht unbeeinflußt bleiben von den Dimensionen der Gefährdung, die sich heute vor uns auftun. Und in der Tat, die Kräfte, die uns in die Zuspitzung getrieben haben, welche wir nur noch als Krise des Überlebens ansprechen können, sind keine Oberflächenphänomene, sondern liegen so tief, daß es einer mehrhundertjährigen Eskalation ihrer Wirkungen bedurfte, um ihnen jene Geschichtsmächtigkeit zu verleihen, über die auch lange etablierte menschliche Voreingenommenheit nicht länger hinwegsehen kann.

Ist aber Voreingenommenheit von Jahrtausenden im Spiel, so erscheint es nicht mehr vermessen, auch das metaphysische Postulat, das Wesen der Dinge trete in der ewigen Gegenwart des mit-sich-identisch-Seins zutage, auf Voreingenommenheiten zu befragen. Das ‹Prinzip Überleben› entfaltet so, gerade indem es auf seine Zeitlichkeit angesprochen wird, eine unerwartete Wirkung. Der Spieß wird gewissermaßen umgedreht. Neben einem zeitlichen Prinzip kann es nicht zeitlose Prinzipien von vergleichbarer Bedeutung geben. Was damit zur Debatte steht, ist die Bedeutung der Zeit selbst.[3] Vielleicht sollte man präziser mit Carl-Friedrich von Weizsäcker sagen: «Das Rätsel der Zeit»;[4] denn im Verstehen dessen, was wir als Zeit erfahren, sind wir erst in den Anfängen.

Wenn ich mich daher genötigt sehe, das Prinzip Überleben gegen die Aufbietung zeitloser Wahrheiten zu verteidigen, so deshalb, weil ich es als die politische Version des *‹Prinzips Zeit›* verstanden wissen will und weil ich behaupte, daß eine heute einsetzende Meditation auf die Wirkung der Zeit uns einerseits verstehen läßt, wie groß die beginnende Überlebenskrise ist, und uns andererseits immer deutlicher zeigen wird, wie groß die Illusion zeitloser Wahrheiten ist. Beide, die Größe der Krise und die Größe dieser Illusion bedingen einander, ja in einem noch zu erläuternden Sinne *ist* die Überlebenskrise die fortgesetzte Praxis dieser lange genährten Illusion.

Dies sind nun alles Behauptungen, die im einzelnen belegt werden müssen. Sie bilden die durchlaufende Thematik der *Präparierten Zeit.* Ich habe sie auch für den, der diesen Text nicht kennt, hier an den Anfang gestellt, weil ich vermeiden möchte, daß das heute zunehmend sichtbarer werdende Krisengefüge durch die Brille allzu harmlos-oberflächlicher Deutungen gesehen wird, wie sie sich leider im Geschwindschritt der Bestsellerei unter uns auszubreiten pflegen. Solche Deutungen, die mit gängigen Begriffshülsen hurtig operieren, berücksichtigen nicht, daß die Weise, wie wir Zeit bisher in unsere Reflexion eingeordnet haben, selbst in die Krise geraten ist, und daß daher mehr auf dem Spiel steht, als man im Horizont zeitloser Wahrheitssuche überhaupt wahrzunehmen in der Lage ist.[5]

Das Beispiel der Ölkrise

Kehren wir nun nach diesem weitausgreifenden Präludium in die konkrete, uns bedrängende Situation des Jahres 1974 zurück. Hier ist es die Ölkrise, an die ich unmittelbar anknüpfen kann. Sie liefert uns Material, an dem wir uns von einer aktuellen Seite her tiefer in die Überlebensproblematik hineintasten können. Ich betone nur die Aspekte, die in der öffentlichen Berichterstattung zu kurz kamen.

Da ist zunächst der Umstand, daß der letzte Nahost-Krieg zwar der Anlaß, aber nicht der Grund für die Einschränkung der Ölförderung in den arabischen Ländern gewesen ist. Deshalb würde auch eine vollständige Befriedung der nahöstlichen Szene den alten Zustand nicht einfach wiederherstellen; zum Beispiel müssen wir auf Dauer mit höheren Preisen rechnen. Denn was letztlich König Feisal bewogen hat, die Fördermenge zu reduzieren, ist die Aussicht auf ein Zuendegehen der Ölvorräte in etwa 30 Jahren. Eine absolute Grenze von Saudi-Arabiens Schätzen kündigt sich an, wobei verschärfend hinzukam, daß das Geld, welches die Ölschwemme dem König einbrachte, im Lande gar nicht rasch genug sinnvoll angelegt werden kann, während es sich andererseits auf den Bankkonten infolge der weltweiten Inflation entwertet. Bei quasi-unendlicher Förderkapazität wäre allein dies für eine in den Kategorien traditioneller Oberschichten denkende Dynastie wohl kein Argument. Ist aber eine unwiderrufliche Grenze absehbar, ändert sich alles: Jetzt können auch die Mächtigen selbst bei

Mißachtung sozialer Erwägungen nicht mehr übersehen, daß sie sich in einem Wettlauf befinden, der sie aus orientalischer Gelassenheit auf das Feld eines *Zeitdrucks* hinauskatapultiert, auf dem sie mit anderen Machteliten auf Dauer nur bei geschickter, hinhaltend-produktiver Anlage ihrer begrenzten Schätze werden konkurrieren können. Wir können dies als Hinweis dafür nehmen, welch fundamentaler Wandel der Aspekte allein schon dadurch eingeleitet wird, daß auf alle Unternehmungen der Zeitdruck eines absehbaren Datums fällt, das unwiderruflich ist.

Eben dies aber, daß wir *überall mit endlichen Fristen* zu rechnen haben, ist die neue Situation, die wir mit der Überlebenskrise in allen Bereichen vorfinden. Gerade darin besteht ihre Zeitlichkeit, die sie vom Standpunkt ewiger Wahrheiten aus unartikulierbar macht. Ich komme auf diesen Punkt im Schlußteil ausführlicher zurück.

Bei der Ölkrise fällt weiter auf, daß sie auch Monate nach ihrem Ausbruch einer außerordentlichen *Unsicherheit* der Beurteilung unterlag. Die verantwortlichen Politiker in den Empfängerländern des Öls waren selbst unsicher, bis zu welchem Ausmaß überhaupt faktisch eine Krise bestand und was an ihr nur Propaganda war. (Die Verhältnisse in Großbritannien sind durch die Spannungen zwischen der Regierung und den Gewerkschaften verschärft und insofern untypisch.) Gemessen an dem Umstand, daß es sich bei der begehrten Mangelware um so etwas Handfestes wie Öl handelte, erscheint eine solche Unsicherheit in der Beurteilung der Situation beinahe grotesk. Aber sie ist es nur auf den ersten Blick, nämlich solange man geneigt ist, die Krise unter dem Oberbegriff ‹Energiekrise› einzuordnen. Eine solche war sie sicherlich, aber zugleich viel mehr als das.

Um dies zu verdeutlichen, erinnere ich wieder an eine Überlegung aus der *Präparierten Zeit*[6]. Dort hatte ich eine Liste heute bereits latent oder offen vorhandener Katastrophen angegeben, die keineswegs vollständig ist, die ich aber hier wiedergeben will: sie enthält (in leichter Ergänzung von Position zwei)

die Hungerkatastrophe,
die Wasser- bzw allgemeiner die Umweltkatastrophe,
die Energiekatastrophe,
die Bildungskatastrophe,
die Territorial- oder Kriegskatastrophe,
die Wissenschaftskatastrophe,
die Katastrophe der wissenschaftlichen Nebenwirkungen,
die Anpassungskatastrophe,
die Krise der Vernunft oder der Menschlichkeit des Menschen.

Dieser Liste hatte ich dann folgende Erläuterung hinzugefügt, die ich um der besseren Verständlichkeit des folgenden willen wörtlich zitiere:

«Folgt man einer herkömmlichen Einteilung, so könnte man die ersten drei (Hunger-, Energie-, Umweltkatastrophe) als *äußere,* die übrigen als *innere* Katastrophen des Menschen bezeichnen. Aber die Liste wäre mißverstanden, wenn sie so aufgefaßt würde, als ermöglichte diese Aufschlüsselung nach einzelnen Positionen ein getrenntes Angehen der Probleme. Der Gedanke einer Isolierung des Überlebensproblems in einzelne Problemstellungen, die dann für sich mit jeweils wissenschaftsspezifischen Mitteln verfolgt werden, ist selbst bereits Ausdruck des Vorverständnisses, das uns in jenen Bereich der Krise geführt hat, der sich als ‹Wissenschaftskatastrophe› darstellt.

Die Krise des Überlebens ist vielmehr Inbegriff des Geflechts aller dieser sowie weiterer Katastrophen, die erst im Vollzug der Krise Zug um Zug in unser Blickfeld treten werden. In den nächsten Jahrzehnten wird dieses Katastrophengeflecht globales Ausmaß annehmen, überall präsent sein, jede andere Problematik überrollen und zum Schweigen bringen und entweder gemeistert werden oder die Menschheit verschlingen.

Ein Einwand gegen die Liste bietet sich sofort an. Hunger hat es immer schon gegeben. Wasser war in der Wüste seit je so gut wie nicht vorhanden, Energie schon früher knapp und die Bildung, soweit wir zurücksehen können, ein Privileg weniger. Krieg gehörte so selbstverständlich zur Menschheitsgeschichte, daß er zum ‹Vater aller Dinge› erklärt werden konnte, und die Einteilung des Lebensraumes in begrenzte Territorien ist ebenfalls eine historische Trivialität.

Ist man also geneigt, die Hervorhebung der ersten fünf Positionen für eine Überdramatisierung zu halten, so könnte man für die restlichen Punkte gerade den umgekehrten Einwand geltend machen: Sind denn Wissenschaft, die von ihr ausgehenden Wirkungen, sind Vernunft und die Freiheit, sich ihrer zu bedienen, denn nicht Gegentendenzen zur Katastrophe? Kann denn Vernunft oder die Fähigkeit zur Anpassung, kann denn Menschlichkeit so betroffen sein von der Krise?

In der Tat hat sich die heutige Weltkrise in eigentümlicher Spannung zwischen Althergebrachtem und den neuen Tendenzen der wissenschaftlich-technischen Welt entfaltet. Hier in dieser *Spannung* zwischen den scheinbar trivialen und den scheinbar überraschenden Katastrophen liegt der Ursprung dafür, daß wir heute mit deutlicher Berechtigung von einer beispiellosen, von einer Krise neuer Art sprechen können und müssen. Das Heraufkommen der heutigen Situation ist vor allem bedingt durch eine langanhaltende *Kollision* zwischen einem am *Territorialprinzip* orientierten Denken und der mit der Entdeckung der *naturwissenschaftlichen Methode* zum Zuge gekommenen Denkweise.

Mit anderen Worten: Die Territorial- oder Kriegskatastrophe und derjenige Bereich der Krise, den wir im folgenden als Wissenschaftskatastrophe näher ansprechen werden, bedingen einander. Dies gilt für das ganze Geflecht der Katastrophen. Am Beispiel dieser beiden können wir jedoch bereits die Natur der heutigen Weltkrise verstehen.»

Es wird dem Verständnis des folgenden dienen, wenn wir diese Darstellung der Krisenproblematik zunächst einmal an der Ölkrise illustrieren. Die Unsicherheit ihrer Beurteilung ist der konkrete Ausdruck der Kollision mehrerer Krisenbereiche. Energie ist ein Begriff aus der Physik und insofern ist die vom Energieträger Öl ausgelöste derzeitige Krise zum einen eine Energiekrise, also Teil der latent bereits vorhandenen Energiekatastrophe, zum anderen ist sie untrennbar verbunden mit Naturwissenschaft und Technologie, also jenem Krisenbereich, den ich später noch ausführlicher als Wissenschaftskatastrophe ansprechen werde. Subsummieren wir die äußeren unter die inneren Katastrophen, indem wir sie als durch diese verursacht ansehen, so müssen wir daher die Ölkrise als Symptom der Wissenschaftskatastrophe ansehen. Auf der anderen Seite hat die Parzellierung der Erde in einzelne Territorien schließlich den Nationalstaat neuzeitlicher Prägung hervorgebracht, so daß dieser der heutige Ausdruck des Territorialprinzips in der Politik ist. Die Behauptung einer Kollision zwischen Territorialprinzip und naturwissenschaftlicher Methode müßte sich dann unter anderem in der Antwort auf die Frage widerspiegeln: welche Rolle spielt der Nationalstaat in der gegenwärtigen Ölkrise?

Die Antwort lautet: die traurige Rolle dessen, der seine ökonomische Souveränität faktisch längst verloren hat und dessen daraus folgende Aktionsunfähigkeit durch die Ölkrise jetzt offenbar wurde. Die eigentlichen Souveräne des Öldebakels sind nicht die Empfängerländer, auch nicht die Ölscheichtümer, sondern die multinationalen Ölgesellschaften. Ihre weltweite Integration erlaubt es ihnen, sowohl die Politik der Öllieferanten wie die der Ölverbraucher zu durchkreuzen. Die Politiker *aller* Nationalstaaten, der arabischen wie der hochindustrialisierten, stehen draußen vor der Tür und dürfen nachträglich einen begrenzten Blick in die Bücher der Gesellschaften tun, aber dies auch nur hinsichtlich der Preise, nicht aber im Blick auf die Verteilerstrategie der weltweit disponierenden Firmen. Maßgebend für diese ist der Abnahmepreis, ob er gezahlt wird oder nicht. Wo – wie in der Bundesrepublik – die Regierungen ihre nationalstaatliche Provinz- und Statistenrolle begriffen haben und sich in die Abdankung fügten, war Öl vorhanden, so daß es bisher eher vom Schock des Endverbrauchers als vom Bedarf her zu einem Zustand gekommen ist, der den Namen Ölkrise verdient. Wo – wie etwa in Frankreich – die Regierung sich aufbäumte und ihre Planungssouveränität zu behaupten trachtete, floß eher weniger Öl hin, obwohl doch gerade dieses Land in den vergangenen Jahren politisch den ölproduzierenden Ländern mehr entsprochen hat als die Bundesrepublik.

Die Krise wird also gerade dort angeheizt, wo die Politiker so tun, als sei der Nationalstaat noch intakt und handlungsfähig. Weil er das nicht ist, weil es längst eine Krise der westlichen Nationalstaaten gibt, trägt diese Verschleierung nur zur Kollision divergierender Interessen und damit zur Verschärfung der Situation bei, ist die Unsicherheit in der Beurteilung, ob denn die Krise überhaupt schon ‹da› sei, Symptom der mit dem Verlust von faktischer Souveränität verbundenen Ratlosigkeit, die vor dem Wähler verborgen bleiben soll. Durchschaut man, daß da in Wahrheit nur noch reagiert, aber nicht mehr agiert wird, so gewinnen auch innenpolitische Maßnahmen, die dem Sparen dienen sollen, wie etwa das Sonntagsfahrverbot, eher den Stellenwert einer pädagogischen Maßnahme, die lokal bereits zu einem Überfluß an Benzin geführt hat (was freilich für die Dämpfung der Preise gut und insofern indirekt auch wirtschaftlich sinnvoll ist).

Ich sage das alles nicht, um das Lied des hemmungslosen Wettbewerbs anzustimmen und einer prästabilierten Harmonie, verkörpert durch das alleinige Gesetz des Marktes, im wirtschaftlichen Bereich das Wort zu reden. Im Gegenteil: es ist eine Schande, daß die europäischen Regierungen es zu dem jetzt offen vor aller Augen liegenden Zustand haben kommen lassen; denn sozialer Ausgleich und vernünftige Infrastrukturpolitik sind ohne weit übergreifende Planung, ohne Integration, die über die Parzellen der Nationalstaaten hinausgreift, gar nicht möglich. Aber die Chance einer europäischen Integration, die diesen Namen wirtschaftlich und politisch verdient, ist zwanzig Jahre hindurch beharrlich vertan worden, am meisten durch Frankreich, das mit dem Aufkommen des Gaullismus den Gedanken des Nationalstaates so lange hätschelte, bis er überall in den Nachbarländern wieder Wurzeln fassen und erneut erstarken konnte. Heute sind die Europäischen Gemeinschaften, die einst so verheißungsvoll begonnen hatten, fast nur noch ein Synonym für Interessengezänk, und Willy Brandt ist recht zu geben, wenn er kürzlich konstatierte, daß die EG nichts mehr wert sei, wenn sie nicht einmal die jetzige Ölkrise im Geiste europäischer Solidarität handhaben könne. Auch in der näheren Zukunft werden die nationalen Regierungen noch mächtig genug bleiben, um jede ernsthafte Integration durch ein klassisch-europäisches ‹Konzert der Mächte› zu unterlaufen und damit in Krisensituationen unwirksam zu machen. Was von der nationalstaatlichen Politik also überhaupt noch greift, trägt gerade zur Verschärfung der Spannungen zwischen der Territorial- und der Wissenschaftskatastrophe bei. Das ist eine weitere Lehre, die wir aus der Ölkrise ziehen können.

Weltmodelle und Grenzen des Wachstums

Der nächste Schritt in Richtung auf ein tieferes Verständnis der durch die Wissenschaft und die Technik selbst angeheizten Krise besteht darin, daß wir uns fragen: Was ist denn der konkrete Ausgangspunkt für die Beschlüsse zur Einschränkung der Ölförderung in den arabischen Staaten gewesen? Woher kamen die Informationen über die Grenzen, nachdem man zuvor viele Jahrzehnte optimistisch in den Tag hinein produziert und konsumiert hatte? Die Antwort ist gegeben mit den Stichworten: Weltmodelle, Grenzen des Wachstums, Club of Rome.[7] Saudi-Arabien hatte schon vor geraumer Zeit Untersuchungen über die Auswirkungen einer weiteren Steigerung der Ölförderung bei renommierten Forschern in den USA in Auftrag gegeben, und diese Expertisen fielen in eine Zeit, als man vor allem am Massachussetts Institute of Technology (MIT) in Boston begonnen hatte, kybernetische und systemanalytische Methoden auf die ökonomische Entwicklung des Erdganzen anzuwenden.

Es war Jay W. Forrester[8] vom MIT, der – alarmiert durch ein in vielen Bereichen zu beobachtendes Phänomen – die Entwicklung sozialer Systeme erstmalig durch Computer-Modelle simulierte und dadurch einen Einblick in die Entwicklungsgesetze von Systemen großer Komplexität zu erlangen suchte. Das Phänomen, welches den Anstoß zu diesen Untersuchungen gab, war, kurz gesagt, der *überraschende Umschlag von kurzfristig gemanagter Wohltat in mittelfristig um sich greifende Plage.* So brachten häufig Maßnahmen zur Slumsanierung amerikanischer Städte nur in den ersten Jahren die anvisierten Erfolge, führten dann aber zu einem Desaster, weil die Slums sich schließlich genau dort ausbreiteten, wo die Maßnahmen zuvor ihre positiven Wirkungen gezeitigt hatten. Ich wähle noch ein einfacheres Beispiel aus einem Zeitungsartikel[9], um den Effekt verständlich zu machen: «Am Südrand der Sahara wurden für die dort lebenden Nomaden Tiefbrunnen gebohrt. Mehr Wasser und bessere tierärztliche Versorgung bewirkten mehr Vieh; mehr Vieh bedeutete: Vernichtung der letzten Grasnarbe; das Vieh verhungert, die Menschen hungern, müssen das Land verlassen – die Sahara dringt weiter in bislang bewohnte Gebiete vor.»

Dieses Beispiel zeigt besonders klar, daß ein solcher Umschlag-Effekt mit dem Vordringen technischer und organisatorischer Verfahren in Bereiche zu tun hat, die bisher auf einem weniger gezielt beeinflußten Niveau sich entwickelt hatten. Die Zielsetzungen rufen zwar einschneidende Veränderungen hervor, aber entweder nur anfänglich oder überhaupt nicht die gewünschten, sondern andere, meist schädliche. Was als Wohltat konzipiert war, löst so bei der Durchführung eine *Krise der eigenen Zielsetzungen* aus, weil sich bei näherem Zusehen – etwa bei einer Computer-Simulation – zeigt, daß die Mittel, mit denen das Ziel angesteuert wurde, nur vordergründig richtig gewählt waren, während sie in Wahrheit schließlich genau das Gegenteil dessen, was man wollte, bewirken mußten; weil die Komplexität, die im Zusammenwirken aller beteiligten Faktoren liegt, nicht durchschaut wird, paßt man, ohne es zu wissen, die Ziele an die am deutlichsten hervortretenden Symptome an (Slumsanierung, Bewässerung!) und löst dadurch unter der Decke der komplizierten Zusammenhänge Nebenwirkungen aus, die schließlich zu Hauptwirkungen werden und den eingangs hergestellten Zusammenhang von Zielen und Maßnahmen illusorisch machen. Nebenbei bemerkt liegt hierin auch ein wichtiger Zusammenhang zwischen Wissenschaftskatastrophe, Anpassungskatastrophe und der Katastrophe der wissenschaftlichen Nebenwirkungen, dem ich aber aus Zeitgründen nicht weiter nachgehen kann.

Genau diesen im Grunde katastrophalen Effekt fand Forrester auch, als er seine Computer-Simulationen auf ein Global-Modell übertrug, das die gesamte Menschheit als übergreifendes System umschließt und durch Hochrechnungen zu Prognosen über die künftige Menschheitsentwicklung führt. Die Ergebnisse solcher Weltmodell-Rechnungen, die dann im Auftrage des Club of Rome, einer internationalen Vereinigung von Industriellen und Wissenschaftlern, von einem Team unter Leitung von Dennis Meadows weitergeführt wurden, sind unter dem Stichwort *Grenzen des Wachstums*[10] weltweit bekanntgeworden und haben ein starkes Echo ausgelöst. Auch bei den Hochrechnungen der Weltmodelle führt ein «teuflischer Regelkreis»[11] vom Typ des eben geschilderten Verhaltens schließlich aus der Wohlstands-Expansion zu einer katastrophalen Krise in den hochindustrialisierten Ländern, und zwar in etwa fünfzig bis siebzig Jahren. Ein bemerkenswerter Zug, der durchaus in der Logik des Umschlag-Effekts liegt, besteht darin, daß die Katastrophe um so schlimmer wird, je später sie eintritt, das heißt je weiter sie durch zunächst positiv zu veranschlagende innovatorische Entwicklungen wie zum Beispiel neue Erfindungen hinausgeschoben wird. Gerade dieses qualitative Resultat, dessen Tragweite wir vor dem Hintergrund der Wissenschaftskatastrophe noch besser verstehen werden, erweist sich als weitgehend stabil gegen Änderungen in den Annahmen, welche die Hochrechnungen begleiten, und verdient, außerordentlich ernst genommen zu werden.

Die Ölkrise verdankt ihren Ursprung dem Umstand, daß die Regierungen der arabischen Ölstaaten als erste auf der Welt drastische politische Konsequenzen aus diesen Untersuchungen gezogen haben.

Wir sollten ihnen eigentlich dankbar dafür sein und darüber erschrekken, wie wenig unser durch den Wettbewerb an die Wachstumsideologie gefesseltes technisch-ökonomisches Establishment im Verein mit der Ohnmacht der Nationalstaaten zu einer Umkehr aus eigener Kraft fähig ist.

Die Meadows-Studie über die Grenzen des Wachstums ist vielfacher Kritik unterzogen worden, nicht zuletzt und angesichts ihrer apokalyptischen Prognosen in apologetischer Absicht. Daß bei aller Berechtigung kritischer Argumente gerade die Argumentationen, die auf eine Abschwächung ihrer Resultate zielen, tragisch ins Leere gehen müssen, erläutere ich später im Zusammenhang mit der Wissenschaftskatastrophe.

Drei Verteidigungslinien

Um das politische Feld für eine Diskussion der durch die Wissenschaft selbst heraufbeschworenen Gefahren zunächst etwas deutlicher abzustecken, stelle ich im folgenden einige Thesen zur Verteidigung des Überlebens der Menschheit auf. Ich gehe davon aus, daß das Weiterbestehen der Menschheit vor allem von der Bewältigung derjenigen Gefährdung abhängt, die in der Krise ihrer eigenen Zielsetzungen liegt und von der die Forrester-Untersuchungen ein erstes deutliches Modell geliefert haben. Weiter behaupte ich, daß die Krise bereits einen solchen Grad von Gefährdung erreicht hat, daß man zur Verteidigung des Überlebens heute schon *mindestens drei Verteidigungslinien* ins Auge fassen muß:

- Die Verteidigungslinie auf der Basis der hochindustrialisierten Länder. Sofern sie gehalten werden kann, werden die Menschen der Industriegesellschaften, zu denen wir selbst gehören, auf der dieser Gesellschaft eigentümlichen Zivilisations- und Organisationsstufe überleben.
- Die Verteidigungslinie auf der Ebene der Länder der Dritten Welt. Wenn sie standhält, wird die Menschheit wenigstens zu den Bedingungen, die heute in den Entwicklungsländern herrschen, über die Runden kommen. Diese Bedingungen schließen solche von uns aus katastrophalen Zustände wie die Hungerkatastrophe als ‹normal› ein.
- Eine Verteidigungslinie einzelner ‹Inseln› menschlicher Kultur und Zivilisation, die als versprengte Gruppierungen auf einen Zustand vor Beginn der Weltgesellschaft zurückgeworfen sind und deren Bevölkerungswachstum durch biologische Schädigung gefährdet oder sogar ausgeschlossen ist. Wir hätten es hier mit einer Situation zu tun, an der gemessen die heutige Hungerkatastrophe wie ein kleiner Fleck auf einem Wohlstandsidyll wirkt.

Die Redeweise von ‹Verteidigungslinien› ist im folgenden Sinne gemeint: Wenn eine der ersten beiden Linien nicht gehalten werden kann, so soll das nicht bedeuten, daß die Menschen, die im Bereich des entsprechenden Entwicklungsstandes leben, alle umkommen müßten; es bedeutet ‹nur›, daß sie, um überleben zu können, sich den Gefahren und Defiziten des entsprechend niedrigeren Entwicklungsstandes anpassen müssen, wie er für die nächste Verteidigungslinie charakteristisch ist. Es dürfte klar sein, daß ein solcher erzwungener zivilisatorischer Regreß von den angedeuteten Ausmaßen selbst eine neue, aggressive Zuspitzung in die Überlebenskrise hineinträgt und damit den Gang der Dinge noch ‹turbulenter› macht als er bis dahin ohnehin schon war (vgl Abschnitt über die Wissenschaftskatastrophe S 56 ff).

Ich kann nun die politische Bedeutung der im folgenden zu besprechenden Wissenschaftskatastrophe dadurch deutlich machen, daß ich folgende These ausspreche: *Wenn ich davon ausgehe, wie die Wissenschaft heute ist und in naher Zukunft bleiben wird, so gibt es für mein Empfinden keine überzeugenden Gründe, die dafür sprechen, daß sich die erste Verteidigungslinie wird halten lassen.* Mit anderen Worten: es spricht sehr viel dafür, daß die Industriegesellschaften nur dadurch überleben können, daß sie mindestens auf das Stadium der Länder der Dritten Welt zurückfallen. Ich überlasse es der Phantasie des Lesers sich auszumalen, was dies für den einzelnen Bürger bedeutet und gehe zur Begründung dieser These über, indem ich damit zugleich die Beschreibung der Wissenschaftskatastrophe aufnehme.

Ethik und moderne Wissenschaft

Was ist die Wissenschaftskatastrophe? In der *Präparierten Zeit* formulierte ich: «Sie ist der Inbegriff aller Gefährdung, die ihren Grund in einer unzeitgemäßen Haltung zur Wissenschaft hat.»[12] Unzeitgemäß ist zunächst einmal die Haltung, welche die Wissenschaft als wertneutral, als weder gut noch böse versteht und es dem Menschen zuschiebt, ob er aus den Resultaten von Wissenschaft und Technik etwas Gutes oder etwas Böses macht (ich sage: Wissenschaft *und* Technik, weil zwischen beiden eine wirkliche Trennung gar nicht möglich ist). Eine solche reine *Anwendungsethik* war, wie wir sehen werden, immer eine Illusion, heute aber, wo wir es besser wissen könnten, ist sie ein Selbstbetrug, der die Überlebenskrise unablässig anheizt. Ich beschränke mich in dem, was ich erläutere, auf die Naturwissenschaft. Läßt sich die Wertneutralität für sie nicht aufrechterhalten, so erst recht nicht für die anderen Formen von Wissenschaft.

In der Naturwissenschaft hat man die Meinung, daß die Anwendung in einem nachgeordneten Verhältnis zur Wissenschaft stehe und daß die Ethik erst bei der Anwendung einsetzen könne, damit begründet, daß man die Wissenschaft selbst überhaupt frei von Werten sah und es folglich nichts in ihr gäbe, an dem eine ethische Problematik überhaupt Anhalt haben könnte. In einem strikt formalen Sinne ist dies für eine Wissenschaft, deren Gegenstände durch mathematische Relationen beschrieben werden können, richtig. Aber die Schwäche des Arguments liegt in der Verlagerung auf das Darstellungs*mittel* Mathematik. Die Physik als die Grundwissenschaft im Bereich ‹exakter› Forschung ist keineswegs identisch mit formaler Mathematik. Gerade das heute gängige, auf der Axiomatisierung der Prämissen beruhende Selbstverständnis der Mathematik zeigt dies mit aller Schärfe. Mathematische Axiome kann man diesem Verständnis zufolge willkürlich wählen, sofern sie nur widerspruchsfrei sind. Alles, was man über dieser Willkür durch logisches Schließen errichten kann, ist Mathematik. Natürlich gibt es lange und komplizierte mathematische Deduktionen auch in der Physik. Man nennt dieses Unternehmen gelegentlich die «Mathematische Physik». Niels Bohr hat sie von der «Theoretischen Physik» unterschieden, die, worauf vor allem Max Born hingewiesen hat, tatsächlich ein Stück Philosophie ist.[13]

In der Theoretischen Physik geht es ebenfalls um die Aufstellung allgemeiner Axiome, aber diese werden nicht willkürlich gewählt, sondern in einem untrennbaren Zusammenhang mit der Praxis immer neuer Erfahrung erahnt, erraten und schließlich mathematisch formuliert.[14] Die zunächst qualitative Erfahrung wird im Experiment unter ‹kontrollierten Bedingungen› oder ‹definierten Verhältnissen›, wie man zu sagen pflegt, erhärtet und objektiviert, das heißt von allem befreit, was nicht für jeden Beobachter in der gleichen Ausgangssituation gleich erscheint. Die Physik kennt also im Unterschied zur reinen Mathematik stets eine ‹experimentelle Situation›,[15] und diese wird *gemacht*, wird hergestellt und dient selbst zur ‹Fest-stellung› von Phänomenen.

Wenn ich so ‹operational› rede, habe ich bereits die Reflexionsstufe der *modernen* Physik (seit 1900) eingenommen. Die Operationalisierung der Physik ist selbst ein Stück vom Inhalt ihrer beiden beherrschenden Theorien: der Relativitätstheorie (Albert Einstein) und der Quantentheorie (Max Planck, Niels Bohr, Werner Heisenberg).[16] Ohne das hier näher begründen zu können, füge ich hinzu, daß Aussicht besteht, die Relativitätstheorie werde sich aus der Quantentheorie herleiten lassen. In diesem Falle dürfen wir voraussetzen, daß die Reflexionsstufe der modernen Physik genau die der *Quantentheorie* ist – und diese Theorie spricht in der Tat vom ‹Präparieren› ihrer Objekte, das heißt vom ‹Machen› einer experimentellen Situation.

Der entscheidende Punkt, welcher das Argument einer reinen Anwendungsethik hinfällig macht,[17] ist nun der folgende. Während in der auf Galilei zurückgehenden ‹klassischen Physik›, die dreihundert Jahre bis zum Ende des 19. Jahrhunderts nahezu unangefochten herrschte, der Gedanke einer Zerlegung wissenschaftlicher Objekte in ihre Teile ganz unproblematisch war und damit die Idee wissenschaftlicher Analyse, die ja auf Isolierung von einzelnen Zügen der Erfahrung und damit auf eben der Möglichkeit einer solchen Zerlegung beruht, trivial erscheinen mußte, hat sich das mit der Entdeckung der Quantentheorie in überraschender und folgenschwerer Weise geändert. Die Veränderung war so überraschend, daß sie zunächst nur einseitig unter erkenntnistheoretischem Interesse wahrgenommen wurde; und mit diesem Etikett versehen haben sie die meisten der heutigen – positivistisch eingestellten – Physiker dann auch bald wieder aus ihrem Bewußtsein verdrängt. Und sie ist so folgenschwer, daß wir auf Grund des traditionellen Vorverständnisses von der Wertfreiheit der Wissenschaft ihr ungeheures Gewicht für die Zukunft der Menschheit noch kaum in den Blick bekommen haben.

Was sich geändert hat, ist dies: In der klassischen Physik hatte man eine aus dem Alltag bekannte triviale Erfahrung verallgemeinert und war gut damit gefahren. Die Erfahrung, in einem simplen Beispiel dargestellt, besagt: Ich erfasse den Inhalt einer Tüte Bonbons objektiv, indem ich jedes Bonbon einzeln erfasse; die Erfahrung der Tüte Bonbons ist die Summe der Erfahrungen, die ich mit jedem einzelnen Bonbon machen kann. Verallgemeinert: Das ganze Objekt ist die Summe seiner Teile, diese für sich als Objekte genommen. Genau auf der Grundlage, daß es sich so verhält, beruht die naturwissenschaftliche Methode der wissenschaftlichen Analyse auf der Reflexionsstufe der klassischen Physik.

Im Alltag, bei dem, was wir die handgreiflichen ‹Dinge› nennen, ist dieses Verfahren, wie gesagt, trivial und unproblematisch. Anders bei den Objekten der Quantenphysik, etwa den Molekülen, Atomen oder Elementarteilchen. Hier gilt nicht: das Ganze wird durch Teilung lediglich zerlegt, bleibt aber dabei, was es schon vorher war, nämlich eine Summe seiner Teile; sondern: das Ganze wird durch Zerlegung in Teile *als Ganzes zerstört,* und die nachträgliche Rekonstruktion an Hand der erhaltenen Teile oder Bruchstücke führt nicht wieder zurück zu dem Ganzen, das vorher war. Anders ausgedrückt: es gibt überhaupt nicht ‹die› Teile, sondern nur verschiedene Weisen, das Ganze als Ganzes zu zerstören, aufzulösen und damit Teile zu *produzieren,* die jeweils – vom selben Ganzen herkommend – ganz *anders* aussehen können, je nachdem, wie man das, was sich da zeigen soll, im Experiment ‹präpariert›. Die letzte Aussage ist in Bohrs Prinzip der Komplementarität und in Heisenbergs quantitativer Fassung in Form der Unbestimmtheitsrelationen enthalten.

Wenn ich Worte wie vorher, nachträglich, produzieren, auflösen, zerstören gebrauche, so ist damit bereits der *Prozeßcharakter* des experimentellen Vorgehens, die *wesentliche Zeitlichkeit* des Meß- und Beobachtungsprozesses angesprochen. Daß es sich um unumkehrbare Prozesse handelt, daß die Zeit wesentlich eingeht, ist von der Quantenphysik im Unterschied zur klassischen Physik nicht ablösbar. Handelt es sich aber um Prozesse in der Zeit, so ist die Zerstörung des Ganzen durch Auflösung in Teile kein bloß erkenntnismäßiger Akt, kein bloßes Zurkenntnisnehmen von etwas an sich unverändert Vorhandenem, sondern ein realer Vorgang, der einen *Verlust* an Ganzheit erzeugt und diesen Verlust als Spur hinterläßt. Die Messung ist der Quantentheorie zufolge also keine neutrale Beobachtung, sondern ein gewaltsamer Eingriff, und das, was man infolge dieses Eingriffs als *Wissen* erlangt, ist ein Wissen über Teile, dessen Summierung das Ganze, welches vor dem Eingriff bestand, nicht wieder herstellen kann. Und ein anderes physikalisches Wissen als ein solches, das um den Preis solchen Verlustes an Ganzheit gewonnen werden kann, ist nach der Quantentheorie gar nicht möglich. Man kann sagen – vor allem, wenn man sich die erst in den Anfängen durchdachte Tragweite für die Biologie vor Augen führt – daß der Beobachtungs- und Wissensprozeß selbst *Geschichte ist.*[18]

Fundamental wird dieser Sachverhalt durch die noch kaum wahrgenommene fundamentale Stellung der Quantentheorie im Zusammenhang der Wissenschaft überhaupt. Wie die neue, durch Carl Friedrich von Weizsäcker begründete *transzendentale Wissenschaftstheorie* zu zeigen im Begriffe ist,[19] muß man die Quantentheorie nicht nur in ihrem bisherigen Horizont als ‹Atomphysik› sehen, sondern sie dürfte nicht weniger sein als *die* äußerste Theorie über objektivierbare Prozesse in der Zeit, die überhaupt mit solchen Prozessen und damit mit der Objektivierbarkeit ihrer Erfahrung (das heißt aber: mit einer für jeden Beobachter in prinzipiell gleicher Weise zugänglichen Erfahrung) vereinbar ist.[20] Die Bedeutung dieser neuen Sicht der Quantentheorie kann man unter anderem daran ermessen, daß es hiernach nicht länger haltbar ist, ihren Anwendungsbereich allein in der Mikrowelt des Kleinen und Kleinsten zu erblicken.[21] Vielmehr unterliegen dann auch die Prozesse des menschlichen *Bewußtseins,* soweit sie objektivierbare Prozesse in der Zeit sind, den Gesetzen der Quantentheorie. Das Bewußtsein ist aber ein makroskopisches Phänomen, es ist das Medium, in dem wir unsere Umwelt und uns selbst wahrnehmen. Infolgedessen gilt die so allgemein verstandene Quantentheorie *auch in ganz vitalen Bereichen des Alltags jedes Menschen* und folglich müssen auch in diesen Bereichen der menschlichen Psyche und Physis die oben erwähnten Prozesse der Auflösung oder Zerstörung ganzheitlicher Verhältnisse am Werk sein.

Halten wir hier inne, so können wir jetzt sagen: Seit die wissenschaftliche Analyse aus der Wissenschaft selbst heraus als realer Prozeß verstanden werden muß, ist eine Trennung in experimentelles Vorgehen und spätere Anwendungsethik nicht mehr möglich. Schon der Prozeß der Kenntnisnahme eines wissenschaftlichen Resultats im Akt seiner Entstehung und ebenso der damit untrennbar verbundene Prozeß der Gestaltung eines technischen Zusammenhangs ist ein Stück *Vergewaltigung* dessen, was sich da zeigt. Vorgenommen wird die Vergewaltigung von dem, der dabei objektivierendes Wissen erlangt, also zuletzt immer vom experimentierenden oder beobachtenden Menschen selbst. Deshalb darf man in anthropomorpher Rede auch so sprechen, wie ich das in der *Präparierten Zeit* getan habe: »Das naturwissenschaftlich-technische Meß- und Gestaltungsergebnis ist erzwungen mit einem Informationsverlust an Begegnung, ist eine *Frucht der ‹Diktatur› der Meßanordnung* ... Das physikalische Experiment bedeutet ‹Gleichschaltung› und ist somit, auf Subjekte mit personalem Kern angewandt, *eo ipso inhuman.*«[22]

Um die ganze Tragweite des Dilemmas einzusehen, in das uns dieses erschreckende Resultat versetzt, besprechen wir kurz einen naheliegenden Einwand. Man könnte argumentieren: Mag dies für die Quantentheorie gelten und mag der Geltungsbereich der Quantentheorie auch weiterreichen als bisher angenommen, so gibt es doch eine augenfällige Begrenzung ihrer Gültigkeit, die auch begrenzen müßte, was wir soeben gehört haben: Die Technik des menschlichen Alltags und die industrielle Technik und Produktion gehorchen doch ganz überwiegend weiter der klassischen Physik; denn diese ist ja durch die tieferen und verfeinerten Erfahrungen, wie sie die Quantentheorie uns vermittelt, nicht einfach außer Kraft gesetzt worden. Die Gegenstände dieser ‹klassischen›, normalen Technik verhalten sich doch weiterhin wie die Bonbons in unserem kleinen Beispiel, und kann man nicht die auf die Quantentheorie gegründeten Besorgnisse deshalb einfach als eine Überdramatisierung abtun?

Dazu ist zunächst zu sagen, daß klassische Physik und Quantentheorie nicht einfach beide nebeneinander in Strenge wahr sein können. Ihr Verhältnis zueinander und zum Ganzen der erfahrbaren Welt ist ein sehr trickreiches. Die Quantentheorie hat gerade das aufgedeckt, was an der klassischen Physik falsch ist und immer falsch gewesen ist. Dazu gehört der strenge Determinismus, nämlich die verschlossene, durch vollständige Vorhersagbarkeit alles Kommenden gleichsam zugebaute Zukunft. Wenn die Quantenphysik hier eine *prinzipielle Offenheit* und damit keine deterministische Kausalität mehr kennt, so gilt dies für das Ganze der Wirklichkeit, auch dort, wo um der Einfachheit der Beschreibung willen weiterhin in den Begriffen der klassischen Physik gearbeitet wird wie in den meisten Bereichen der Technik. Diesen Punkt werde ich später noch an den Weltmodellen illustrieren.

Ohne auf weitere Einzelheiten einzugehen, läßt sich die neue Situation so zusammenfassen: Alle klassischen Begriffe, welche durch die Quantentheorie revidiert werden, gelten dort, wo die klassische Physik weiterhin anwendbar bleibt, nur noch als Näherungen, wie der Physiker sagt, als oft ausgezeichnete Annäherung an die wirkliche Erfahrung. Oder: die klassische Physik und mit ihr die kausale Betrachtungsweise, wie sie die Grundlage der normalen Technik ist, ist selbst nur eine Näherung. Sie ist diejenige Näherung, in der wir handgreifliche ‹Dinge› und Kausalfäden zwischen Dingen wahrnehmen und für real halten. Weil sie eine gute Näherung ist, sind wir mit diesem Verfahren so erfolgreich gewesen und haben schließlich die ganze Erde mit einem Netz kausaltechnischer Verfügungen überzogen. Weil sie aber nur eine Näherung bleibt, wird mit ihrer Verwirklichung dauernd jener Schritt getan, der zur Auflösung und Zerstörung von Ganzheiten führt.

Diesen Prozeß bekommt man nicht in den Blick, wenn man nur auf die technischen Strukturen selbst schaut, denn diese sind ja gerade ‹klassisch› gut beschreibbar. Man muß den Blick ‹komplementär› dazu auf diejenigen Subjekte richten, die diese Technik produzieren und zugleich *Betroffene* von dem sind, was sie da produzieren. Eine technische Welt ohne Wesen, die ein Bewußtsein von ihrer Umwelt haben, wäre ja eine leere Abstraktion, eine verharmlosende Formalisierung unserer realen Verhältnisse. Das Bewußtsein aber ist kein ‹Ding› wie ein Stück Eisen, und deshalb kann es auch nicht mehr in guter Näherung durch die klassische Physik beschrieben werden. Im Phänomen Bewußtsein, wie es durch die ‹Psychophysik› einer weitergeführten Quantentheorie der Beschreibung künftig zugänglich sein dürfte, kommen die bestürzenden ‹komplementären› Züge dieser Theorie etwa im Verhältnis von Erinnerung und Verdrängung, von bewußter und unbewußter Wahrnehmung,[23] voll zum Tragen, und zugleich wird damit der *Konflikt* enthüllt, der darin besteht, daß dieses sozusagen sensibelflüssige Bewußtsein auf die festen Gestalten der Dingwelt stößt, mit der es untrennbar verbunden ist, auf eben jene Züge der Wirklichkeit, die allein eine klassisch-physikalische Annäherung der Beschreibung erlauben.

Sich auf die klassische Physik zurückzuziehen, bedeutet also gerade, den Menschen und seine physischen und psychischen Konflikte mit der Umwelt auszuklammern. Denn diese Konflikte können nun quantentheoretisch als eine *Anpassung* des Bewußtseins, das transkausale Züge enthält, an die kausale Betrachtungsweise verstanden werden, als eine ‹Messung›, die zugleich Nötigung durch die ‹klassische› Umwelt ist, bei der das Bewußtsein zum Verlust eines Teils seiner Ganzheit gezwungen wird, wenn es überhaupt Faktenwissen (klassische Näherung!) gewinnen will.

Diese andeutungsweisen Erwägungen zeigen, daß die Wissenschaftskatastrophe (die durch das eben Gesagte zugleich zur Anpassungskatastrophe im tieferen Sinne wird) *im* Erkenntnisprozeß des Menschen selbst stattfindet, sofern dieser ‹objektivierend›, das heißt durch technische Gestaltung seiner Umwelt, vermittelt wird. Da in diesem Prozeß Handeln und Vermehrung des Wissens, also Actio und Reactio, stets untrennbar ineinanderspielen, benutze ich statt Erkennen lieber das Wort Wahrnehmen, in dem beide Komponenten glücklich vereint sind. Jedes ‹vorher› und ‹nachher› im Sinne einer Aufteilung nach ‹Wahrnehmung› und ‹Anwendung› wird damit aber hinfällig. Wissenschaftliche Wahrnehmung *ist* Auflösung und damit Zerstörung von Ganzheiten und wird nicht erst zerstörend durch ‹falsche› Anwendung. *Damit ist die Ethik aber von vornherein gefragt.* Um es mit den Worten des Biokybernetikers Ernst von Weizsäcker zu sagen: nicht wertneutral, ‹weder gut noch böse› ist die Wissenschaft dort, wo der Konflikt Lebewesen – Umwelt entsteht (wie etwa in der Biologie oder der Medizin), *«sondern die Wissenschaft ist sozusagen dadurch böse, daß sie gut ist.»*[24] Und ich füge hinzu: wir brauchen gute Wissenschaft!

Wir können das Spannungsfeld, das sich auf Grund der neuen Erkenntnisse über das Wesen moderner Wissenschaft vor uns auftut, vielleicht durch zwei anthropologische Grundthesen näher bezeichnen, die ich in der *Präparierten Zeit* wie folgt ausgesprochen habe:

- Der Mensch steht *zwischen* Wissenschaft und Zukunft.
- Menschlichkeit ist jene Weise des Lebens, die um *optimale* Entfaltung des Spielraums zwischen Wissenschaft und Zukunft besorgt ist.[25]

Die Wissenschaftskatastrophe

Um die Bedeutung dieser Thesen voll zu ermessen, müssen wir die soeben angestellten Erwägungen noch ein Stück weiter verfolgen. Das mit dem Wahrnehmungsprinzip objektivierender Wissenschaft gegebene Dilemma wird nämlich noch bedrängender, wenn wir uns klar machen, wie wenig wir aus ihm aussteigen können. Was sich uns in der Quantentheorie in bestürzender Weise enthüllt, ist eine Wahrheit über die Zeitlichkeit der feineren, der sensibleren Züge jeder Erfahrung. Diese Zeitlichkeit wird überspielt durch die zeitlose Beständigkeit der mathematischen Darstellungsmittel, in denen die Erfahrung klassisch-physikalisch, ja sogar noch in der Quantentheorie, beschrieben wird. Das mathematische Darstellungsmittel ist die sauber definierte *Struktur*. Alles, was strenge Zeitlosigkeit an sich hat und Wissen vermitteln kann, ist von der Wesenheit einer mathematischen Struktur, und die Regeln, sozusagen die ‹Naturgesetze›, denen das Zusammenspiel von Strukturen gehorcht, sind die Gesetze der klassischen (Aristotelischen) Logik.

Nun behauptet die neue Wissenschaftstheorie, daß die Beständigkeit solcher Strukturen durch die Zeit, also die Beständigkeit der Mathematik überhaupt, im Wesen genau die gleiche ist wie die Beständigkeit von handgreiflichen ‹Dingen› des Alltags durch die Zeit. Mathematik und die Praxis der Physik werden hier also in einer vom zeitlichen Denken ausgehenden neuen Weise zusammengesehen. Das bedeutet dann aber auch: Die Frustration, welche das Bewußtsein durch technische Gegenstände seiner Umwelt erfährt, ist genau die gleiche Frustration, wie sie das Bewußtsein durch die Nötigung erfährt, strukturell, das heißt aber in logischen Schritten zu denken: *Logik ist selbst eine Näherung, und ihre Anwendung produziert denselben Akt von Auflösung und damit Zerstörung einer Ganzheit wie eine physikalische Messung.* Ja, man kann sagen, das logisch mit seiner Umwelt verfahrende Lebewesen ist insoweit selbst ein Meßfühler für Erfahrungen vom Typ einer sehr allgemeinen ‹Physik›, welche vermittels der Quantentheorie die *gesamte Naturwissenschaft* abdeckt, also jenen Bereich, in welchem ‹sauber definierte Verhältnisse› methodische Wahrnehmungsgrundlage sind. Und umgekehrt: wenn immer in irgendeinem Bereich vom Menschen ‹definierte Verhältnisse› geschaffen werden – beispielsweise in der Medizin oder in der Pädagogik –, so ist notwendig der Wahrnehmung Logik beigemischt und damit eben jener Akt der Vergewaltigung, welcher nach dem eben Gesagten der Preis für Resultate ist, die sich strukturell sauber darstellen lassen.[26]

Nun steckt in jedem *Begriff* der Sprache der Versuch, Struktur durch die Zeit hindurch zu isolieren. Insoweit sind dann alle Begriffe bereits vom Typ dessen, das durch seinen ‹klassischen› Näherungscharakter verdeckt, daß seine Funktion im Fluß der Zeit mit einem Schritt der Vergewaltigung der Wirklichkeit erkauft ist. Begriffe sind selbst Näherungen, aber dadurch zugleich Vorräte an durch die Zeit hindurch stabilisierter *Eindeutigkeit – Vorräte an Macht.* Die begriffliche Wahrnehmung ist ebenso wie der experimentelle Zugriff erkauft mit dem Preis, daß sie immer auch ein auflösender und darin zerstörender Akt ist, ein Akt freilich, der versüßt wird durch die Potenz an Eindeutigkeit, welche für den, der sie zu gebrauchen versteht, in Zukunft Macht verheißt. Das alles ist unablösbar von der heutigen biologischen Konstitution des Menschen als eines endlichen Wesens, und eben deshalb können wir aus dem ethischen Dilemma der Wissenschaftskatastrophe nicht einfach aussteigen.

Wissenschaft, so beginnt zunächst einigen wenigen Forschern heute aufzugehen, ist im Kern mörderisch und wird es nicht erst durch falsche Anwendung. Weil wir aber bereits Mörder sind, wenn wir allein den Gesetzen der Natur folgen und logische Wahrnehmung betreiben, ist die Krise von einer ungeahnten Tiefe und scheinbaren Ausweglosigkeit, hat sie sich im Zuge der ‹Verwissenschaftlichung der Welt› zu jener beispiellosen Überlebenskrise eskalieren können, deren Feuerzeichen sich heute vor unseren Augen immer stärker zusammenballen.

Denn was dieser Zusammenprall von technologisch hochgezüchteten ‹Dingen› unserer Umwelt mit dem sensiblen, nicht dinghaften Bewußtsein des Menschen, wie ich ihn oben abstrakt vermittels der Quantentheorie beschrieben habe, in der Praxis bedeutet, das weiß jeder von uns aus eigener Erfahrung, auch wenn er den Deduktionen, die ich hier andeutete, im einzelnen vielleicht nicht zu folgen vermag: Eine solche von der Logik technischer Sachzwänge kontrollierte, ‹gesäuberte› Umwelt macht *krank.* Deshalb kommt es heute zu der bestürzenden Zunahme von psychischen Krankheiten, die sich begrifflich, das heißt aber in klassischer Näherung, nicht mehr in den medizinischen Themenkanon einordnen lassen, die sich also nicht mehr durch genau umrissene und genau wiederkehrende ‹Krankheitsbilder› darstellen lassen. Und krank macht diese Umwelt gerade dort, wo sie Wissen hergibt, ja – wie wir gesehen haben – *indem* sie Wissen hergibt.

Deshalb begegnen wir heute mit immer größerer Massivität dem Phänomen, daß die Wissenschaften selbst krank geworden sind, daß sie Krankheit durch die Weise vermitteln, in der man sie ‹normal› betreibt: «Zu den Krankheiten gehören nicht nur die Anginen, die Tuberkulosen und Krebse, sondern auch die naturwissenschaftliche Medizin selbst. Krankheiten haben auch Kulturen, Politiken, Künste, Wissenschaften und Religionen», schrieb schon Viktor von Weizsäcker, der Begründer der Psychosomatik, in seiner *Pathosophie.*[27] Und der Heidelberger Philosoph Georg Picht deckt das tragische Dilemma von Macht und Objektivität in der heutigen Wissenschaft auf, wenn er schreibt: «Die vermeintliche Objektivität der Wissenschaft kommt dadurch zustande, daß man die Assoziationen, die den Begriffen (in einem höchst komplexen Sinne dieses Wortes) ihre ‹Bedeutung› verleihen, ausblendet; daß man sie durch ein scharfsinniges System von sanktionierten Spielregeln neutralisiert, und daß man so den Anschein erzeugt, sie seien eindeutig, obwohl sie nur durch den versteckten Bezug auf ihre verdrängte Vieldeutigkeit Interesse erregen. Das nennt man heute ‹wissenschaftliche Begriffsbildung›. Durchschaut man den fiktiven Charakter dieses Vorgehens, so zerreißt das Kostüm der bourgeoisen Wohlanständigkeit, mit dem die Wissenschaft das unheimlichste Instrument des Menschen, den Begriff, zu umkleiden gewußt hat. Die im Begriff versteckte Bestie kommt zutag. Begriffe manifestieren sich nun als instrumentalisierte Quanten von Macht.»[28] Was Wunder, wenn der, der in diesem Spannungsfeld von Wissen und Verdrängung um die Macht dieses Wissens steht, krank wird?

So ist es auch nicht übertrieben zu sagen, daß man bei den durch ein solches Vorgehen in der Rückwirkung auf den Menschen ausgelösten Krankheiten keine Heilung durch eben dasselbe Verfahren erwarten kann. Die Wissenschaft, welche auf dieser heute etablierten Basis betrieben wird, dementiert sich selbst, und das gilt in Sonderheit für die Medizin, die doch Heilung auf ihre Fahnen geschrieben hatte. Daß dieses Dementi aber zwangsläufig ist, folgt bereits aus der Quantentheorie, welche ja alle diese hier berührten Aspekte vermittelt und darum eine ungeahnte Bedeutung für das Verständnis des Wesens *aller* heutigen Wissenschaften besitzt. Denn wenn der ‹exakte› Begriff und wenn die Logik des Operierens mit solchen Begriffen bereits Näherungen und darin uneigentlich sind, dann läßt sich keine einzige Gleichung der Physik und Mathematik in eben jener Strenge behaupten, nämlich demonstrieren oder auch nur niederschreiben, die gerade das Wesen der Exaktheit auszumachen schien. Dann ist Zeitlichkeit und «Schmuddeligkeit» (ein Ausdruck des Pädagogen Hartmut von Hentig)[29] der Ausdruck wirklichen, konkreten Lebens, und die in der ewigen Gegenwart reiner Zeitlosigkeit vorgestellte ‹saubere› Wahrheit entpuppt sich als geschichtsmächtige, tragische Illusion der abendländischen philosophischen Reflexion von Xenophanes bis Hegel, dem letzten großen Denker der Metaphysik.

Weil aber die Metaphysik zwar für die Philosophie zerbrochen ist, aber zugleich in der nach ihr konstruierten klassischen Physik als geschichtsmächtiger Faktor der technischen Welt weiterlebt, ist mit der Steigerung der Technik zugleich auch die Steigerung der Illusion am Werke, man könne das Krankmachende, ja das Mörderische dieses Prozesses durch noch mehr Technik und Wissenschaft kompensieren. Man sieht nicht oder will nicht sehen, daß hier der Teufel mit Beelzebub ausgetrieben werden soll, weil man sich die einfache Wahrheit nicht eingesteht, die C. F. von Weizsäcker in Anlehnung an ein Wort seines Onkels Viktor von Weizsäcker so formulierte: «Kapitalismus, Staatssozialismus und klassische Physik sind alle drei derselbe Irrtum.»[30] Damit aber sind wir mit einem Schlage wieder in der ganzen Weite des Krisengeflechts, von dem wir herkamen, und wir wollen dann im Schlußteil diese neuartige Krisensituation noch einmal konsequenter vom Prinzip Überleben in seiner tieferen Form des ‹Prinzips Zeit› her betrachten, um zu fragen: Was verheißt uns in dieser Situation überhaupt noch Hoffnung?

Zuvor aber wende ich mich der Frage zu, welche Bedeutung die Weltmodelle von Forrester und Meadows bei solch kritischer Beurteilung der Wissenschaft, die ihnen zugrunde liegt, denn überhaupt für uns noch haben können. Werden nicht auch sie durch das Gesagte dementiert und heben sich ihre furchtbaren Vorhersagen damit nicht von selbst auf?

Hier muß man nun sehr sorgfältig unterscheiden, was mit den Prognosen, wie sie die Weltmodelle liefern, behauptet wird und was nicht. Die Modelle sind von ihrer Anlage her ‹klassische Physik›; denn sie beschreiben die zeitliche Entwicklung – in idealtypischer Vereinfachung – durch ein System gekoppelter Differentialgleichungen so, wie diese Gleichungen in deterministischen Theorien benutzt werden. Das einzige, was in solchen Theorien nicht von vornherein festliegt, sind die Anfangsbedingungen. Diesen entspricht bei den Weltmodellen eine Anpassung an den tatsächlichen Verlauf der Ereignisse zwischen 1900 und dem Beginn der Simulation. Damit liegt dann aber auch der ‹Anfang› fest. Die deterministische Hochrechnung in die Zukunft liefert dann auch ein festes Resultat, eben ‹die› Situation im Jahre 2000 oder 2030 usf. Aber auch die Schöpfer der Modelle wollen nicht behaupten, daß es so kommen *muß*. Sie wollen warnen, daß es so kommt, *wenn* wir so weitermachen wie bisher, das heißt sie interpretieren die Ergebnisse konditional.

Steht das aber dann nicht gerade im Widerspruch zur deterministischen Form der Modelle selbst, die ja bei Vergabe der einzigen Freiheit im System, nämlich bei Anpassung der Anfangsbedingungen an die schon vorbekannte Realität, jede Wenn-dann-Struktur vermissen läßt? Eine naheliegende Antwort wäre, daß die Modelle ja bloß beanspruchen können, grobe Züge richtig wiederzugeben, und jeder Verfeinerung gegenüber offen sind. Aber wenn die Verfeinerung die deterministische Form ungeändert ließe, änderte sich am Widerspruch zwischen Form und sozialer Funktion der Modelle als Warnsignal gar nichts: Sie können als Warnung nur fruchtbar sein, wenn sie nicht zugleich das, wovor sie warnen, als determiniert und damit als unabänderlich behaupten. Dann kommt man aber zur Aufhebung des Widerspruchs nicht durch eine Verfeinerung des Modells allein – mag diese auch zu vertieften Einsichten über das nicht Wünschbare führen –, sondern erst durch die Erkenntnis, daß das Modell gerade in seiner klassisch-physikalischen Anlage nur eben die Näherung der Wirklichkeit repräsentiert, welche gemäß der Quantentheorie solchen klassischen Beschreibungen allein noch zukommen kann. Denn für die *Quantentheorie der Prognose* ist nun in der Tat die Wenn-dann-Struktur grundlegend, was sich in der Wahrscheinlichkeitsstruktur quantenphysikalischer Vorhersagen widerspiegelt.

Was bedeutet dieser Näherungscharakter der deterministisch konstruierten Weltmodelle dann konkret? Er bedeutet, daß – im Bild der Hydro- oder Aerodynamik gesprochen – alle ‹Turbulenzen› aus der Entwicklung eliminiert sind, das heißt alle zunächst lokalen Ereignisse, die für die Zukunft dann eine völlige Umpolung der Entwicklung durch Aufschaukelung winziger zu großen Effekten mit sich bringen. Im Bereich des Wetters sind solche turbulenten Erscheinungen etwa die Wirbelstürme, auf dem Feld der menschlichen Gesellschaft die Kriege. Die Hochrechnungen der Meadows-Studie können also zum Beispiel keine Kriege vorhersagen, und sie würden in dem Maße an Aussagekraft verlieren, in dem die Welt in größere Kriege hineingezogen wird. Es ist freilich kein Zufall, daß diejenigen Ereignisse, welche die Aussagekraft dieser Hochrechnungen begrenzen, selbst von nicht geringerer Furchtbarkeit sind als das in den Hochrechnungen angekündigte Desaster nach dem Jahre 2000. Ich komme auf diesen Punkt gleich noch zurück.

Die Kriege sind nun freilich nur ein winziger Bruchteil dessen, was an ‹turbulentem› Geschehen im determinierten Modell ausgeblendet wird. Dies sehen wir, wenn wir einen Schritt weiter gehen, indem wir fragen, ob man den Simulationsfehler nicht beheben könnte, wenn man die Modelle auf der Grundlage quantentheoretischer Begrifflichkeit konstruiert? Die Antwort ist, grob gesprochen, daß der Gewinn sehr wahrscheinlich in keinem Verhältnis zur Kompliziertheit der Darstellung stünde, die man sich mit einem solchen Schritt einhandeln würde.

Aber auch ein solcher Gewinn wäre in einem bestimmten Sinne noch eine Illusion. Denn abgesehen davon, daß man es dann – in besserer Annäherung an die Wirklichkeit – mit Wahrscheinlichkeitsprognosen über eine offene Zukunft zu tun hätte, ist ja nach dem weiter oben Gesagten auch die Quantentheorie – zufolge ihrer Darstellung durch mathematisch-zeitlose Strukturen – noch immer Ausdruck und nicht Überwindung der Wissenschaftskatastrophe. Auch in ihr wird das nicht direkt sichtbar, was sich *keiner* Objektivierung durch zeitlose Gesetze fügt, was also überhaupt nicht Gegenstand von Wissenschaft sein kann.

Daß solche *transwissenschaftliche* Wirklichkeit für den Menschen real ist, muß man aber gerade von der Quantentheorie selbst her annehmen. Denn wendet man die Quantentheorie auf das Ganze der Welt an, so bedeutet jede Isolierung eines Teils von diesem Ganzen zu einem ‹Gegenstand›, zu einem Objekt, also das Verfahren von Wissenschaft überhaupt, bereits eine Auflösung, Zerstörung oder Vergewaltigung des Weltganzen. Und die nachträgliche Rekonstruktion in Begriffen, die selbst bereits der so zerstörten Welt entnommen sind, führt in der Summe zwar zu einem durch die Gesetze der Quantentheorie vermittelten *Weltbild* zurück, aber eben dieses ‹Gesetz› der Rekonstruktion kann den Verlust nicht aufheben, der mit der Analyse verbunden war, ja daß uns die Welt als durch *Gesetze* bestimmt erscheint, *ist* schon dieser Verlust selbst. Ein Wesen, welches Wahrheit ohne den Zerstückelungs- und Auflösungsprozeß der Analyse und Isolierung zu fassen vermöchte, würde gar keine gesetzlich vermittelten Zusammenhänge wahrnehmen und also auch keine Physik oder sonstige Wissenschaft ent-decken.[31]

Der Zusammenhang mit der Frage nach dem Verhältnis von ‹Gesetz und Evangelium›, also mit zentralen Themen der Christenheit, ist hier mit Händen zu greifen.

Ist aber Zerstörung der Prozeß, um dessen Preis wir allein das Wissen von Weltbildern, Gesetzen und Weltmodellen erlangen können, so sind alle Weltmodelle eo ipso darin zu harmlos, daß sie gerade jene Zerstörungen, ohne die sie nicht sein könnten, nicht mitbeschreiben. Somit können wir den Satz aussprechen: *Kein auf der Basis objektivierender Wissenschaft errichtetes Weltmodell vermag die Tiefendimension der Wissenschaftskatastrophe darzustellen; kein solches Modell kann daher den Verlauf künftiger Krisenentwicklungen realistisch vorhersagen.* Spricht man von ‹quantifizieren› statt von ‹objektivieren›, was auf der hier erreichten Reflexionsstufe auf das Gleiche hinausläuft, so sind es also die nichtquantifizierbaren Wechselwirkungen, deren Nichtdarstellbarkeit in quantifizierenden Modellen zur Verharmlosung der Resultate führt. In dieser Form hat vor allem Georg Picht das Dilemma heutiger Wissenschaft an der Schwelle der Überlebenskrise beschrieben.[32]

Es wird für die Beurteilung der einzelnen Modelle und ihren vernünftigen Gebrauch entscheidend darauf ankommen, ob sich ihre Konstrukteure den aufgeworfenen Problemen in solcher Tiefe öffnen.

Gegenwärtig verdrängt vor allem in den USA der Enthusiasmus über die Möglichkeiten des neuen Forschungsfeldes noch alle radikal-kritischen Erwägungen dieser Art. Dennoch glaube ich, daß den Modellen weiterhin eine wichtige Funktion zukommt. Gerade weil sie einerseits mit Notwendigkeit eine Verharmlosung in sich enthalten, auf der anderen Seite aber immer noch zur Vorhersage einer katastrophalen Entwicklung führen, wird man die These verteidigen können, sie lieferten in ihren Prognosen so etwas wie *eine untere Schranke für die Größe des Desasters*, mit dem wir bei Konstanthaltung der Prämissen von Wissenschaft und Technik rechnen müssen. Daß aber die heutige Weltgesellschaft Wissenschaft und Technik zunächst noch weiter Raum geben wird, darf man mit an Sicherheit grenzender Wahrscheinlichkeit unterstellen; denn die Macht, die hier investiert ist, weicht nicht allein der machtlosen Einsicht einer latent anwachsenden Krise. Eben deshalb wird diese Krise jene katastrophalen Ausmaße annehmen, die von den Weltmodellen nur nach unten abgeschätzt werden kann. In diesem Sinne behalten die Hochrechnungen also einen hohen Aussagewert, und es gibt überhaupt keinen Anlaß, ihren ‹klassischen› Näherungscharakter oder die wissenschaftsimmanente Grenze ihrer Aussagen gegen die Furchtbarkeit der Vorhersage auszuspielen. Wer so spielt, spielt falsch.

Betrachten wir von dieser Stufe der Einsicht aus noch einmal die Ölkrise. Es wird jetzt deutlich, daß sie trotz aller Hautnähe, die sie für jeden von uns vielleicht noch gewinnen wird, verglichen mit der Wissenschaftskatastrophe ein Oberflächenphänomen ist. Für die Zukunft des Menschen in der technischen Welt ist nicht so sehr von Belang, ob die Ölkrise zum Notstand in Permanenz entartet oder durch neue Technologien kompensiert werden kann. Beides ist möglich. Aber beides ändert nichts an dem Umstand, daß die weiterlaufende Verwissenschaftlichung der Erde, die nicht auf Öl angewiesen ist, die Wissenschaftskatastrophe vorantreibt. Wenn es überhaupt Gegenkräfte gibt, so sind sie jedenfalls technologisch nicht organisierbar. Was aber nicht wissenschaftlich oder technologisch organisierbar ist, liegt so sehr jenseits des modernen Bewußtseins, daß es kaum rechtzeitig eine nennenswerte Wirkung entfalten dürfte.

Macht man sich dies klar, so sieht man, daß auf der Liste der eingangs genannten Katastrophen die Wissenschaftskatastrophe eine Ausnahmestellung einnimmt. Sie ist das bei weitem Gefährlichste, dem sich die Menschheit heute gegenübersieht. Ein Weltkrieg, vor dessen Grauen unsere Phantasie versagt, ist aus eben diesem Grunde selbst ein mögliches Symptom dieser Katastrophe, aber sie kann sich ebensogut schleichend bis zu einem Punkte ausweiten, wo die Auswirkungen auch ohne kriegsmäßigen Ablauf menschheitsmordende Dimensionen annehmen.

Wir haben aber auch gesehen, was diese Katastrophe so gefährlich macht: der Ansatz eines Denkens, das einteilt, isoliert, rubriziert, katalogisiert, um die dann entstehenden ‹Probleme› einzeln und nacheinander behandeln zu können, also der Ansatz eines *‹partikularen Denkens›*.[33] Dieses Denken ist älter als die historisch gewachsene Wissenschaft und darüberhinaus das traditionelle Prinzip von Wahrnehmung in allen Lebensbereichen, in denen wir als Homo Faber, als Unternehmer von uns und unserer Umgebung am Werk sind, also vor allem in den großen Bereichen von Wirtschaft und Politik. In der *Präparierten Zeit* sah ich mich deshalb genötigt darzustellen, wie dieses partikulare Denken heute überall an das Ende seiner Möglichkeiten gelangt. Aber was bedeutet es, daß der Mensch bisher partikular gedacht, geplant und gelebt hat? Es bedeutet, daß er so lebte, wie ein endliches Wesen, das er als Individuum ist, überhaupt nur leben kann. *«Unter ethischem Aspekt ist es daher unsere Endlichkeit, die in die Krise gelangt ist.»*[34] Die eigentliche Überlebenskrise ist eine Krise unserer Endlichkeit, und gerade darum ist sie durch herkömmliche Mittel von Wissenschaft, Wirtschaft oder Politik nicht zu bewältigen. Was aber dann?

An der Zeitmauer des Überlebens

Wir können die geschilderte geistige Situation der Menschheit im letzten Drittel des 20. Jahrhunderts in einem Bild zusammenfassen, das der Naturwissenschaft entlehnt ist, seine Tragweite aber erst entfaltet, wenn es als Gleichnis für den übergreifenden Zusammenhang der alles bestimmenden Zeitlichkeit verstanden wird. Die Menschheit rast heute vermöge der in den ‹eindeutigen› Begriffen akkumulierten Macht wie ein Geschoß in die Zukunft, das durch die Schubkraft von immer potenzierterer Technologie immer mächtiger beschleunigt wird. Weil aber das, was in Wahrheit Mensch und Welt ausmacht, nicht nur aus dieser von uns losgelassenen ‹Bestie› in den Begriffen besteht, kann der Beschleunigungsprozeß nicht ad infinitum weitergehen, ohne daß es zu einer alles infrage stellenden Turbulenz kommt. *Was für das Flugzeug die Schallmauer ist, verdichtet sich für uns in der Summe der entfesselten zerstörerischen Rückwirkungen objektivierender Wahrnehmung zu einer Zeitmauer, der wir unabwendbar entgegenrasen.* Ein Zurück gibt es nicht mehr. Die Krise des Überlebens mündet in die Frage, ob das Schiff der Menschheit an dieser Mauer zerbersten muß oder ob es sie durchbrechen und in eine neue Qualität menschlicher Zeiterfahrung und damit menschlichen Lebens eintreten kann.

Im Bild der Zeitmauer wird ernst gemacht mit einem radikal zeitlichen Denken. Ich habe den langen Anmarschweg gewählt, um deutlich werden zu lassen, daß die Überlebenskrise die weltgeschichtliche Quittung für eine lange eingeübte Abblendung zeitlicher Wahrheiten zugunsten zeitloser, ‹ewiger› Wahrheiten ist. Das Programm dieser Abblendung war die Metaphysik, ihre letzte Festung ist jene Art von Wissenschaft, für die Eindeutigkeit ihrer Darstellungsmittel das oberste Gebot und darin partikulares Denken zum Wegbereiter ihrer analytischen Methode geworden ist. Ist unser Raumschiff allein aus der Substanz solcher Wissenschaft und Technologie gebaut, so wird es an der Zeitmauer zerschellen; denn der Wirkung der Zeit kann man nur durch den *Kairos des rechten Augenblicks*, also nur durch Wahrnehmung von Zeit, begegnen, nicht aber durch die Etablierung zeitloser Strukturen, in denen Geistesgegenwart, eben die Gegenwart des Geistes in der Zeit, gar nicht investiert werden kann.

Die *Zeitnot*, in die wir auf einer zusehens denaturierten Erde geraten und in der sich das Nahen der Zeitmauer ankündigt, kann man nach zwei Seiten charakterisieren. Sie ist einmal Zeitnot durch Ausblendung aller Zeitlichkeit aus den Darstellungs*mitteln*. Das ist der Aspekt des Eindeutigmachens in der Quantifizierung, also das Einfrieren der Zeit in mathematischen Strukturen, die mit sich identisch bleiben und daher die Bewegung, die Zeit in vielerlei Gestalt ja stets ist, nur bruchstückhaft, mit Verlust, zur Erscheinung bringen. Hier ist die so eingefrorene Zeit zur Macht in der Hand des Täters geworden, zu einer Macht, die seinen Arm ins Unabsehbare verlängert hat. Zum anderen begegnet uns die Zeitnot heute als Zeit*druck*, ausgelöst durch die zerstörerischen Wirkungen, die von jener Macht ausgehen und uns in ihrem kumulierenden Netzwerk immer weniger Spielraum zur Kurskorrektur lassen. Je näher wir der Zeitmauer kommen, desto mehr Zeitquanten der Macht sind freigesetzt und desto größer wird der Zeitdruck. Wenn es erlaubt ist, noch einen Augenblick im technischen Bilde zu bleiben: Könnte es sein, daß der Druck selbst wie unter der Kufe des Schlittschuhs auf dem Eis schließlich eine Verflüssigung der Starre auslöst? Könnte es so etwas wie eine Verflüssigung unserer verfestigten Begriffe und Strukturen gerade dann geben, wenn uns das Wasser bis zum Halse stehen wird? Erwartet uns an der Zeitmauer eine neue Weise der Wahrnehmung?

Das und nicht die Flucht in eine ‹schlechthinnige› Jenseitigkeit sollte die Hoffnung der Christen an der Schwelle dieser auf uns zurasenden Zeitmauer sein. Wissenschaft, so wie wir sie bisher kannten, «Wissenschaft der ersten Potenz»[35], ist Wahrnehmung durch den auflösenden Zugriff zeitloser, nämlich ‹ewige› Eindeutigkeit produzierender Mittel.

Der Zugriff, der sich solcher Mittel zwanghaft bedient, muß aufgeschmolzen werden zu einer neuen, veränderten Wahrnehmung, in der das Spiel der Zeit eine Chance erhält, uns etwas zu zeigen, was begrifflich-dogmatisch in der Religion zwar schon anwesend war, was wir aber *so*, wie es jetzt von vorn auf uns zukommt, noch nie wahrnehmen konnten. Man sieht, wie sich in der Hoffnung auf Verflüssigung unserer Wahrnehmung an der Zeitmauer die *Religion* von einer neuen Seite zeigt: *sie hat es mit einer neuen Organisation von Wahrnehmung zu tun.* Daß aber neue Wahrnehmung für möglich gehalten wird, ist nur einem zeitlichen Denken offen, das seinen Ursprung nicht in der griechischen Religion mit ihrer Epiphanie ewiger Gegenwart,[36] sondern in der hebräisch-christlichen Wirklichkeitserfahrung hat. «Die Philosophie der offenen Zeit ist eine hebräisch-christliche Philosophie.»[37] Wovon ich hier spreche, ist also nicht Religion schlechthin, sondern die Weise von Religion, die in sämtlichen ‹säkularen› Lebensbereichen wirksam wird, ich spreche also vom christlichen Verständnis von Religion, wie wir es an der Schwelle der Zeitmauer neu gewinnen müssen.

Wenn ich so rede, vermeide ich bewußt eine fundamentale Scheidung von Immanenz und Transzendenz unserer Wirklichkeit im Dreieck der Beziehungen Mensch, Welt, Gott.[38] Eine solche Scheidung ist ja selbst zeitlos verstanden worden und entstammt daher der Tradition jener Metaphysik, die an der Zeitmauer zerschellen muß.

Was darüber hinaus führen kann, die lebendige Schöpfung des lebendigen Gottes, ist nur noch aus dem Ansatz *einer* Wirklichkeit, die *eine* Zeitlichkeit *ist* und die der Erlösung in der Wahrnehmung des *Einen* harrt, zu denken, zu glauben und zu hoffen – des *Einen*, der alles in allem sein wird. Die unermeßliche Perspektive, die sich heute an der Zeitmauer der Hoffnung auftut, können wir nicht – wie im Zeitalter der Metaphysik – durch ein System von theologischen Sätzen vorwegnehmen. Die *Theologie*, hierin wie die klassische Physik verfahrend, hat von dem Irrtum gelebt, daß Mittel und Zwecke getrennt werden durften, daß man die Mittel in Form der Begriffe des Denkens zeitlos wählen und darum den Glauben begrifflich auslegen dürfe. Eben darin ist sie der Logik verhaftet, ist sie – in einem besonderen Sinne am Beginn der Neuzeit[39] – Theo-Logie geworden. Der Zweck der Religion aber ist die Ermutigung zu einem Leben aus dem Geist, der in alle Wahrheit führt. «Um Lebendes zu erforschen, muß man sich am Leben beteiligen.»[40] Leben aber ist der Inbegriff zeitlicher Gestalten, ist selbst Zeit in allen ihren uns zum großen Teil noch verborgenen Qualitäten. Wesentlich für die lebendige Bewegung der Zeit ist die offene Zukunft. Damit meine ich nicht nur die Offenheit, welche bereits in der Wahrscheinlichkeitsprognose der Quantentheorie erscheint, sondern die weitergehende Offenheit, welche den Horizont der Wissenschaft und damit des partikularen Denkens hinter sich läßt. Wahrscheinlichkeit ist die Quantifizierung des Möglichen (C. F. von Weizsäcker), aber was aus der Fülle des Geistes heraus möglich ist, läßt sich gar nicht quantifizieren.[41] Läßt es sich dann aber wahrnehmen?

Entfremdung und Evangelium

Ich könnte auch fragen: sind wir nicht einer solchen Wahrnehmung der Fülle der Zeit *entfremdet*, erfahren wir nicht ständig die unwiderstehliche Tendenz, die *offene Begegnung* zu vermeiden und die Nähe der Struktur zu suchen? Das Buch, das uns hier den Spiegel vorhält, ist die Bibel. Der Mensch, der dieser Tendenz in unerhörter Weise widerstand, war Jesus. Er suchte die offene Begegnung mit Gott und lebte aus ihr, aber er brachte gerade dadurch die eben geschilderte Tendenz des Menschen ans Licht: ein solches Leben wird, je mehr es sich bezeugt, umso vehementer mit Haß verfolgt, weil wir eben als empirische Menschen dieser Tendenz kaum widerstehen können, es sei denn, es ereignet sich eine wirkliche Veränderung in uns. Aber diese Veränderung kann nicht nur vereinzelte Menschen ergreifen, wenn sie den Durchbruch durch die Zeitmauer ermöglichen soll, sondern sie muß die ganze Menschheit erneuern. Können wir wenigstens andeutungsweise verstehen, warum die Entfremdung von Jesu Leben beim Menschen bisher so stark ist und inwiefern die Zeitmauer selbst daran etwas ändern könnte?

Die Antwort, die ich zu geben versuche, verweist uns wieder an die grundlegende Zeitlichkeit aller Erfahrungen. Die moderne Naturwissenschaft ist, wie wir gesehen haben, nur noch operational zu verstehen, das heißt aber: sie ist ein Feld von wirklich ausgeführten oder gedachten *Handlungen*. Eben darin ist sie untrennbar verknüpft mit dem Täter im Menschen als der Urform des Technikers. Dieses Handeln vollzieht sich in *Operationen* von eben der Eindeutigkeit, die handgreifliches Zupacken besitzt. Es ist nun charakteristisch für solche Operationen – auch für ‹logisch-diskursive› also Gedankenoperationen im Gedankenexperiment –, daß sie im physikalischen Zeitmaß gemessen eine *kurze zeitliche Erstreckung* zu ihrer Wiedererkennung oder Reproduktion benötigen. Ganz grob wird man daher sagen können: Die Resultate von ‹Handeln› sind absehbar, das heißt das Feld des Handelns ist ein Feld relativ großer Übersichtlichkeit, wo Zielstrebigkeit möglich ist und in absehbaren Fristen honoriert wird, so daß der Sinn solches Vorgehens zutage liegt. Hier können also Sehnsucht und Hoffnung nach Erfüllung, die das Transzendierenmüssen des Menschen begleiten, zeitlich rasch eingelöst werden, freilich um den Preis, daß es sich um die Verwirklichung relativ ‹kleiner› Sehnsüchte und Hoffnungen handelt. Aber wie rasch sind wir bereit, für unsere Träume in dieser kleinen Münze zu zahlen, mag sie nur Ansehen, Karriere oder Sicherheit verheißen!

Ganz anders das Feld des ‹Betroffenseins›. Welche Erfahrung meine ich damit? Dies können wir an der *Sprache* sehen. Die Sprache verbindet in ihrem lebendigen Wortbestand *zwei polare Weisen von Erfahrung*, eine aktive, ordnende, systematische, im engeren Sinne begriffliche, die das zum Ausdruck bringt, was der Wirklichkeit widerfährt, wenn sie handelnd erobert, kontrolliert, logifiziert, ‹präpariert› wird, und zum anderen eine passive, betroffen machende, Glück oder Leid, Hoffnung oder Verzweiflung auslösende Erfahrung, die wir nicht machen können, sondern die uns in Freude, Lust oder Leid ‹überkommt›. Eben die Auslösung solcher unverfügbaren Erfahrung spreche ich mit ‹Betroffensein› an. Das Feld menschlicher Wahrnehmung überhaupt spielt dann zwischen den Polen ‹Handeln› und ‹Betroffensein›.[42]

Wie steht es nun mit der zeitlichen Gestalt solchen *Betroffenseins*? Alles, was nicht durch Strukturen in der Zeit ‹eingefroren› oder stabilisiert werden kann, braucht zu seinem Gedeihen *lange Fristen*, Fristen, die ihm den Charakter eines durch Handlungen allein nicht mehr steuerbaren *Geschicks* geben. Sich in diese langen Fristen zu schicken und eben darin dem großen Betroffensein nicht auszuweichen, das ist wegen der damit verbundenen Unübersichtlichkeit, der Unmöglichkeit, ‹Ziele› sauber zu orten und ‹fest-zustellen›, und wegen der Offenheit, die bis zuletzt in Kauf genommen werden muß, viel schwerer und mit Vieldeutigkeit, Zweifel und Ratlosigkeit verbunden, die zu ertragen und fruchtbar zu machen, Leid bedeutet.

Was ich also behaupte, ist eine *Komplementarität in den Fristen*, welche für die Felder von ‹Handeln› und ‹Betroffensein› je charakteristisch sind.[43] Wohin wir tendieren, das ist die kurze Frist, die den Genuß von Erfolg verheißt. Was wir zu vermeiden trachten, das ist die lange Frist, die Leid verheißt. Die *gleichzeitige* Wahrnehmung beider Fristen schließt sich in Concreto aus, aber im Hin- und Hergang längs des Spielraums zwischen den beiden Polen ergänzen sich die beiden Weisen von zeitlicher Erstreckung in ihrer Wirkung auf die Erfahrung, so daß wir insgesamt doch in beiden leben können, sofern wir Abblendungen, denen wir unterliegen, immer wieder entgehen können; denn die kurze Frist erreichen wir durch Abblendung der Zeit, durch den Versuch, so sehr wie möglich in der ‹präparierten› Zeit von Wissenschaft und Technik nicht nur zu reflektieren, sondern zu leben.[44] Dieser Motivation verdankt die Wissenschaft, nachdem sie überhaupt möglich war, ihre großen Erfolge und ihre heute alle diese Erfolge wieder infrage stellende bedrohende Geschichtsmächtigkeit. So hat uns die kurze Frist, die im ‹Handeln› liegt, in einer bestürzenden Weise auch in die kurze Frist geführt, die uns noch bleibt, wenn wir nicht im Durchbrechen der Zeitmauer scheitern sollen.

Damit der Durchbruch nach vorn aber gelingen kann, muß ein Stück der Entfremdung weggenommen werden, die ich als die Tendenz zur kurzen Frist beschrieben habe. Wodurch aber kann menschliches Wesen so verflüssigt werden, daß es die Starre jener Entfremdung ablegen kann? Hier enthüllt sich die Tragweite des Evangeliums als eines zeitlichen Prozesses in der Geschichte. Wir können nicht zeitlos beweisen, aber wir können konkret bezeugen: Es ist dieser Prozeß der Herstellung offener Begegnungsfähigkeit des Menschen in der Vergangenheit bereits in Gang gesetzt worden, lange bevor wir das wußten und in seiner Tragweite angesichts der Zeitmauer erkennen konnten. Diesen Prozeß hat Jesus unumkehrbar in die Geschichte eingebracht, indem er das Streben des Menschen nach Gott, das – nach einem Wort von Helmut Gollwitzer[45] – wie das Suchen der Maus nach der Katze ist und also im entscheidenden Moment wieder zurückzuckt, *an den Menschen auslieferte*. Jesus hat es zugelassen, daß wir Menschen uns an dem, der sich dem großen Betroffensein hingibt und von dort Liebe empfängt und übt, austoben und ihn zum Schweigen zu bringen suchen. Er hat es an sich und seinen Jüngern zugelassen und damit offenbar gemacht, daß dies Gottes Weg mit den Menschen ist. Das ist die *oft verdrängte Härte in der Wirklichkeit des Evangeliums*. In ihr ist freilich auch die Wurzel für die Legitimität der Demokratie nicht nur als Staatsform, sondern sogar als Lebensform enthalten.

Aber inwieweit ist dann dieser harte, oft nach menschlichen Maßen gnadenlose Weg ein ‹Evangelium›, eine ‹frohe Botschaft›? Kann dies nur in der Transzendenz alles ‹Innerweltlichen›, also im Blick auf die unverfügbare Zukunft verstanden werden, wie sie in der Wiederkehr Christi und der Auferstehung von den Toten verheißen ist? Ich meine, diese *frohe Botschaft* hat bereits eine auf die vor uns liegende Weltzeit bezogene Komponente; damit komme ich zurück zu unserer Situation im Angesicht der Zeitmauer.

Der Durchbruch durch diese Mauer verheißt uns weltweite Zusammenbrüche, Bürgerkrieg, Terror und Verzweiflung, also Leid, Aggression, die Parole «Rette sich, wer kann». Wer sich selbst in der Tiefe kennt, der kann nicht davon ausgehen, daß er bloß auf der Seite der Leidenden, der Betroffenen sein wird. Nein, wir entpuppen uns, sobald wir hinreichend in die Enge getrieben werden, nur zu rasch selbst als Verfolger und Mörder anderer, und die Wissenschaft ist, das haben wir zu verstehen gesucht, nur eine subtilere Austragungsweise desselben Tatbestands. Das Evangelium aber zielt nicht auf eine Elite der Wohlwollenden, der im Grunde Anständigen. Es zielt auf die Erlösung des Menschen aus seiner Entfremdung in der Zeit, damit aber auf die Erlösung *aller* Menschen, *auch und gerade der Verfolger dieses Evangeliums*. Denn die Entfremdung in der Zeit ist ein Erbe an uns alle, ist eine Ferne von der Offenheit zu Gott, die wir alle geerbt haben und darum das, was die Theologie als Erbsünde thematisiert hat; und die Verfolger, das sind wir ebenfalls alle, weil wir alle im Gefüge *der* Zeit leben, in der diese Tendenz zur Gottesferne möglich ist.

Gerade dadurch nun, daß der von Gott betroffene Mensch den subtilen Grausamkeiten seiner ihn verfolgenden oder quälenden Mitmenschen ausgesetzt ist, bereitet sich durch das Zeugnis, das dieser Mensch für seine Verfolger bedeutet, im Verfolger eine Verwandlung vor, eine Fähigkeit zum Betroffensein, eine Einschmelzung seiner biologisch vorgegebenen Grausamkeit und Hartherzigkeit, die ihn aus seinem Täter-sein-müssen ein Stück herausführen kann und also der erste Schritt zu seiner Erlösung in die Weite einer neuen Wahrnehmung ist. Und hier, in der Wandlung des Verfolgers, ist die frohe Botschaft. Da wir alle Verfolger sind und dies mit wachsender Nähe zur Zeitmauer immer weniger verbergen können, gilt sie uns allen, aber sie gilt uns nur in diesem *dialogischen* Bezug, in welchem wir auf die Zuwendung eines anderen Menschen angewiesen sind. Darin, in diesem Bezug, kommt das ‹Evangelium› weltlich zu uns, und es kommt umso mächtiger, je näher wir der Turbulenz der Überlebenskrise sind.

Was aber bedeutet es dann schon heute konkret, wenn das Betroffensein in dieser Weise für das künftige Schicksal der Menschheit gegenüber dem Tätersein von Wissenschaft und Technik ausschlaggebend wird? Ich gebe zum Schluß noch zwei Hinweise. Zum einen läßt sich die Tendenz zur langen Frist, die allein überlebensgemäß ist, nur in überschaubaren Räumen menschlichen Lebens durchhalten, in der Freundschaft, in der Ehe, in der *kleinen Experimentiergruppe*. Hier allein ist die Objektivierung nicht maximal, wie ich in einem Aufsatz über Fragen der Bildung und Erziehung näher erläutert habe.[46] Die kleine Gruppe wird daher für das Leben im Angesicht der Zeitmauer eine entscheidende Bedeutung gewinnen. Von ihr wird es abhängen, ob der Menschheit der Durchbruch in eine neue Gestalt des Menschseins gelingen kann. Es scheint auf den ersten Blick absurd, der kleinen Gruppe nicht nur im privaten Raum, sondern sogar politisch angesichts der unerhörten Quanten von Macht, die großräumig investiert sind, eine solche Bedeutung zuzumessen. Aber wenn die Zeitmauer die Befürchtung wahrmachen sollte, daß die erste Verteidigungslinie nicht mehr zu halten ist, dann hat weiträumige Macht keine Zukunft mehr, und im ungeheuren Umbruch des menschlichen Selbstverständnisses wird nicht mehr die Macht der brutalen Gleichschaltung unter Allgemeinbegriffe, sondern die Gewaltlosigkeit einer neu hereinbrechenden Wahrheit zählen – einer Wahrheit, die zuerst im Zeugnis der kleinen Gruppe konkret und darin geschichtsmächtig werden muß.

Zum anderen bedeutet das Gehaltensein aus neuer Wahrnehmung heraus, daß wir uns dem *Zuhören* öffnen. Oder um es mit den Worten Ernst von Weizsäckers zu sagen, der mit seiner Frau an einer erweiterten Informationstheorie arbeitet, welche dem Phänomen der Betroffenheit stärker Rechnung trägt als der technische Informationsbegriff: «Jeder ist in der Lage, in dieser Richtung etwas zu tun, insbesondere ist jeder fähig, solidarisch zuzuhören. Die wohnliche Erde wird nicht durch eine folgenlose Anklage gegen Chemiefirmen oder konsumvermehrende Gewerkschaftler gerettet, sondern dadurch, daß jeder ... an sich selbst arbeitet, Zuhörensschlösser in sich aufbaut.» (Vgl S 76)

ERNST VON WEIZSÄCKER

Wer zerstört?

Vier Ursachen-Ebenen der Umweltzerstörung

In diesem Beitrag[1] über die ökologische Krise und die Zerstörungsgefahren der Erde versuche ich in thesenhafter Verkürzung und ohne gründliche, wissenschaftliche Begründungen zunächst die Symptome der Wachstumskatastrophe zu schildern, dann in vier verschiedenen Schichten eine Diagnose zu stellen, um anschließend einige Aussagen zur Therapie zu wagen. Zum Schluß erlaube ich mir noch einige Aussagen zur Wissenschafts- und Wachstumstheorie, aus denen sich Anregungen für eine längerfristige Lösung unserer Schwierigkeiten ergeben könnten.

Wie eine internationale Wissenschaftlergruppe, beauftragt vom Club von Rom, in ihrem Buch *Die Grenzen des Wachstums*[2] eindringlich festgestellt hat, bedeutet ein Weiterwachsen der Wirtschaften der Erde im bisherigen Sinne mit Notwendigkeit eine katastrophenartige Zuspitzung, an deren Ende schließlich die Zerstörung der Lebensgrundlagen steht. Die einstmals wohnliche Erde, die trotz gefährlicher Raubtiere und streckenweise unwirtlichem Wetter die Evolution vom Affenmenschen bis zum Kulturmenschen ermöglicht hat, würde also von eben diesem Kulturmenschen zerstört. Die unterkühlte Sprache der Diagramme des Clubs von Rom notiert ein Abknicken von Wachstumskurven. Demgegenüber geben uns grausige Szenarios, wie sie der amerikanische Ökologe Paul Ehrlich in seinem Buch *Die Bevölkerungsbombe*[3] für die achtziger Jahre schildert, eine Vorstellung davon, wie das Nach-unten-Abknicken der Kurven sich in der Wirklichkeit darstellen würde: Massenweises Verhungern, Räuberbanden auf Nahrungssuche, Atomkriege, Seuchen, Zusammenbruch aller Versorgungsnetze und schließlich der Zivilisation. In einem Modellbeispiel eines Dritten Weltkriegs sind die höchsten überlebenden Lebewesen die Kakerlaken.

Düstere Prognosen

Trotz berechtigter Kritiken an den Methoden der Studien des Clubs von Rom, Kritiken an der zu großen Vereinfachung, kann kein Zweifel bestehen, daß die Tendenz der Studie ins Schwarze trifft. Schließlich ist es für die Beurteilung der politischen Lage unerheblich, ob solche Katastrophen zwanzig Jahre früher oder später eintreten und ob sie durch neue Technologien in die Länge gezogen werden.[4]

Noch lange bevor es zu echten Hungerkatastrophen in den Industrieländern auf Grund von Erdölknappheit oder Fleischknappheit kommen würde, werden nach meiner Meinung internationale Aufheizungen eintreten, aus denen Kriege, ja Weltkriege werden können. Raubzüge von militärisch hochgerüsteten Industrie- oder Entwicklungsländern gegen die Länder mit den letzten Viehherden oder Ölreserven wären, so lehrt uns die menschliche Geschichte, wohl unvermeidlich. Demnach ist die Lebensbedrohung unserer Erde schon heute ein aktuelles Thema, wo man von den Rohstoffreserven und der Verschmutzung her möglicherweise noch einige Jahrzehnte Zeit haben könnte. Politisch gesehen haben wir keine Zeit mehr zu verlieren.

Als Konfliktbeispiele nenne ich: Wem gehört das Erdöl? Wer zahlt für die Meeresverschmutzung? (Es sind ja nicht nur die Anrainer-Staaten, die Schuld an der Verschmutzung tragen; auch Japaner und Kanadier tragen zur Ostseeverschmutzung bei!) Wer wird das Wetter verändern dürfen? (In wenigen Jahren bereits wird man wohl zuverlässige Großwetter-Prognosen haben, vielleicht zehn Jahre später die Möglichkeit gezielter Wetterbeeinflussung. Dies läßt sich nicht mehr im nationalstaatlichen Rahmen lösen!) Auf der Suche nach Abhilfe gegen die katastrophalen Auswirkungen der heutigen Trends kann man selbstverständlich nicht stehen bleiben bei Maßhalteappellen an diesen oder jenen politischen Gegner. Natürlich sieht jeder zunächst einmal die Fehler beim Gegner und fühlt sich selber schuldfrei. Bei meiner Suche nach den Verursachern der Zerstörung dieser Erde schien mir, ich hätte in einen mehrschichtigen Spiegel geschaut, in dem ich auf vielfältige Weise immer wieder uns selbst als Zerstörer der Erde entdeckt habe. Dabei sind oberflächliche ebensowohl wie Tiefen-Schichten des Spiegels vorhanden, und ich versuche im folgenden, die Schichten des Spiegels abzublättern.

Gefährdung durch Konsumpioniere

Auf jeder Ebene des Spiegels kommt man unvermeidlich auch auf Probleme des Wohnens. Das Wohnen in unseren Städten und auf dem Land ist eine der wichtigsten Beziehungen zu unserer Umwelt, die zu zerstören wir im Begriff sind. Keinesfalls darf man diese Thematik allein den Architekten, Raumplanern und Ingenieuren überlassen, die heute das Feld monopolartig beherrschen.

Die *erste Ebene* des Spiegels betrifft die unmittelbare sträfliche Verschmutzung. Wer Kriege wahrscheinlicher macht, wer Flüsse, Atmosphäre und Boden vergiftet, wer andere zur Verschmutzung zwingt, der gehört natürlich zu den Hauptzerstörern dieser Erde. Dies alles ist juristisch faßbar, und nach meiner vielleicht zu optimistischen Meinung auch behebbar. Die neuen Gesetze über Immissionen, Wasser- und Bodenschutz sind vielversprechend; das Problem liegt in ihrer Durchsetzung.[5] Da diese Fragen in allen Zeitungen breitgetreten werden, kann ich mich an dieser Stelle kurz fassen.

Die *zweite Ebene* ist schon etwas komplexer: Ich prangere vor allem die Konsumpioniere an, die unnötigen Konsum als erste in die Welt bringen und damit andere zum Nachmachen anreizen. Sie empfinden ihre Pioniertaten häufig gar nicht als Konsum, sie empfinden nichts Böses dabei, sie sehen es als Entfaltung ihrer freien Lebensäußerungen an, und zur Rede gestellt, werden sie mit Recht einwenden, durch ihre wenigen Eingriffe in die Umwelt würde ihr gar nicht geschadet. Der eigentlich gefährliche Effekt liegt darin, daß die Pioniertaten Teil des Status ihrer Erfinder sind, daß also Nachbarn, Kollegen, Konkurrenten es ihnen gleichtun wollen, um ebenso modern zu sein. Bis sich schließlich ein Massenkonsum daraus entwickelt. So etwa vor zwanzig Jahren die Urlaubsreise an die spanische Küste. Damals war es noch ein Akt der Entwicklungshilfe, der Kulturverbindung und natürlich der Erholung, neue unbekannte Feriendörfer an der spanischen Küste ausfindig zu machen. Heute haben vor allem die Deutschen fast die ganze spanische Ostküste in eine Betonwüste verwandelt, sie biologisch in weiten Teilen abgetötet, die Küstengewässer verschmutzt, die lokale Fischerei zum Überfischen angereizt, so daß Mittelmeerfische heute zum teuersten Nahrungsmittel der Region geworden sind. Ähnliche Entwicklungen von der Pioniertat bis zum Massenkonsum haben wir bei elektrischen Haushaltsmaschinen, beim Autoverkehr und anderen Zivilisationserrungenschaften. Die zweifellos segensreichen Eigenschaften des Massenkonsums sollen dabei keineswegs geleugnet werden.

Ein weiteres Beispiel der zweiten Ebene: Wer heute, nach der breiten Diskussion über die Grenzen des Wachstums noch mehr als zwei Kinder zeugt, beteiligt sich wissend an der Überbevölkerung, die als Hauptursache der Lebenszerstörung gelten muß. Der vielleicht nur vorübergehende Geburtenrückgang in einigen Industrieländern ist angesichts steigenden Pro-Kopf-Ressourcenverbrauchs keine Rechtfertigung.

Ein weiteres: Wer Hygiene und Sauberkeit übertreibt, wer täglich ein frisches Hemd, mit mehreren ‹Weißmachern› gewaschen, anzieht, wer dauernd duscht und badet, der betreibt aktive Flußverschmutzung. Mit dem Abtöten gefährlicher Bakterien hat diese Überhygiene überhaupt nichts mehr zu tun. Ironischerweise steigt der emotionale Wert von ‹Frische› und ‹Sauberkeit› in dem Maße, wie wir in unserem Waschzwang die Umwelt schmutziger machen. Die Waschmittelreklame weiß das zu nützen.

Die *dritte Ebene* ist noch tiefer im Unterbewußten, im nicht bewußt Schuldhaften verwurzelt. Es geht um die Mitläufer im Massenkonsum. Wer nicht als Erster oder Hundertster, sondern als Millionster an die Mittelmeerküsten geht, wer als Millionster immer noch Autos und Geschirrspüler kauft, wer seine Lebensqualität nur in größeren Konsumausgaben sieht, der beteiligt sich zweifellos mit an der Zerstörung. Dazu gehört auch die politische Unterstützung von rein wachstumsorientierten Verbänden und Parteien. Was sollen denn die Führer dieser Verbände anders tun, als der Mehrheit ihrer Mitglieder folgen, die eben mehr Lohn um des Konsums willen fordern? Dabei gäbe es ja auch Alternativen vermehrter Bildung, Aufstiegschancen, humanere Arbeitsbedingungen, abwechslungsreicheres Leben und dergleichen mehr, die in den Tarifrunden gerade erst seit kurzem eine Rolle spielen. Ich betone, daß die *schwerere Schuld* an der Zerstörung durch Konsum auf der zweiten Ebene, bei den Konsumpionieren liegt: Wer als *erster* sich ein Auto leistet, könnte es genausogut bleiben lassen; in der heutigen Situation hingegen, wo sich Städte, Betriebe und Familien längst darauf eingestellt haben, daß ‹man› ein Auto besitzt, ist es sozial kaum mehr zumutbar, keines zu haben.

Auf die dritte Ebene gehört auch das Sich-taub-Stellen gegenüber der Ungerechtigkeit und Unterprivilegierung als Hauptursachen für die Verbreiterung des Konsums. Hier sind wieder die Begüterten angesprochen. Mit Caritas und Schulterklopfen, mit Almosen und symbolischen kleinen Konsumverzichten (wenn zum Beispiel der New Yorker Bürgermeister dreihundert Meter mit dem Fahrrad fährt, um es als Verkehrsmittel zu propagieren, eine Stunde später aber schon wieder im Flugzeug sitzt, so ist das verlogen) ist der Konsumwelle nicht Einhalt zu gebieten.

Die *vierte Ebene* ist die schwierigste. Die bisherigen Ebenen liegen weitgehend in der Gegenwart. Die dritte Ebene stellt aber bereits die Frage, wo eigentlich die *Wurzeln des Wachsens und der Ausbeutung* liegen. Wie Gerhard Liedke[6] zeigt, liegen sie zu einem erheblichen Teil in der christlichen Tradition. Schon die ältesten jahwistischen Teile der Bibel stellen die Werkzeuge zur Beherrschung der Erde als

Menschenwerk dar. «Die Erde untertan zu machen», ist ein göttlicher, geheiligter Auftrag, der keineswegs zur Hemmungslosigkeit legitimiert. Liedke zeigt die Schritte über die Priesterschrift (neuere Teile des Alten Testaments), über das Neue Testament, Augustin, Roger Bacon (Das wissenschaftliche Experiment besteht darin, die Natur auf die Folterbank zu spannen, bis sie ihre Geheimnisse preisgibt), Descartes (die Trennung von Geist und Körper); diese Schritte bezeichnen den ersten Teil einer fast zwangsläufigen Entwicklung von der christlichen Weltauffassung bis zur modernen Technik, die schließlich zu einer fürchterlichen Erfüllung des anders gemeinten göttlichen Gebots geführt hat. Liedke zeigt zugleich, wie bei den einzelnen Schritten Teile der alten Wahrheit verabsolutiert, andere Teile verschüttet wurden.

Auf dieser vierten Ebene müssen letztlich alle Charakteristika unserer Kultur, vom heutigen Leistungsverständnis über das Familien-, das Staatsverständnis bis zum Selbstverständnis der Kirchen untersucht und auf ihre Legitimation überprüft werden. Die Wiederentdeckung verschütteter Wahrheiten kann zu schmerzlichen Korrekturen an heutigen Kultur-Selbstverständlichkeiten zwingen!

Möglichkeiten der Therapie

Im folgenden wende ich mich der Frage zu, was getan werden könnte, um zu heilen oder auch nur zu kurieren. In der ersten Ebene geht es um Umweltschutzpolitik. Die Bundesregierung vertritt das ‹Verursacherprinzip›, gemäß dem derjenige für Umweltkosten aufkommen muß, der sie verursacht. Das klingt recht einfach, hat aber nicht nur erhebliche technische Schwierigkeiten, weil man den Verursacher oft gar nicht ausmachen kann, sondern auch politische Probleme: Ganze Industrien könnten bei plötzlicher Anwendung des Prinzips über Nacht ruiniert werden, mit all den sozialen Folgen, die Arbeitslosigkeit mit sich bringt. Nun wird allerdings auch nirgends eine plötzliche Einführung propagiert.

Auf einen interessanten Zusammenhang möchte ich hinweisen: In der Regel sind arbeitsintensive Technologien weniger verschmutzend als maschinenintensive ‹rationelle› Produktionsmethoden. Wenn nun durch Umweltschutzmaßnahmen Massenentlassungen nötig werden, so könnte man gerade diese Personen dafür einsetzen, wieder zu arbeitsintensiveren, umweltschonenden Technologien, sogenannten ‹sanften Technologien› in anderen Sparten überzugehen. Natürlich würden Umschulungskosten nötig, aber das Ganze wäre zweifellos viel billiger als die Behebung der sonst entstehenden Umweltschäden.

Die Konsumpioniere – und damit komme ich zur zweiten Ebene –

muß man offensichtlich gezielt bestrafen, etwa durch drastische Erhöhung von *Luxussteuern.* Dies kann sich hemmend auf die Innovationskraft der Wirtschaft auswirken, es funktioniert also nur in einem weltweiten Rahmen, sonst kommt das berühmte Argument ‹wenn wir es nicht tun, tun es die Anderen› zum tragen. Zunächst wäre vielleicht an einige symbolische, publikumswirksame Luxussteuern zu denken, die gesamtwirtschaftlich wenig schaden und doch zugleich der Bewußtseinsbildung dienen. Besonders unsinniger Pionierkonsum wie beispielsweise der Passagier-Überschallflug müßte unter Umständen sogar verboten werden, wenn ein entsprechender Massenkonsum (im Beispiel: Überschall-Massentouristik) ökologisch katastrophal wäre.

Zur Frage der Bevölkerungsentwicklung ein paradox erscheinender Gedanke: Das stärkste Wachstum vollzieht sich bekanntermaßen in den Entwicklungsländern. Hier sollte man nicht so naiv sein zu glauben, durch Pillenpropaganda weiterzukommen. Man sollte statt dessen eine gesicherte Altersversorgung und eine breitenwirksame Säuglings- und Kindermedizin aufbauen. Dann erst haben die Eltern die Gewähr, mit zwei geborenen Kindern sicheren Nachwuchs zu haben und im Alter nicht auf die Arbeitskraft einer großen Kinderschar angewiesen zu sein. Nachwuchssicherung und Alterssicherheit sind nämlich die stärksten Motivationen für Kinderreichtum in vielen Entwicklungsländern, Motivationen, die alle Pillenrationalität bei weitem überwiegen. Paradox erscheint der Punkt deshalb, weil man um der Geburtenkontrolle willen kurzfristig eine noch weiter verstärkte Vermehrung der Bevölkerung durch Kindermedizin und Altersversorgung in Kauf nehmen muß.

Phantasievolle Politik ist auf dieser zweiten Ebene besonders nötig. Alte Fronten müssen aufgehoben werden. Mit Beschuldigungen kommt man nicht weiter. Man muß sich vor demagogischen Behauptungen hüten wie etwa der, man könne die großen Zukunftsaufgaben mit Steuerabschöpfungen bei den Reichen finanzieren (der eigentliche Wert der Abschöpfung liegt in der Beschneidung von Luxus, Pionierkonsum, und damit in der Erleichterung von Massenkonsum-Verzichten). Ebenso ist die Forderung nach absoluter Priorität für Inflationseindämmung und Arbeitsplatzsicherung insofern kritisch zu befragen, als diese Politik die Wachstumskrise eher verstärkt als löst.

Ich komme zur dritten Ebene: Um den Massenkonsum zu steuern, muß man ein *qualitatives Wachstum* erzeugen, welches die gleiche Befriedigung bringt wie das heutige quantitative Wachstum. Es ist wesentlich ein Wachstum an Gerechtigkeit und Lebensvielfalt. Für die materiell und bildungsmäßig Privilegierten steht dabei im Vordergrund die *Bereitschaft zum Zuhören*, zur Solidarität: Man muß wirklich erfahren, was den Arbeiter drückt, den Schüler, den Ausländer, die alternde Hausfrau. In den seltensten Fällen sind es hier im Land echt materielle Sorgen, aber durch Geld, Konsum bis hin zur Konsum-Sucht können die Sorgen leicht überpflastert werden. Heilen kann der Konsum nicht.

Solidarität und Kulturrevolution

Diese Solidarität des Zuhörens und des Dabeiseins ist übrigens nicht gleichzusetzen mit Fürsorge oder Caritas; die kann äußerst unsolidarisch sein und die Konsumwünsche eher verstärken als vermindern. Ich zeige das an einem Beispiel: Wenn wohlhabende Damen der Gesellschaft mit ihrem Komfortkonsum-Standard im Auftrag der Kirchengemeinde in ein Arbeiterviertel oder zu anderen Unterprivilegierten gehen, dann mögen sie vielleicht manche unmittelbar nötige Hilfe geben, aber zugleich konfrontieren sie die Unterprivilegierten mit dem Komfort, der alsbald erstrebenswert wird. Der Komfort wird, nicht zu Unrecht übrigens, assoziiert mit der Rolle dessen, der es sich leisten kann, zu helfen; und jeder will lieber helfen als versorgt werden. So kann die Spirale der Konsumansprüche selbst durch Caritas wieder höhergedreht werden.

Soll die Solidarität tiefer gehen, so muß sie mit der Bereitschaft einhergehen, den eigenen Lebensstil zu verändern, insbesondere Konsumverzichte zu leisten. Als Kompensation für diesen Verzicht kommen qualitative Gewinne in Frage wie Bildung, Gemeinschaftserlebnisse, Ansehen. Das sind alles keine begrenzten Güter, sie können theoretisch beliebig vermehrt werden. Es wird eine der vornehmsten Aufgaben der Kirchen sein, in dieser Richtung Vorreiter zu sein.

Auch politisch kann auf der dritten Ebene Therapie geleistet werden. Ich nenne als Beispiel den Abbau des heutigen *medizinischen* Massenkonsums. In den USA hat sich an einigen Stellen ein neues Gesundheitswesen entwickelt: Die Gesunderhaltungsorganisationen Health Maintenance Organizations, HMO.[7] Bei diesen bilden Ärzte und Versicherungsgesellschaft eine geschäftliche Einheit: Die Bevölkerung im Umkreis einer HMO zahlt einen monatlichen Beitrag an das Ärzteteam und hat dafür Anspruch auf sämtliche heilenden und vorbeugenden Maßnahmen. Nun ist vorbeugende Medizin in der Regel billiger. Daher hat das Ärzteteam einen geschäftlichen Anreiz, die Leute gar nicht erst krank werden zu lassen. Folgerichtig ergänzt sich das Team um Ernährungswissenschaftler, Sozialpsychologen und andere Experten in vorbeugender Medizin. Die Vorteile: Erstens ist das ganze System pro Kopf billiger als die heilende Medizin, was auch dem Kunden der HMO zugute kommt. Zweitens richtet sich das wissenschaftliche Augenmerk endlich systematisch auf die Entstehung und Verhinderung der Krankheiten, ein Kapitel, das die Medizin seit Jahrhunderten verschlafen hat. Wen wundert es also, daß viele herkömmliche Ärzte das System erbittert bekämpfen. Die politisch durchzusetzende Verbreitung von HMOs für ein ganzes Land würde zur Folge haben, daß sich die Menschen die krankmachende Wirkung einer schlechten Umwelt wesentlich klarer machen, was ihre Bereitschaft erhöhen dürfte, zugunsten niedrigerer Beiträge auf andere Wachstumsbequemlichkeiten zu verzichten.

Zur vierten Ebene sind wir schon in den vorstehenden Abschnitten teilweise vorgedrungen: Die Forderung nach quantitativen Belohnungen für den Verzicht auf quantitatives Wachstum setzt sich fort. Eine Art *Kulturrevolution* wird notwendig, denn große Teile unserer derzeitigen Kultur sind zu untrennbar mit der permanenten Wachstumserwartung verbunden. Um welche Punkte kultureller Veränderung geht es vordringlich? Ich nenne einige Beispiele: Der heutige *Leistungsbegriff*, basierend fast ausschließlich auf der Einzelleistung, muß in Frage gestellt werden. Auch an der Schule ist das ausschließliche Vergeben von Einzelnoten eine permanente Belohnung für unkameradschaftliche Haltungen: ‹wenn mein Nachbar eine Vier hat, dann rutsche ich gerade in die obere Hälfte›. Durch das absurde Gewicht der Abiturnoten für die künftigen Lebenschancen kann solch eine Haltung sich bis zum tödlichen Ernst versteifen. Andersartige, stärker auf Kooperation bauende Auswahlkriterien ließen sich ohne Weiteres entwickeln, sie erfordern aber kulturelles Umdenken.[8]

Die *sanften Technologien*, wie sie besonders in der Landwirtschaft nötiger werden, verlangen nach neuen Familienstrukturen. Erst Großfamilien, in denen städtische und ländliche Berufsfunktionen vertreten sind, können der Betonverödung der Städter und der kulturellen Verödung der Landbewohner in gemeinsamer Anstrengung entrinnen. Partnertreue und andere Tugenden können darin ohne weiteres aufrecht erhalten werden, sofern nur die Menschen dazu fähig sind. Aber natürlich löst auch diese aus der Umweltdiskussion abgeleitete Forderung wieder das Geschrei der Vertreter der alten Kultur aus, die den Zusammenbruch aller Werte an die Wand malen.

Änderung der Fundamente

Fundamental neu muß sich die Kultur mit *Technik und Naturwissenschaft* auseinandersetzen. Wissenschaft handelt von Fakten. Fakten sind Vergangenheit. Gegenwartsaussagen der Wissenschaft betreffen die Faktizität, nicht die Moralität der Gegenwart. Zukunftsaussagen der Wissenschaft betreffen Wahrscheinlichkeiten künftiger Fakten, nicht Wünschbarkeit. Eine von der Wissenschaft beherrschte Kultur steht in der Gefahr, auch in ihrem Selbstverständnis und Selbstbewußtsein von Faktizität, Nachprüfbarkeit, Lotterie-Wahrscheinlichkeit beherrscht zu sein. Und dies führt in letzter Konsequenz zur Zerstörung der wohnlichen Erde. Die neue Kultur muß im Stande sein, Wissenschaft in Moral und Politik einzubetten, anstatt wie heute zahllose kulturelle Vorgänge dem Diktat der Technik zu unterwerfen. Mit einer ‹*Anwendungsethik*› ist wenig gewonnen, denn meistens ist es schon zu spät, wenn die Werkzeuge hergestellt sind und nur noch die Anwendung zur Diskussion steht. Schon die Auswahl wissenschaftlicher Fragerichtungen ist Wertung. Schon die Entscheidung für einen bestimmten Genauigkeits- und Detailierungsgrad ist Wertung. Schon die Reservierung sämtlicher wissenschaftlicher Karrierewege für Detailforscher ist Wertung.[9]

Auch und gerade die *Kirche* muß an dieser Kulturrevolution teilnehmen. Wenn die Häuser Gottes bloß wesentliche Bestandteile der Betonwüsten in den Vorstädten sind und dann das Geld nicht mehr reicht für Leute, die zuhören, für die Solidarität und den Arbeitseinsatz in der Gesamtgemeinde, dann hilft die Kirche nicht, diese Erde zu bewahren.

In den letzten Thesen gehe ich ganz oberflächlich auf einige wissenschafts- und wachstumstheoretische Fragen ein, die ich an anderer Stelle[10] ausführlicher diskutiert habe. Wir fragen nach dem *quantitativen Wachstum*. Wir kennen einige Phänomene: von 600 bis 300 v. Chr. hat in Athen praktisch kein quantitatives Wachstum stattgefunden, und doch ist in diesen drei Jahrhunderten, speziell in wenigen Jahrzehnten um 400 ein atemberaubendes qualitatives Wachstum zu verzeichnen gewesen, getragen von weit weniger Menschen als heute in Kiel leben. – Wir wissen, daß vor drei Milliarden Jahren auf der Erde nur mickrige anorganische Moleküle in einer heißen Ursuppe schwammen. Ohne jede künstliche Energiequelle hat von dort aus ein qualitatives Wachstum bis hin zu Laubbäumen, Insektenstaaten und Menschen stattgefunden. Diese Evolution ist von der Sonnenenergie gespeist worden, deren Fluß sich aber seit der Vorzeit nicht verstärkt, eher verringert hat.

Gemeinsam ist diesen Phänomenen die Tatsache, daß Information, Komplexität als ein beliebig vermehrbares Gut erscheint, wie schon bei den kulturellen Beispielen erwähnt.

Man fragt also: Was ist Information? Information ist, was neue Information erzeugt; Information ist ein Schlüssel für ein Schloß; Information ist Bestätigung des Schlosses und doch Überraschung für den

Empfänger. Diese Gedanken, die mit der heutigen technischen Definition von Information brechen, sind von C. F. v. Weizsäcker[11] sowie von meiner Frau und mir[12] entwickelt worden. Information ist hiernach wesentlich die Leistung des Empfängers, des Zuhörers. Information kann man vor allem dadurch schaffen, daß man in sich selbst ein Schloß für längst vorhandene Schlüssel der Umwelt schmiedet! Erst hierdurch wird die Erzeugung neuer Informationen, die Ermöglichung neuer Aktion angestoßen.

Jeder ist in der Lage, in dieser Richtung etwas zu tun, insbesondere ist jeder fähig, solidarisch zuzuhören. Die wohnliche Erde wird nicht durch eine folgenlose Anklage gegen Chemiefirmen oder konsumvermehrende Gewerkschaftler gerettet, sondern dadurch, daß jeder auf mindestens einer der vier genannten Ebenen intensiv an sich selbst arbeitet, Zuhörensschlösser in sich aufbaut.

CLAUS BUDDEBERG

Inhumane Aspekte der heutigen Medizin

Die Medizin zählt ohne Zweifel zu jenen Disziplinen, die in eindrücklicher Weise von dem naturwissenschaftlich-technischen Fortschritt der vergangenen Jahrzehnte profitiert haben. Ihre diagnostischen und therapeutischen Erfolge haben jedoch in dem Maße an Glanz und Bewunderung verloren, wie sich deren Konsequenzen zum Teil als neue, in ihrer Tragweite noch gar nicht überschaubare Probleme erweisen. So haben die im Zusammenhang mit der weltweiten Bevölkerungsexplosion entstandenen Probleme ihren Ursprung im wesentlichen darin, daß die Medizin ihren Kampf gegen die Infektionskrankheiten, gegen Säuglings- und Müttersterblichkeit so erfolgreich führt und die allgemeine Lebenserwartung sich laufend erhöht. Nicht weniger problematisch zeigt sich die Dialektik des medizinischen Fortschritts am Beispiel der verschiedensten Erbkrankheiten. Die erfolgreiche Behandlung der Symptome solcher Leiden verhilft den Betroffenen zu einem weitgehend normalen Leben und erhöht deren Heiratschancen, was zu einer weiteren Verbreitung dieser Krankheiten führt. So scheint es nicht übertrieben, wenn der amerikanische Nobelpreisträger Hermann Joseph Muller in diesem Zusammenhang davon spricht, daß wir «auf dem Wege zu einem weltweiten Gebrechlichen- und Siechenheim mit nur noch halbwegs gesundem Pflegepersonal seien»[1]. Den beiden genannten Beispielen ließen sich ohne Schwierigkeiten weitere hinzufügen, welche die Verantwortung der heutigen Medizin für die künftige Entwicklung der Erdbevölkerung verdeutlichen.

Aber nicht nur diese, unmittelbar der Medizin selbst entstammenden Probleme zeigen, welche Verantwortung der Medizin bei der Beantwortung der Frage nach dem ‹*ob*› und ‹*wie*› des Überlebens der Menschheit zukommt. Die krankmachenden Faktoren der zivilisierten Umwelt – Luftverschmutzung, Lärmbelästigung, Bedrohung durch Chemikalien, um nur einige zu nennen – stellen die Medizin vor ebenfalls kaum lösbar erscheinende Probleme. Ihre Dringlichkeit bedarf keiner weiteren Erklärung, wenn man die steigenden Zahlen der auf Grund solcher pathogenen Umweltfaktoren erkrankten Patienten verfolgt. So hat sich 1973 erstmals die Deutsche Gesellschaft für Innere Medizin auf ihrer Jahrestagung in Wiesbaden ausführlich mit diesem Thema befaßt[2] und auf das Ausmaß der Bedrohung der Gesundheit großer Bevölkerungsgruppen durch krankmachende Umweltfaktoren hingewiesen.

Die Aussichten auf die Lösung der Probleme von morgen sind nicht gerade ermutigend, wenn man die gegenwärtige Denk- und Handlungsweise der Medizin einer kritischen Reflexion unterzieht. Spektakuläre Ereignisse wie Organtransplantationen oder erfolgreich verlaufene Wiederbelebungsversuche klinisch schon toter Patienten dürfen nicht darüber hinwegtäuschen, daß sich die Medizin ebenso wie viele andere Disziplinen in einer «Krise ihrer Zielsetzungen» (A. M. K. Müller) befindet. Die zunehmende Zahl geschädigter Kinder, chronisch und unheilbar kranker sowie frühinvalider und alter Menschen erfordert eine Antwort auf die Frage, inwieweit die gegenwärtige Medizin ihrem Anspruch, dem kranken Menschen zu helfen und wenn möglich, ihn zu heilen, gerecht wird. Sind diese Menschen und die Art und Weise, wie sie in unserer Gesellschaft leben, Ausdruck einer an der Menschlichkeit des Menschen orientierten Medizin oder Ausdruck einer als inhuman zu bezeichnenden maßlosen Huldigung an den medizinisch-technischen ‹Fortschritt›?

Um dieser Frage nachzugehen, müssen wir zunächst nach den *methodischen Grundlagen* und in einem zweiten Schritt nach der *gesellschaftlichen Stellung* der Medizin fragen. Letzteres soll dabei anhand der wechselseitigen Ansprüche, Erwartungen und Beziehungen in dem Spannungsfeld Gesellschaft – Arzt – Patient deutlich gemacht werden. Dabei werden wir sehen, daß das an den exakten Naturwissenschaften orientierte *partikular-funktionale* Denken und Handeln, wie es heute in weiten Bereichen der Medizin praktiziert wird, in nicht unbeträchtlichem Ausmaß inhumane Folgen humanitärer Maßnahmen zeitigt. Schließlich werden wir anhand von konkreten Beispielen die Zwiespältigkeit des medizinischen Handelns sehen, das sowohl hilfreich als auch fragwürdig und grausam sein kann. Gerade in der Medizin wird deutlich, daß es eine wertneutrale Denk- und Handlungsweise nicht gibt und daß sich der Arzt ebenso wie der Patient nur im Rahmen einer an gemeinsamen Wertvorstellungen orientierten wechselseitigen Beziehung mit den durch Krankheit und Tod gestellten Fragen auseinandersetzen können. Viele Überlegungen werden uns die Möglichkeit und Notwendigkeit zeigen, die Probleme in einem größeren, sämtliche Wissenschaftbereiche durchziehenden Zusammenhang zu sehen, wobei uns gerade die von A. M. K. Müller in seinem Buch *die präparierte Zeit* sowie in seinem Beitrag für diesen Band geäußerten Gedanken immer wieder begegnen werden.

Methodische Grundlagen der heutigen Medizin

Nicht nur in der Medizin, sondern in fast allen Disziplinen hat die aus den exakten Naturwissenschaften, speziell der klassischen Physik heraus entstandene kausalanalytische Betrachtungsweise in den letzten Jahrzehnten zu einem enormen Wissenszuwachs geführt. Wir wollen uns darauf beschränken, die Grundzüge dieser Betrachtungsweise nur insoweit aufzuzeigen, als sie für das Verständnis des Denkens und Handelns in der gegenwärtigen Medizin von Bedeutung sind, zumal ich schon an anderer Stelle versucht habe, die Parallelität medizinischen und naturwissenschaftlich-technischen Denkens darzustellen.[3]

Die Erklärung von Krankheiten aus den sie hervorrufenden Ursachen sowie den ihre Entwicklung begünstigenden Faktoren hat ihre Erkennung und Behandlung wesentlich vereinfacht und erleichtert. So kann man sagen, daß ein großer Teil der heute bekannten Erkrankungen durch ihre Ätiologie (Krankheitsursache), Pathogenese (Krankheitsentstehung) und die unmittelbar faßbaren Symptome weitgehend exakt beschrieben sind. Exakt meint dabei, daß *objektiv* feststellbare Fakten das Abstrahieren vom jeweiligen Subjekt, in unserem Fall dem einzelnen betroffenen Patienten, erlauben. Nur dadurch, daß Krankheitssymptome durch die verschiedensten Untersuchungsmethoden objektiviert werden können, daß also zwischen Krankheitsgeschehen und Krankheitserleben klar unterschieden wird, kann der Arzt eine Krankheit diagnostizieren und in einem weiteren Schritt die richtige Therapie einleiten. Machen wir uns den Sachverhalt an einem kurzen Beispiel deutlich. Die Symptome Fieber und Brustschmerzen, mit denen ein Patient den Arzt aufsucht, sind in dem Moment erklärt, wo der Auskultationsbefund, die Blutsenkungsgeschwindigkeit, die erhöhte Leukozytenzahl, der bakteriologische Sputum-Befund und die eventuell noch angefertigte Röntgenaufnahme die Diagnose Lungenentzündung erlauben. Je nach Erreger wird der Arzt dem Patienten ein Antibiotikum verordnen, das die Krankheit innerhalb weniger Tage zum Abklingen bringt. Individuelle Begleitumstände, etwa eine durch die Krankheit in Frage gestellte Geschäftsreise, die Belastung der Familie durch die Pflege des Kranken oder subjektive Ängste des Patienten, womöglich unheilbar krank zu sein, spielen für den Arzt zunächst einmal keine Rolle.

Das Streben nach Objektivierung hat in der Medizin ebenso wie in anderen Disziplinen zu einer zunehmenden *Technisierung* und *Spe-*

zialisierung geführt. So ist die technisch-apparative Einrichtung eines Großkrankenhauses heute von seiner Struktur und seiner Funktionsweise her gesehen mit einem industriellen Großbetrieb zu vergleichen. Einer immer größer werdenden Zahl von Spezialisten, die für einen begrenzten Bereich Verantwortung tragen, steht ein immer differenzierterer diagnostizierender und therapierender Apparate zur Verfügung. Was da in Labors analysiert und korreliert, mit Funktionstests differenziert und kategorisiert, mit röntgenologischen und nuklearmedizinischen Methoden tomographiert bzw szintigraphiert wird, das läßt sich selbst in den einzelnen Fächern wie zum Beispiel der Inneren Medizin oder der Chirurgie von einem einzelnen gar nicht mehr überblicken. Erst die Bewertung des Befundes durch den entsprechenden Spezialisten gibt den Zahlen und Bildern die Aussagekraft, welche die zu wählende Therapie, den Verlauf und die Prognose der Erkrankung zu beurteilen erlaubt. Die breite Fächerung der diagnostischen Möglichkeiten bedingt ihrerseits eine immer differenziertere Auswahl der Therapiemethoden. Selbst Siebzig- und Achtzigjährige können Dank der zur Verfügung stehenden Möglichkeiten und des zu ihrer Anwendung notwendigen Wissens heute erfolgreich operiert, infundiert und rehabilitiert werden. Die Ergebnisse und Erfolge dieser technisierten und spezialisierten Medizin sind für den Laien ebenso wie für den Mediziner faszinierend, stimmen optimistisch und wecken Hoffnungen und Erwartungen für bessere Gesundheit, Lebensbedingungen und ein Mehr an Menschlichkeit. Sie haben aber gleichzeitig die Medizin in vielen Bereichen ihres Handelns an eine Grenze gebracht, jenseits derer ihr Bemühen um das Leben fragwürdig und teilweise sogar inhuman geworden ist.

Wie nahe Segen und Fluch des medizinischen Fortschritts beieinanderliegen, wird vielleicht an einem praktischen Beispiel am deutlichsten. Ein Beatmungsgerät, über das heute selbst kleinere Kliniken verfügen, kann ohne Unterschied zur Behandlung eines geburtsgeschädigten Kindes, eines schwer Unfallverletzten oder eines durch einen Hirnschlag gelähmten Patienten eingesetzt werden. Das Behandlungsergebnis kann in allen drei Fällen erfreulich und hilfreich sein, es kann aber ebenso eine bis dahin glückliche Familie mit der existentiellen Belastung eines hirngeschädigten Kindes, eines verkrüppelten Vaters oder einer dahinsiechenden Großmutter konfrontieren. An diesem wie an vielen anderen Beispielen wird deutlich, daß medizinisches Handeln nicht schon an sich helfend und heilend ist, sondern daß es auch zerstörend und vernichtend wirken kann. Der Hinweis, ärztliches Handeln könnte bzw müßte *wertneutral* sein, erweist sich überall dort als illusionär und gefährlich, wo der Arzt vor der Entscheidung steht, den Patienten sterben zu lassen oder aber sein Leben zu retten und zu verlängern. Die augenblickliche Einstellung und Praxis innerhalb der Medizin zielt weitgehend darauf, Leben gleich welchen Alters und welcher Bedingungen zu erhalten und zu verlängern. Diese Haltung der meisten Ärzte ist ohne Zweifel richtig und zu respektieren, ist sie doch die Voraussetzung für das notwendige Vertrauen des Patienten in die Absicht und das Bemühen des Arztes. Sie ist aber, und darauf muß mit allem Nachdruck hingewiesen werden, nicht wertneutral – auch wenn sie immer und immer wieder entsprechend deklariert wird – sondern insofern *determiniert*, als sie Leben nur unter einem funktionellen Aspekt sieht und die Frage ausblendet, was das Leben und damit auch der Tod in diesem oder jenem konkreten Fall bedeuten. A. M. K. Müller umschreibt den eben geschilderten Sachverhalt in seinem Beitrag mit dem Terminus *Anwendungsethik* (vgl Müller, S 45), womit deutlich wird, daß die Anwendung jeglicher Wissenschaft und Technik nicht nur in bezug auf den Menschen, sondern ebenso im Umgang mit der belebten und unbelebten Natur eine ethische Wertung und Haltung impliziert. Herbert Marcuse, scharfsinniger Kritiker der hochtechnisierten Industriegesellschaft, hat in seinem besonders im Zusammenhang mit der Studentenbewegung der sechziger Jahre bekannt gewordenen Buch *Der eindimensionale Mensch*[4] auf den *ideologischen Charakter* der unserer Naturwissenschaft und Technik zugrundeliegenden *Technologie* eindrücklich hingewiesen. Dadurch, daß sich die Wissenschaft als wertfrei versteht, ist sie allen von außen kommenden Werten gegenüber ‹neutral› und praktiziert sie, ohne sich dessen bewußt zu sein. Der Wert, dem nicht nur die Medizin heute in uneingeschränkter Weise huldigt, ist ein *Funktionalismus*, in dem kaum noch das «Was ist ... – zum Beispiel Krankheit, Leiden oder Tod?» sondern fast ausschließlich das «Wie ist ... – zum Beispiel der Zusammenhang einzelner Organfunktionen?» interessiert. Wir werden auf diesen Punkt im weiteren Verlauf unserer Überlegungen noch einmal zurückkommen.

Kehren wir noch einmal zur Frage der Spezialisierung und ihrer Folgen für die Medizin und die ihr anvertrauten Patienten zurück. In dem bereits zitierten Aufsatz «Inhumane Tendenzen in der modernen Medizin» habe ich versucht, die wesentlichen, mit der zunehmenden Spezialisierung zusammenhängenden Aspekte in vier Thesen kurz zusammenzufassen:

- Spezialisierung ermöglicht die Optimalisierung des Funktionalen.
- Spezialisierung führt zur ‹Zerstückelung› des Patienten, zur Abnahme der Interaktion zwischen Arzt und Patient und zu einem Verlust von Verantwortung für den einzelnen Patienten.

- Der Zwang zum Erfolg im Detail erschwert die Konkretisierung eines gemeinsamen Behandlungsziels unter den einzelnen Spezialisten.
- Das endgültig Erreichte als Summe optimaler Teilerfolge erweist sich nachträglich oft als fragwürdig.

Auch hierzu ein kurzes Beispiel aus der medizinischen Praxis, wie sie tagtäglich in vielen unserer Krankenhäuser geübt wird. Die Diagnose einer bösartigen Erkrankung, zum Beispiel eines Lungenkarzinoms oder einer Leukämie, bedeutet für den betroffenen Patienten im Verlauf des meist vergeblichen, sich über Monate oder Jahre hinziehenden Kampfes gegen den Tod die Begegnung mit einer großen Zahl spezialisierter Ärzte. Zunächst – nehmen wir den Fall eines jungen, frisch an Leukämie erkrankten Patienten – wird sich der Tumorspezialist um eine möglichst effiziente zytostatische Behandlung bemühen, die, wenn sie Erfolg hat, den Patienten in den folgenden Wochen und Monaten regelmäßig zur Kontrolle seiner Leukozytenwerte zum Hausarzt oder Hämatologen führt. Spricht die Erkrankung nach mehr oder weniger langem Verlauf schließlich nur noch wenig auf die Therapie an, so steht der Patient vor einer Phase, in der alle Beteiligten von einem Wettlauf mit dem Tod sprechen. Der Hämatologe bemüht sich, durch Einsatz aller nur erdenklichen Medikamente eine vorübergehende Besserung des Zustandes zu erreichen, der Hals-Nasen-Ohren-Facharzt wird zur Tamponierung der blutenden Nase hinzugezogen und der Kardiologe versucht, die zytostatikabedingten Störungen der Herzfunktion zu beherrschen. Die Liste der eventuell zur Behandlung hinzugezogenen Spezialisten ließe sich beliebig verlängern. Jeder wird versuchen, in seinem Teilbereich ein optimales Behandlungsergebnis zu erzielen. Nach einem wochenlangen Hin- und Hergeworfensein zwischen Hoffnung auf Heilung und Verzweiflung angesichts immer häufiger wiederkehrender Rückschläge stirbt der Patient; nicht selten wird er – nur noch durch Infusionen am Leben gehalten – schließlich im Zustand der Agonie ins Badezimmer der Abteilung geschoben, wo er dann stirbt.

Der Inhalt meiner vier Thesen wird jetzt anschaulicher: Der Patient wurde unter dem Aspekt des heute medizinisch Möglichen sicherlich optimal therapiert. Das Fortschreiten der Erkrankung führte zunächst zu einer ‹Zerstückelung des Patienten› in seine kranken Bestandteile, wobei jeder Spezialist versuchte, in dem ihm vertrauten Behandlungs- und Verantwortungsbereich ‹erfolgreich› zu sein. Dem Abteilungsarzt, den der Patient wenigstens einmal täglich bei der morgendlichen Visite sieht, bleibt wenig mehr übrig, als den Einsatz der Spezialisten zu koordinieren. Schließlich stirbt der Patient. Vielleicht erscheint dieser oder jener Teilerfolg im Verlauf der Behandlung in irgendeiner ‹Erfolgsstatistik›; die Verzweiflung, Einsamkeit und Verlassenheit des leidenden Patienten geht zumeist in der Hektik des medizinischen Alltags unter.

Wir haben festgestellt, daß die Medizin in ihrem Denken und Handeln der kausalanalytischen Methodik der Naturwissenschaften verpflichtet ist, deren Grundzüge *Objektivierung, Partikularisierung* und *Funktionalisierung* sind. Das diesen Grundzügen verpflichtete Denken habe ich als *partikular-funktional* charakterisiert und dessen Fragwürdigkeit ohne die bewußte Unterordnung unter ein ethisches Bezugsystem zu verdeutlichen versucht. Gerade in Grenzsituationen erweist sich das fälschlicherweise als ‹wertneutral› deklarierte Denken und Handeln nicht als wertfrei, sondern als an der Verlängerung des nackten Lebens orientiert, was für den Patienten oft inhumanes Leiden und Siechen zur Folge hat. Ehe wir uns die Zwiespältigkeit der heutigen Medizin anhand weiterer Beispiele verdeutlichen, scheint ein kurzer Exkurs auf die gesellschaftliche Stellung und Funktion der Medizin erforderlich, wobei ich der Frage nachgehe, inwieweit die Erwartungen der Gesellschaft an die Medizin nicht die eben geschilderte partikular-funktionale Denkweise legitimieren und provozieren.

Gesellschaft – Patient – Arzt

In einem viel beachteten und diskutierten Aufsatz hat der Frankfurter Soziologe H. Baier die vielfältigen Wechselbezeichnungen zwischen Gesellschaft, Arzt und Patient darzustellen versucht.[5] Er unterscheidet im Verlauf dieses Jahrhunderts drei Gesellschaftsstrukturen und charakterisiert den für jede Phase ‹typischen› Kranken und Arzt. Für die *Besitz-* und *Erwerbs*gesellschaft des letzten und der ersten Hälfte dieses Jahrhunderts sieht Baier den Prototyp des Arztes im guten Hausarzt alter Prägung, der seinen ihm vertrauenden und ergebenen, zumeist bäuerlichen oder kleinbürgerlichen Patienten nach bestem Wissen und Gewissen versorgt und ihn durch Verordnung selbst rezeptierter Medikamente individuell behandelt. Die *Leistungs*gesellschaft der fünfziger und sechziger Jahre fühlte sich am meisten zum Facharzt und Spezialisten hingezogen, dem man, so einen das Schicksal des Patient-Seins ereilt hat, gläubig und willig alle gewünschten Organe darbietet in der Erwartung, nicht ohne eine differenzierte Diagnose und Therapie das Behandlungszimmer zu verlassen. Baier ist der Auffassung, daß wir uns in der gegenwärtigen Zeit in der Übergangsphase zwischen Leistungs- und *Verteilungs*gesellschaft befinden, als deren Vertreter sich auf der einen Seite der Präventiv- und Rehabilitationsmediziner, auf der anderen Seite der Sozialpatient profilieren werden.

Auch wenn dieses Modell in diesem oder jenem Punkt vereinfacht, so scheint es doch hilfreich, sich die Wechselbeziehung zwischen Gesellschaft, Patient und Arzt deutlich zu machen.

Zwischen Leistungs- und Verteilungsgesellschaft

Drei Grundpfeiler jeder hochtechnisierten Gesellschaft gleich welcher speziellen politischen Orientierung sind *Leistung, Produktion* und *Konsum,* wobei sie sich in der ihnen gegenwärtig innewohnenden «Dynamik zur Maximierung» wechselseitig bedingen. Voraussetzung für ein auf diesen Grundpfeilern funktionierendes System sind leistungsfähige Produzenten und Konsumenten, deren Gesundheit den in sämtlichen Bereichen geforderten Maximen standhält. Insofern sind sämtliche hochtechnisierten Gesellschaften an der Gesundheit ihrer Mitglieder interessiert und lassen sich deren Erhaltung durch die Organisation eines lückenlosen Sozialversicherungssystems einiges kosten. Gesundheit ist denn auch eines der höchsten Güter unserer Zeit und deren Garanten, die Ärzte, gehören zu der Gruppe mit dem höchsten sozialen Ansehen. Nun hat sich jedoch in den vergangenen Jahrzehnten gezeigt, daß die genannten drei Stützen unserer Wohlstandsgesellschaft nicht ohne einen beträchtlichen Tribut an die Gesundheit weiter Bevölkerungskreise aufrecht zu erhalten sind. Maximale Leistung bedeutet, wie wir wissen, auf der vital-physiologischen Ebene *Streß,* der wiederum, wie die Erfahrung der vergangenen Jahre zeigt, die Entstehung einer Vielzahl von Krankheiten begünstigt. Psychosomatische Leiden wie Magengeschwüre oder die große Zahl vegetativer Störungen, Herzerkrankungen, allen voran Bluthochdruck, Herzinfarkt und Angina pectoris, und nicht zuletzt die verschiedensten neurotischen Störungen haben ihren Ursprung unter anderem in dieser auf Permanenz programmierten psychischen und physischen Überforderungssituation.

Industrielle Produktion ist nicht möglich ohne spezielle Gestaltung der Umwelt. Auf die in diesem Zusammenhang relevanten krankmachenden Faktoren wie Lärm, Luft- und Wasserverschmutzung sowie spezielle Siedlungsprobleme – etwa Wohnen in industriellen Ballungszentren – soll an dieser Stelle nur kurz hingewiesen werden. Eine große Zahl neuartiger Erkrankungen, deren genaue Ätiologie und Pathogenese wir nur erahnen können, wird in den kommenden Jahren aus dieser Richtung auf die Medizin zukommen. Schließlich der Konsum, diese geheiligte Kuh unserer Wohlstandsgesellschaft. Übergewichtigkeit, Stoffwechselerkrankungen wie Diabetes mellitus oder die in letzter Zeit stark zunehmenden Fettstoffwechselstörungen und nicht zuletzt die auf übermäßigen Konsum von Nikotin und Alkohol zurückzuführenden Krankheiten stellen uns die Frage, ob die Medizin mit der sie bedrohenden Lawine überhaupt noch fertig werden kann.

Die Wohlstandsgesellschaft ist zumindest zum gegenwärtigen Zeitpunkt noch der Auffassung, diesen Raubbau an der Gesundheit ihrer Mitglieder durch eine Verstärkung präventiver und rehabilitativer medizinischer Dienstleistungen kompensieren zu können. Wie lange dieses paradox erscheinende ‹Gleichgewicht› zwischen der Zunahme krankheitsfördernder Faktoren und dem In-Grenzen-Halten ihrer Folgen noch funktioniert, wird uns die Zukunft zeigen. Wie weit wir uns mit dieser Paradoxie nicht nur abgefunden haben, sondern sogar identifizieren, wird daran deutlich, daß wir mit lautstarker Stimme gegen die zunehmende Luftverschmutzung protestieren und im nächsten Atemzug den Rauch einer uns in ihrer gesundheitsschädlichen Wirkung bekannten Zigarette inhalieren.

Die Einstellung der Gesellschaft zur Krankheit und zur Medizin erscheint uns vor diesem Hintergrund widersprüchlich und fragwürdig und wenn überhaupt, dann nur aus einem *partikular-funktionalen* Denkhorizont heraus verstehbar. Maximale Leistung kann in so rücksichtsloser Weise nur dort propagiert werden, wo man ihre negativen Begleiterscheinungen abblendet, bagatellisiert und ignoriert. Und grenzenloser Konsum kann nur dort als erstrebenswertes Ziel angepriesen werden, wo sich seine Opfer von der Maßlosigkeit ihres Vergnügens blenden lassen.

Der Sozialpatient

Die inzwischen klassisch gewordene Beschreibung der sozialen Rolle des Kranken von T. Parsons[6] umfaßt vier Kriterien – zwei Rechte und zwei Pflichten –, die die Gesellschaft von ihren Kranken und ihrem Verhalten erwartet. Erstens: der Kranke wird von den Verpflichtungen seiner bisherigen sozialen Rolle (Beruf, Familie, Gemeinde) freigestellt; zweitens: dem Kranken wird die Verantwortung für seinen Zustand, für die Krankheit, nicht schuldhaft angerechnet; drittens: es wird vom Kranken erwartet, daß er gesund zu werden wünscht; und viertens: es wird erwartet, daß er technisch kompetente Hilfe sucht und mit dieser, also der Medizin kooperiert. Diese Beschreibung der Krankenrolle trifft meines Erachtens nur für den somatisch Kranken zu. Für die Rolle des psychisch Kranken in der Gesellschaft gilt, wie es Dörner[7] einmal formuliert hat, daß ihr «noch weit mehr Erwartungen beigegeben werden, die nicht das Individuum, sondern die Gesellschaft schützen». Die Ursache dafür ist darin zu suchen, «daß man dieser Rolle eine weit größere Schädlichkeit und Gefährlichkeit für die Gesellschaft zumißt als der des somatisch Kranken, ungeachtet ihrer quantitativ geringeren Bedeutung». Die *Passivität* als das hervorstechende Merkmal der Erwartungen der Gesellschaft an die Rolle des Kranken, worunter vor allem die widerspruchslose Akzeptierung und Anpassung an die diagnostischen und therapeutischen Maßnahmen und die zu ihrer Durchführung notwendigen Institutionen zu verstehen sind, konnte inzwischen durch weitere Untersuchungen bestätigt werden.[8] Der Patient regrediert besonders im Krankenhaus auf eine der oralen Phase seiner Kindheit vergleichbare Ebene, in der sein Dasein weitgehend in der Einnahme von Medikamenten und dem Empfangen von pflegerischer Zuwendung besteht.

Gesellschaft und Medizin erwarten vom Kranken weitgehende Passivität und kommen damit seinen eigenen Vorstellungen und Wünschen entgegen. Wenn schon infolge der Krankheit nicht leistungsfähig, so hat der Kranke doch einen ebenso berechtigten Anspruch auf Konsum wie der Gesunde. Die gegenwärtige Struktur unserer Sozialversicherung unterstützt dieses Konsumverlangen hundertprozentig, und auch der frei niedergelassene Arzt, der seine Tätigkeit nicht zuletzt an der Gebührenordnung der Krankenversicherungsträger orientieren muß, toleriert in seinem alltäglichen Handeln die passive Konsumentenhaltung des Kranken. Allerdings hat diese Haltung dazu geführt, daß von 1000 Patienten, die einen Arzt aufsuchen, 390 lediglich deshalb zu ihm kommen, weil sie ein Rezept, einen Auszahlungsschein oder sonst ein Formular der gesetzlichen Krankenversicherung brauchen.[9] Und es ist zu fragen, ob die Relation zwischen der Zeit, die der Arzt den sechzig Prozent effektiv Kranken widmen kann, und der, die er zur Befriedigung der Konsumbedürfnisse – gemeint ist vor allem das Bedürfnis nach der Verordnung von Medikamenten – von Bagatellfällen aufbringen muß, noch vertretbar ist. Die Tatsache, daß einer Infratest-Studie zufolge[10] 91 Prozent der Befragten mit der Betreuung beim letzten Arztbesuch zufrieden waren, davon jedoch nur rund die Hälfte wegen der Intensität der ärztlichen Bemühungen, ist meines Erachtens ein Zeichen dafür, daß es eine zunehmende Zahl von *Bagatell-Konsumenten* gibt, die auf Kosten der effektiv Kranken besonders die Sprechzimmer der freiniedergelassenen Ärzte blockieren.

Das gegenwärtige System unserer allgemeinen Krankenversicherung, das im Krankheitsfall sämtliche Kosten übernimmt, hat ganz ohne Zweifel seine positiven Seiten und ist bezüglich der Sicherung des einzelnen im ernstlichen Krankheitsfall unübertroffen. Es wird jedoch fragwürdig, wo es sich dadurch an der Erfüllung seines eigentlichen Auftrags hindert, daß es den Genuß des totalen medizinischen Service durch Bagatellfallkonsumenten fördert. In diesem Zusammenhang muß auch noch ein Wort zu den in letzter Zeit in Mode gekommenen diagnostischen ‹Check-ups› nach amerikanischem Vorbild gesagt werden. Sie haben sicherlich in begrenztem Umfang ihre Berechtigung, sind jedoch dort fragwürdig, wo sie wegen eines geringfügig von der Norm abweichenden Befundes bei subjektiv und objektiv gesunden Menschen ‹Patienten› liefern, die nicht an einer Krankheit, sondern an einer Diagnose leiden.[11]

Der moderne Sozialpatient ist im Gegensatz zu früher durch populärwissenschaftliche Informationen in Presse, Rundfunk und Fernsehen ‹aufgeklärt›. Er erwartet vom Arzt eine verbindliche Auskunft über seine Krankheit. So belastend – nicht nur für den Arzt, sondern auch für den Patienten – es sein kann, wenn der Patient mit medizinischem Halbwissen eine Diagnose ‹fordert›, so bietet sich doch anderseits von dieser Seite her die Möglichkeit, den Patienten für eine gesunde Lebensführung zu gewinnen. Ein halbwegs aufgeklärter Patient wird eher zur Einhaltung eines Genußmittelverbots, diätetischen Beschränkungen oder sinnvoller Freizeitgestaltung zu motivieren sein als der unaufgeklärte Konsument, der in der Nichtverordnung eines Medikaments eine Verletzung seines Rechts auf den totalen medizinischen Service sieht.

Das augenblickliche Verständnis der Krankenrolle mit der Betonung der passiven Duldung gegenüber den Forderungen des medizinisch-technischen Apparats zeigt dort partikular-funktionale Tendenzen, wo es die Konsumenten-Haltung der erkrankten Wohlstandsbürger fördert. Es wird dort fragwürdig, wo es – abgesichert durch die geballte Kraft unserer Sozialversicherung – generell, also auch bei Bagatellfällen, die Forderung nach dem totalen medizinischen Service unterstützt. Letztlich kommt es nicht nur auf den Arzt, sondern ebenso auf den Patienten an, die Qualität der medizinischen Versorgung zu erhalten bzw. zu verbessern.

Der Arzt – hilflos zwischen Informations-, Wissens- und Patientenlawine

In einer 1973 für den Hartmann-Bund durchgeführten Untersuchung[12] fanden bei sieben Alternativen 95 Prozent der Befragten ihre Ärzte sympathisch, 94 Prozent freundlich, 76 Prozent persönlich, 95 Prozent verläßlich, 87 Prozent fachlich *up to date,* 80 Prozent ruhig und 81 Prozent fortschrittlich. Hierin spiegelt sich das große Vertrauen wieder, das dem Arzt als Wächter über die Gesundheit entgegengebracht wird. Die Situation sowohl des im Krankenhaus oder in der Forschung wie auch des in der freien Praxis tätigen Arztes wird aber ungeachtet dieses enormen Vertrauenspotentials von drei gefährlichen *Lawinen* bedroht, denen der Arzt zumindest zum gegenwärtigen Zeitpunkt annähernd hilflos ausgeliefert ist.

Wissenslawine: Wie Gross und Fritz[13] in ihrer Eröffnungsrede zum diesjährigen XXII. Internationalen Fortbildungskongreß für praktische Medizin in Davos eindrücklich darstellten, besteht in der Medizin ebenso wie in den andern Fächern ein nicht mehr zu bewältigendes Überangebot an Wissen, so daß selbst der in der Forschung arbeitende Arzt achtzig bis neunzig Prozent der Weltliteratur seines Fachgebiets überhaupt nicht zur Kenntnis nehmen kann. Während es 1880 auf der Welt etwa 850 medizinische Zeitschriften mit rund zwanzigtausend Arbeiten pro Jahr gab, sind es heute – nach verschiedenen Schätzungen – zehntausend bis zwanzigtausend Zeitschriften mit ca. 1,5 Millionen Publikationen im Jahr[14]. Diese Informationslawine, deren Bewältigung durch den einzelnen utopisch, durch ein spezielles Informationsverarbeitungs-Institut (seit 1969 existiert zu diesem Zweck ein Deutsches Institut für Medizinische Dokumentation und Information – DIMDI) allenfalls partiell möglich ist, erzeugt ein Gefühl der *Hilflosigkeit,* das der Berliner Psychologe und Kommunikationsforscher Haseloff so formuliert hat: «So muß gesagt werden, daß der allgemeine Fortschritt des medizinischen Wissens und Könnens die Mehrzahl unserer Ärzte in eine Orientierungskrise gestürzt hat, die zu einer tiefgehenden Verunsicherung ihres Selbstverständnisses, zu Haltungen der Informationsabwehr und zu gerade zwanghaftem und entscheidungshemmendem Informationssammeln geführt hat.»[15] Auch wenn man von dem gesamten Wissenszuwachs das sogenannte Ballastwissen – das seine Bedeutung verloren hat – und das redundante Wissen – Publikationen zum selben Thema – abzieht, so bleibt dennoch ein beträchtlicher Zuwachs an echtem Wissen, der einfach in der bisherigen Weise der individuellen Fortbildung auf Kongressen nicht mehr bewältigt werden kann.

Informationslawine: Neben der Informationsflut neuen medizinischen Wissens rollt noch eine weitere Informationswelle täglich über den Schreibtisch des Arztes. Circa 127 Werbesendungen pro Tag entsprechend 10,4 Kilogramm bedruckten Papiers wöchentlich[16] werden von den pharmazeutischen Firmen an jeden einzelnen Arzt verschickt. Diese Informationslawine ist die Folge der Tatsache, daß eine Unzahl von pharmazeutischen Firmen etwa sechzigtausend verschiedene Arzneimittelspezialitäten – so hoch war 1969 einem Bericht der Medizinisch-Pharmazeutischen Studiengesellschaft Frankfurt/Main zufolge die Zahl der in Deutschland auf dem Markt befindlichen Mittel – über den verordnenden Arzt an den Kunden, sprich Patienten, bringen wollen. Die Überflüssigkeit des Großteils dieser Medikamente wird deutlich, wenn man berücksichtigt, daß nur etwa dreitausend pharmakologisch wirksame Grundstoffe bekannt sind. Bei diesem sinnlosen Überangebot bleibt dem Arzt, will er sich nicht mit halbwahren Werbespots, sondern mit Patienten befassen, nichts anderes übrig, als die ganze Informationslawine möglichst schnell an sich vorbei in den nächsten Papierverbrenner rollen zu lassen. Daß dabei auch wichtige, für den Arzt wie für den Patienten wissenswerte Information unter den Tisch fällt, ist bedauerlich, jedoch nur zu einem geringen Teil dem Arzt selbst anzulasten.

Patientenlawine: Als dritte der den Arzt bedrohenden Lawinen bleibt schließlich noch die Patientenlawine. Sprechstunden mit fünfzig bis sechzig Patienten sind keine Seltenheit, wobei man sich ausrechnen kann, wieviel Zeit für das Gespräch und die Untersuchung des einzelnen Patienten bleibt. Die einzige Möglichkeit für einen in der freien Praxis tätigen Arzt besteht angesichts seiner Hilflosigkeit gegenüber solchen Massen darin, entweder sich zum Kosmetiker von Bagatellfällen und Verteiler der eigentlich Kranken und Hilfsbedürftigen an Kliniken oder Spezialisten zu degradieren oder aber Patienten nur noch auf Voranmeldung hin zu übernehmen.

Angesichts dieser dreifachen Bedrohung ist es nicht verwunderlich, wenn ein Großteil der Ärzte versucht, der immer größer werdenden Hilflosigkeit in der freien Praxis zu entgehen. Ein Vergleich der Zunahmequoten der Ärzte in der freien Praxis, im Krankenhaus sowie in Verwaltung und Forschung zwischen 1960 und 1970 zeigt eindeutig den Trend weg von der Praxis hin zu überschaubareren Spezialbereichen in Klinik, Verwaltung oder Forschung (Zunahme der freiberuflich tätigen Ärzte + 3 % von 49 200 auf 50 700; der in Krankenhäusern beschäftigten Ärzte + 73 % von 26 000 auf 45 000 und der in der Verwaltung und Forschung tätigen + 37 % von 7500 auf 10 300).[17] Die Konsequenzen für den frei niedergelassenen Allgemeinpraktiker und Facharzt sind immer voller werdende Wartezimmer, die schließlich nur noch mit einer ‹Drehtür-Behandlung› geleert werden können.

Unsere Ausgangsfrage war, inwieweit die gegenwärtige gesellschaftliche Situation des Arztes und die an ihn von der Gesellschaft wie vom einzelnen Patienten herangetragenen Erwartungen *partikularfunktionale* Denk- und Handlungsweisen provozieren oder zumindest begünstigen. Es ist sicherlich nicht übertrieben zu sagen, daß die augenblicklichen Verhältnisse den Arzt zu einer solchen Form seines ärztlichen Handelns drängen. Die Begrenztheit seiner eigenen Leistungsfähigkeit läßt ihm kaum eine andere Wahl, als immer wieder von wesentlichen Faktoren in der Beurteilung und Behandlung des einzelnen Patienten zu abstrahieren und sich mit partikular-funktionalen Notlösungen zu begnügen. Hier aber stoßen wir, wie sich im nächsten Abschnitt zeigen wird, auf das von A. M. K. Müller treffend beschriebene Phänomen, daß die «kurzfristig gemanagte Wohltat in eine mittelfristig um sich greifende Plage umschlägt» (vgl Müller, S 42).

Möglichkeiten und Grenzen einer partikular-funktionalen Medizin

Es wäre nun einseitig und falsch, das partikular-funktionale Denken und Handeln der heutigen Medizin generell als fragwürdig und unmenschlich zu bezeichnen. Besonders in den operativen Fächern wie Chirurgie, Gynäkologie oder Orthopädie hat es sich zum Wohle des Patienten als unverzichtbar erwiesen. So wäre, um nur ein Beispiel zu nennen, die ganze Akutversorgung Schwerverletzter ohne das gleichzeitige Eingreifen mehrerer Spezialisten nicht mehr denkbar. Es geht dabei um das möglichst schnelle Erfassen der Situation der vitalen Grundfunktionen Atmung, Kreislauf und Gehirn. Sind diese in einen befriedigenden Zustand gebracht, so können sich die mit der Behandlung des Patienten befaßten Ärzte ohne Zeitdruck einen Überblick über Ausmaß und Art der verschiedenen Verletzungen verschaffen und ihr weiteres therapeutisches Vorgehen koordinieren. Auch in der Inneren Medizin gibt es ohne Zweifel Erkrankungen, die sich durch ein partikular-funktionales Vorgehen auf Dauer günstig beeinflussen lassen. Erwähnt seien nur die verschiedenen angeborenen Stoffwechselstörungen, deren genaue Diagnose in Klinik und Labor den Einsatz wirksamer Medikamente oder die Verordnung von Diätmaßnahmen ermöglicht, mit deren Hilfe der Patient weitgehend beschwerdefrei ein normales Leben führen kann. Fragen wir uns, in welchen Situationen und Konstellationen einer partikular-funktionale Medizin uneingeschränkt zugestimmt werden kann, so ist es eigentlich nur ein Kriterium, an dem ihr Wert zu messen ist. Ist eine weitgehend vollständige *Heilung* – im genannten Beispiel der Stoffwechselstörungen Kompensation – innerhalb überschaubarer Fristen möglich, so erweist sich eine solche Medizin als Wohltat. Ist Heilung aber nicht möglich, so kann eben dasselbe Denken und Handeln höchst fragwürdig und inhuman werden.

Nun liegen diese beiden Möglichkeiten im konkreten Fall oft so nahe beieinander, daß sich die Alternative Heilung oder Siechtum erst im Stadium weit vorangetriebener Diagnostik oder Therapie stellt. In solchen Situationen, wo der Arzt vor seinem Idealziel Heilung kapitulieren muß, zeigt sich oft plötzlich seine menschliche Größe oder aber seine inhumane Fragwürdigkeit. Zwei Beispiele mögen dies verdeutlichen. Ich erinnere mich noch lebhaft an eine gemeinsame Klinikbesprechung, bei der der Chefarzt in überschwenglicher Weise zwei Kollegen zur dreimal erfolgreichen Reanimation eines jungen Herzinfarkt-Patienten gratulierte und die Tatsache, daß der vierte Versuch fehlgeschlagen war, kaum zur Kenntnis nahm. Genau dieselbe fragwürdige Einstellung zur Medizin liegt beispielsweise dann vor, wenn sich Ärzte über die hervorragende Qualität und die diagnostische Meisterleistung von Gastrokamera-Bildern eines inoperablen Magen-Carcinoms ereifern und dabei vollkommen von dem dahinterstehenden Schicksal des Patienten abstrahieren. Beide Beispiele zeigen einen für nicht wenige der heutigen Mediziner typischen Zug: Im Moment der *Kapitulation* vor der Heilung eines Patienten tritt die Aussichtslosigkeit bzw. der Mißerfolg der therapeutischen Maßnahmen hinter den auf der technischen Ebene erzielten Erfolg zurück. Genau diesen Punkt meine ich, wenn ich von *inhumanen* Aspekten und Tendenzen der heutigen Medizin spreche. Das Unvermögen, die eigene Hilflosigkeit und Schwäche sich einzugestehen und sich in diesem Augenblick mit dem Patienten verbunden zu wissen, läßt keine andere Wahl, als sich angesichts des Schicksals des Patienten mit technisch-apparativen ‹Erfolgen› zu befriedigen. Ehe wir uns fragen, wo Ansatzpunkte für einen Ausweg aus dieser «Katastrophe der Menschlichkeit des Menschen» (A. M. K. Müller) im Bereich der Medizin zu suchen sind, müssen wir uns noch eingehender mit den fragwürdigen Folgen der heutigen Medizin auseinandersetzen.

Iatrogene Krankheiten

In seinem Buch *Iatrogene Krankheiten* berichtet der amerikanische Arzt D. Spain[18] folgende interessante Krankengeschichte: Ein Patient suchte wegen einer banalen Erkältung einen Arzt auf. Dieser gab ihm, um möglichen Komplikationen des Infektes vorzubeugen, eine Penicillinspritze. Nun wollte es aber das Unglück, daß der Patient gegenüber diesem Medikament allergisch war und mit Hautausschlag, Gelenkschwellungen und Nervenentzündung reagierte. Er wurde daraufhin – den ärztlichen Kunstregeln entsprechend – mit Cortison, einem Hormon der Nebennierenrinde, behandelt. Doch auch diese Therapie blieb nicht ohne Folgen – es entstand ein Magengeschwür. Dies wiederum führte zu einer gefährlichen Magenblutung, so daß schließlich ein Teil des Magens entfernt werden mußte. Doch auch damit riß die Verkettung unglücklicher Umstände nicht ab. Im Anschluß an die Magenresektion benötigte der Patient einige Blutübertragungen, durch welche er mit den Erregern einer Hepatitis infiziert wurde. Die Hepatitis heilte nicht aus und führte in den darauffolgenden Jahren zu einer Leberzirrhose, an deren Folgen der Patient schließlich verstarb –

fünf Jahre nachdem er die im Grunde überflüssige, rein prophylaktische Penicillinspritze erhalten hatte.

Auch wenn diese Geschichte vom Verfasser des Buches erfunden wurde, so zeigt sie doch recht anschaulich, zu welch fatalen Komplikationen die Anwendung anerkannter diagnostischer und therapeutischer Maßnahmen führen kann. Fast von sämtlichen heute bekannten Arzneimitteln sind irgendwelche Nebenwirkungen bekannt, die sowohl Arzt wie Patient in Kauf nehmen müssen, soll eine wirksame Therapie eingeleitet werden. Wird jedoch der Teufel mit dem Beelzebub ausgetrieben, sind mit anderen Worten die möglicherweise zu erwartenden Nebenerscheinungen höher zu bewerten als der angestrebte Heilungserfolg, dann wird das ärztliche Handeln fragwürdig und gefährlich. Das Argument, das in diesem Zusammenhang besonders von seiten der Ärzte vorgebracht wird, daß das Thema ‹iatrogene (vom Arzt erzeugte) Krankheiten› nicht an die Öffentlichkeit gehöre, da es das Vertrauen des Patienten in den Arzt zerstöre, wird dem Problem nicht gerecht. Es ist nur dort vertretbar, wo man im Bewußtsein einer unangreifbaren Omnipotenz bereit ist, dem sogenannten therapeutischen Fortschritt kritiklos jeglichen Tribut zu zollen. Geht man jedoch davon aus, daß echtes Vertrauen auch das gemeinsame Wissen von Risiko beinhaltet, dann sollten sowohl pharmazeutische Industrie wie Ärzte die hier und da berechtigte Kritik an einem Medikament oder einer anderen therapeutischen bzw. diagnostischen Maßnahme nicht scheuen.

Perinatale Medizin

Die Perinatologie, eine spezielle Fachrichtung innerhalb der Kinderheilkunde, befaßt sich mit Erkrankungen und Schädigungen, die entweder im Mutterleib oder im Zusammenhang mit der Geburt eines Kindes auftreten können. Die Entwicklung dieser Fachrichtung in den letzten Jahren hat zu einer deutlichen Senkung der Säuglingssterblichkeit geführt. Neben der großen Zahl von Neugeborenen, die Dank eines entschlossenen und richtigen Eingreifens im kritischen Moment vor Schädigung bewahrt werden können, konfrontiert uns die perinatale Medizin aber auch mit einer zunehmenden Zahl schwerst geschädigter Säuglinge. Ohne den Einsatz des medizinisch-technischen Apparats wären diese entweder stark mißgebildeten oder durch die Geburt geschädigten Kinder kaum oder nur kurze Zeit lebensfähig. Hier stellt sich in unerbittlicher Weise die Frage, ob und in welchem Maße das medizinisch Mögliche in den Konsequenzen seiner Anwendung verantwortet werden kann.

Eine rein partikular-funktional am nackten Leben orientierte Medizin wird ihr Handeln – nämlich die Lebenserhaltung um jeden Preis – mit dem Argument zu rechtfertigen versuchen, eine Entscheidung über Leben und Tod eines solchen Kindes stehe ihr nicht zu. Mit ihrer vermeintlichen Wertneutralität entscheidet sie aber nicht nur über das Leben des Kindes, sondern in mindestens ebenso folgenschwerer Weise über das Leben der Eltern. Bei Kindern, «die von Geburt an auf baldigen Tod hin angelegt sind»[19], erweist sich die eingangs näher beschriebene ‹Anwendungsethik› als in hohem Maße fragwürdig, wird doch vom Arzt in einer nicht entschuldbaren Verkennung seiner Verantwortung das menschliche Schicksal sowohl des Kindes wie auch der Eltern abgeblendet und ignoriert.

Der chronisch Kranke und der unheilbar Kranke

Die Erfolge der Medizin haben die Überlebenszeit chronisch Kranker und unheilbar Kranker wesentlich verlängert, so daß es heute eigentlich kaum eine Familie gibt, in der nicht in der näheren oder weiteren Verwandtschaft ein Diabetiker, ein mit einem chronischen Herzleiden oder einem Krebsleiden belastetes Familienmitglied lebt. Reicht das, was die Medizin in ihrer augenblicklichen Zielsetzung diesen Kranken anzubieten hat, nämlich eine *Verlängerung* ihres Lebens, aus, diesen Menschen in ihrer Krankheit zu helfen? Gewiß gibt es heute viele Möglichkeiten, auch vom Rollstuhl aus oder mit einem Herzschrittmacher Freude am Leben zu haben. Aber zu irgendeinem Zeitpunkt kommen dem Schwerkranken selbst Zweifel am Sinn seines Weiterlebens oder besser Weiterleidens. Viele Ärzte versuchen diese Zweifel dadurch zu übergehen, daß sie dem Patienten durch kurzfristige Linderung seines Leidens Hoffnungen suggerieren, die seiner aussichtslosen Lage diametral entgegenstehen. Wenn am Krankenbett eines bereits vom Tod gezeichneten Krebskranken die durch aufbauende Hormongaben bewirkte geringe Gewichtszunahme mit dem Kommentar belegt wird, jetzt gehe es sicherlich wieder bergauf, dann handelt es sich um eine ärztlich wie menschlich nicht mehr vertretbare Mißachtung der Würde eines sterbenden Menschen. Die Hektik, die häufig in der Behandlung moribunder Patienten entwickelt wird, kann nicht mehr mit einem Helfenwollen legitimiert werden, sie ist vielmehr «Ausdruck einer maßlosen *Vergötterung des nackten Lebens,* einer Verdrängung und Verteufelung des Todes»[20], der als dummes Mißgeschick betrachtet wird. Wo das Sterben eines Schwerkranken ein Dürfen, nicht mehr ein Müssen ist, da wird die ärztliche ‹Helfersucht› bis zum letzten Atemzug zur unmenschlichen Manipulation.

Gewiß gibt es auch heute noch Ärzte, die dem Patienten nicht nur im Leben, sondern auch beim Sterben als Helfende zur Seite stehen.

Aber in der Anonymität unserer Universitätskliniken und Großkrankenhäuser gerät oft gerade der Sterbende in der Maschinerie des medizinisch-technischen Apparats in eine Isolation und Einsamkeit, in der ihm das Hantieren der Medizintechniker als unmenschliche Demonstration ärztlichen Machtrausches und Ehrgeizes erscheinen muß. Hier hilft keine noch so wohl formulierte Rechtfertigung. Wer dem Augenblick des Sterbens dadurch zu entrinnen sucht, daß er in solchen aussichtslosen Fällen über den Tod hinaus mit Spritze und Infusion zu agieren versucht, der wird zur gewissenlosen Marionette eines makabren Theaters, indem sich der Mensch seiner eigenen Würde beraubt.

Der psychisch Kranke

Es würde zu weit führen, die ganze Problematik im wechselseitigen Verhältnis der Gesellschaft zu ihren psychisch Kranken darzustellen.[21] Uns soll nur die Frage interessieren, inwieweit die Psychiatrie durch ihr Denken und Handeln mit dazu beiträgt, daß die psychisch Kranken in unserer Gesellschaft noch weitgehend wie Aussätzige behandelt werden, die man sich mit Prädikaten wie wertlos, schmutzig, gefährlich, gefühlskalt, unehrlich und vor allem unberechenbar und unzuverlässig möglichst vom Leibe zu halten versucht. Auch hier zeigt sich, daß sich der Arzt, das heißt der Psychiater, primär mit den Wertvorstellungen und nicht zuletzt auch den Vorurteilen der Gesellschaft identifiziert und ihrem Verlangen auf Ausgliederung der psychisch Kranken durch langjährige Hospitalisation in unwürdigen Verhältnissen entspricht. Wie auch in den anderen medizinischen Fächern, muß sich der Psychiater häufig zwischen den Ansprüchen einer auf Leistung und Konsum fixierten Gesellschaft und den Interessen seiner Patienten entscheiden. In der Vergangenheit ist diese Entscheidung meist zugunsten der Erwartungen der Gesellschaft an die Psychiatrie gefallen, die dem immer umfassender werdenden Sicherheitsbedürfnis dadurch Rechnung trug, daß die psychisch Kranken als ‹Sündenböcke› in psychiatrischen Ghettos isoliert wurden. Auch heute steht die Psychiatrie nach wie vor in dem Dilemma, den Großteil der psychisch Kranken in Landeskrankenhäusern mit über 2000 Betten betreuen zu müssen, in denen die Patienten allenfalls verwaltet, nicht aber behandelt werden können. Wenn auf einen Arzt 100 bis 150 Patienten kommen – dieses Zahlenverhältnis ist in den meisten psychiatrischen Landeskrankenhäusern die Regel –, dann nützen moderne Psychopharmaka, psychotherapeutische und sozialpsychiatrische Bemühungen einfach deshalb nichts, weil der zu ihrer Verwirklichung notwendige äußere Rahmen nicht zur Verfügung steht.

Zwar ist zu hoffen, daß die vom Bundestag in Auftrag gegebene Enquête über die Lage der Psychiatrie in der Bundesrepublik einige grundlegende Verbesserungen der baulichen und personellen Situation in den psychiatrischen Kliniken zur Folge hat. In der Zwischenzeit bleibt der Psychiatrie nichts anderes übrig, als sich für eine von zwei in gleicher Weise inhumanen Alternativen zu entscheiden: Entweder die ‹Behandlung› der psychisch Kranken unter den augenblicklichen Verhältnissen fortzusetzen – in der Hoffnung auf eine baldige Beseitigung wenigstens der größten Mißstände – oder aber sich von einer weiteren Identifizierung mit dem von ihr Erreichbaren dadurch zu distanzieren, daß sie sich schlichtweg weigert, ihren Auftrag weiterhin zu erfüllen. Da dieses aber den Patienten gegenüber nicht zu verantworten ist, wird sich die Psychiatrie mit einem *Funktionalismus* im Sinne von ‹Verwaltung der Patienten› noch einige Zeit abfinden müssen. Die Verantwortung für diese anachronistischen Zustände trägt zu einem Gutteil die Psychiatrie selbst, da sie ihre Zielsetzung allzu lange an den Interessen der Gesellschaft und nicht an den berechtigten Bedürfnissen ihrer Patienten orientiert hat.

Die Alterskranken – «Stückgut für clevere Unternehmer»

Der ‹Rückschritt des medizinischen Fortschritts› wird wohl an keinem Beispiel deutlicher als in der gegenwärtigen Situation des pflegebedürftigen Alterspatienten. Auch hierbei handelt es sich wie im Fall der psychisch Kranken um ein Problem, bei dem Verantwortung der Gesellschaft und Verantwortung der Medizin aufs engste miteinander verbunden sind. Gewiß gibt es heute eine immer größere Zahl gut geführter Altersheime, und auch in Kliniken werden hier und da Abteilungen für Alterskranke eingerichtet. Aber viele unserer alten Menschen müssen gerade die letzten Jahre ihres Lebens unter menschenunwürdigen Verhältnissen leben. Da die Krankenhäuser nicht in der Lage sind, Pflegefälle zur wochen- und monatelangen Behandlung aufzunehmen, werden sie in private Alters- und Pflegeheime eingewiesen, die mehr unter dem Gesichtspunkt eines gewinnbringenden Geschäfts als einer menschenwürdigen Pflege geführt werden.

Die beiden Berichte in der Wochenzeitung *Die Zeit* «Geschäft mit Alten»[22] und «Menschen als Stückgut»[23] haben die teilweise skandalösen Verhältnisse in der Behandlung von Pflegefällen erstmals einer breiteren Öffentlichkeit bewußt gemacht. «Gebrechlichkeitsunternehmen», in denen «der Mensch als Pflegestückgut nach vereinbarten Tarifen» gehandelt wird, sind keine übertriebenen Formulierungen, wenn man die Devise eines in dieser ‹Branche› seit einigen Jahren sehr erfolgreichen ‹Unternehmers› liest: «Die Altenpflege ist eine Aufgabe wie jede andere Produktionsaufgabe in der Gesellschaft.» Das ‹Geschäft› ist, verfügt man über genügend wenig Skrupel und einiges unternehmerisches Geschick, durchaus lukrativ. Für wenige Mark läßt sich auch heute noch die Lizenz zur Eröffnung eines Altenpflegeheims erwerben, wenn man nur die ‹Betreuung› der Patienten durch einen approbierten Arzt gleich welchen Alters und welcher Qualifikation nachweisen kann.

Es würde nicht weiterführen, die inhumane Umwelt alter und pflegebedürftiger Menschen ausführlicher zu beschreiben. Das Gewissen der Gesellschaft und auch der Medizin scheint abgestumpft, die verantwortlich gemachten Behörden entschuldigen sich mit dem Hinweis auf fehlende Alternativen zur menschenwürdigen Unterbringung von alten Menschen. Die Medizin, stolz auf ihre Erfolge in der Verlängerung des menschlichen Lebens, kann sicherlich nicht allein für diese Unmenschlichkeit verantwortlich gemacht werden. Psychologische und soziale Faktoren spielen dabei eine ebenso wichtige Rolle, wobei mit den Stichworten Kleinfamilie, Verstädterung, Technisierung, Säkularisierung nur einige wenige Aspekte genannt seien, unter denen das Problem zu sehen wäre. Die Medizin kann sich nicht länger davor drücken, gerade zur Lösung dieses Problems einen Beitrag zu leisten, wobei sie mit ihrer augenblicklichen Devise ‹Verlängerung des nackten Lebens› allenfalls die Katastrophe in noch unbeschreiblichere Dimensionen vorantreiben wird. Entscheidend für einen menschlichen Beitrag der Medizin zu dieser Frage wird sein, ob und wann sie die Notwendigkeit einer Unterordnung ihres Denkens und Handelns unter ein ethisches Bezugssystem erkennt.

Alternativen in Sicht?

Der Frage nach möglichen Alternativen zum partikular-funktionalen Denken in der heutigen Medizin sei eine Äußerung von W. Heisenberg vorangestellt, die wir bei allen wohlgemeinten Vorschlägen zur Bewältigung der verschiedensten Lebenskatastrophen im Auge behalten sollten. «Nicht der gute Wille Einzelner, sondern immer nur der harte *Zwang der äußeren Verhältnisse* kann die notwendigen Änderungen in der Struktur des Denkens vieler Menschen bewirken.»[24] Damit ist keine Aufforderung zur Resignation gemeint, vielmehr sollen damit die Grenzen zur Realisierbarkeit alternativer Denkmodelle angedeutet werden. Denken in Alternativen wird damit nicht sinnlos, sondern nur in seinen zeitlichen Hoffnungen relativiert. Es kann dann Orientierungshilfen geben, wenn das überkommene Denken und die althergebrachten Strukturen zu zerbrechen drohen. Ob wir uns an einem solchen durch äußere Zwänge notwendig gewordenen Wendepunkt befinden, läßt sich nicht mit Sicherheit sagen. Vielleicht sollten uns jedoch gerade die Krisen der jüngsten Vergangenheit die Dringlichkeit alternativen Denkens deutlich werden lassen.

Fragen wir nach Orientierungspunkten, die der Medizin aus der inhumanen Sackgasse ihres heutigen Denkens und Handelns helfen könnten, so scheint mir eine Besinnung auf neue Funktionen der Familie als der wichtigsten sozialen Kleingruppe hilfreich. Neu wären die möglichen Aufgaben der Familie nur insoweit zu nennen, als sie eine Wiederbelebung althergebrachter Funktionen unter veränderter äußerer Form darstellen würden. Wir hatten gesehen, daß die Medizin in ihrer heutigen Struktur durchaus zur Bewältigung kurzfristiger Heilaufgaben in der Lage ist, wobei man in diesem Zusammenhang von einem echten Fortschritt zum Wohl des Patienten sprechen kann. Wo sie aber mit Aufgaben konfrontiert wird, in denen durch Krankheit bedingtes Leiden allenfalls gemildert oder verlagert werden kann, erweist sie sich mit ihrem partikular-funktionalen Denkansatz als teilweise fragwürdig und inhuman. Dies ist nicht zuletzt darauf zurückzuführen, daß die Familie, deren Mitglied der Patient während der ganzen Dauer seines Leidens ist, vom medizinischen *Handeln* vollständig isoliert bleibt. Anders formuliert: die Behandlung des Patienten geschieht heute nicht mehr in der häuslichen Atmosphäre unter den Augen der Familie, sondern hinter verschlossenen Türen möglichst steriler Behandlungsräume. Die *These* sei gewagt: Würde es der Medizin gelingen, die Angehörigen und den Patienten selbst mehr an ihrem Handeln teilnehmen und damit auch teilhaben zu lassen, wäre ein erster Schritt zur Bewältigung der Krise ihrer eigenen Zielsetzung getan. Gegenwart, selbst wenn sie auf ein Dabeisein und Zusehen beschränkt bleibt, schafft eher die Voraussetzung und Bereitschaft, *Solidarität* mit und *Verantwortung* für den Patienten zu empfinden. Unsere gegenwärtige Medizin ist jedoch so strukturiert, daß sich ihr Handeln von der Wiege bis zum Sterbebett in einer Anonymität fernab der Familie vollzieht. Das aber hat zur Folge, daß der Kranke mit seiner Krankheit, seinen Ängsten und seiner Verzweiflung weitgehend alleingelassen ist.

Ausgangspunkt für eine neue Bewertung der Familie durch die Medizin wäre zweifellos jener Augenblick, in dem mit der Geburt eines Kindes «eine kleine Familie das Licht der Welt erblickt». Auf diesen Punkt, nämlich die *Geburt* der *Familie* hat in einem kürzlich erschienenen Beitrag der Stockholmer Pädiater J. Lind[25] in eindrücklicher Weise hingewiesen. Gemeinsamer *Elternunterricht* während der Schwangerschaft, in der Mutter *und* Vater über die Entwicklung des Fetus, den Verlauf der Entbindung sowie Grundlagen der Kinderpflege unterrichtet werden, *Anwesenheit* des Vaters bei der Geburt und ein sogenanntes *rooming-in* (das heißt Pflege von Mutter und Kind im selben Raum) wären nach Auffassung von Lind die Voraussetzungen für das Entstehen eines Gefühls gemeinsamer Verantwortung und Solidarität.

Der nächste Schritt in dem Bemühen, die Familie nicht zum «Patienten» (Richter[26]), sondern zu einer tragfähigen Kleingruppe werden zu lassen, bestünde in der Einrichtung eines ‹Baby-Jahres›, das sich in Österreich bereits bestens bewährt hat. In diesem Jahr müßte die junge Frau von den beruflichen Verpflichtungen befreit sein, ohne daß daraus der Familie finanzielle Sorgen erwachsen würden. Gerade die Familie mit jungen Kindern ist in unserer Gesellschaft das schwächste Glied. Sie bewohnt, wie soziologische Untersuchungen ergeben haben,[27] durchschnittlich die geringste Quadratmeterzahl Wohnfläche pro Kopf. Ein weiterer wichtiger Punkt wäre die Einrichtung einer vermehrten Zahl von Halbtags-Arbeitsstellen für Frauen, denen damit die Gelegenheit gegeben wäre, beruflich tätig zu sein und sich doch noch in ausreichender Weise um die Familie, speziell die Kinder zu kümmern.

Auch hinsichtlich der Behandlung von Patienten im Krankenhaus sollten die Möglichkeiten einer stärkeren Einbeziehung der Familie neu überdacht werden. Die augenblickliche Praxis, bei der der Patient der Institution Krankenhaus zur Heilung übergeben wird, wobei man sich bei den gelegentlichen Besuchen des Patienten von der Erfüllung des Auftrags zu vergewissern sucht, ist allenfalls bei kurzdauernden, komplikationslos verlaufenden Krankheiten akzeptabel. Bei allen schweren, chronischen und unheilbaren Leiden sollte jedoch vom Arzt darauf geachtet werden, daß die Familie von dem, was mit dem Patienten geschieht und was in ihm selbst vorgeht, nicht isoliert bleibt. Beispielhaft in dieser Hinsicht erscheinen mir einige Grundsätze, die in einer anerkannten Universitäts-Kinderklinik jedem Arzt zur Auflage gemacht werden. Erhält zum Beispiel eines der kranken Kinder unbegründet nicht regelmäßig den Besuch seiner Eltern, so ruft der behandelnde Arzt diese an und lädt sie zu einer Unterredung ein, in der speziell über die Notwendigkeit eines regelmäßigen Besuchs gesprochen wird. Eltern von schwer geschädigten Kindern erhalten bei der Entlassung auch ohne spezielle Anfragen die Adressen der verschiedensten Beratungsstellen oder Hilfsorganisationen, an die sie sich mit ihren vielfältigen Fragen wenden können. Schließlich werden Eltern, deren Kinder an einem Krebsleiden oder einer Leukämie gestorben sind, einige Wochen nach dem Tod ihres Kindes vom Arzt noch einmal zu einem Gespräch eingeladen, in dem vorwiegend menschliche

Probleme, die sich für die Eltern durch die oft lange Krankheit und den Tod ergeben haben, eingehend besprochen werden. Leider sind Kliniken, in denen in dieser Weise gehandelt wird, eher die Ausnahme als die Regel.

Die hier nur in groben Umrissen skizzierte Neubewertung der Familie würde sicherlich dazu führen, daß die Familie als ‹Notgemeinschaft› auch im Fall der Erkrankung eines ihrer Mitglieder bereit wäre, mehr Verantwortung für den Kranken und damit auch für seine Behandlung zu übernehmen. Ein geschädigtes Kind, ein psychisch Kranker, ein Krebskranker oder auch ein pflegebedürftiger Alterspatient lassen sich nur dann in eine Familie integrieren, wenn sie von Anfang an einen Platz in dieser Gruppe eingenommen haben. Die *Solidarität* der gesunden Familienmitglieder würde es dann ermöglichen, daß selbst schwerkranke Patienten immer wieder in die Familien-Gruppe zurückkehren könnten. In diesem Fall wäre das vorwiegend medizinisch-technische Handeln des Arztes im Bezugssystem der Familie verankert. Das aber würde auch bedeuten, daß der Arzt in wichtigen Entscheidungen auf das Bezugssystem der Familien-Gruppe zurückgreifen könnte, wodurch ihm wertendes Entscheiden in diesem oder jenem konkreten Fall erleichtert würde.

Ansätze zu einer Neubewertung der Familie aus der Sicht der Medizin im eben geschilderten Sinne sind nicht zu übersehen. So hat besonders die Psychiatrie in den letzten Jahren in zunehmendem Maße erkannt, daß die Krankheit eines einzelnen immer auch Ausdruck gestörter Beziehungen innerhalb der familiären Gruppe ist. Auch die somatische Medizin sollte sich dessen bewußt werden, daß Krankheit nicht nur *Betroffensein des einzelnen Patienten*, sondern immer auch *Betroffensein der Menschlichkeit* der ihm nahestehenden Familienmitglieder bedeutet. Würde sie dieser Tatsache in ihrer weiteren Entwicklung Rechnung tragen, dann ließe sich vielleicht doch ein schmaler Pfad aus der Sackgasse ihres partikular-funktionalen Denkens und Handelns finden.

KURT EGGER

Landwirtschaft und Überlebenskrise

Daß sich die Menschheitsentwicklung in einer fundamentalen Krise befindet, die sogar die Gefahr der Selbstvernichtung mit einschließt, ist der breiten Öffentlichkeit auf dem Wege der Wahrnehmung der ökologischen Krise bewußt geworden. Obwohl diese sich damit als ein Aspekt eines größeren Problems erweist, bleibt sie als solche bestehen.[1] Was bedeutet aber Ökokrise? Die Interaktion Mensch–Umwelt ist in Unordnung und kritische Grenzsituationen geraten, wobei zunächst an die räumliche Umwelt gedacht ist. Stadtbereich, Industrie, Wasser, Landschaft verändern sich zum Unerwünschten mit bedrohlicher Geschwindigkeit. Wasser und Landschaft aber sind überwiegend der Bereich land- und forstwirtschaftlicher Produktion. Dieser ist gemeint, wenn wir dem urban-industriellen Bereich ‹freie Natur› unreflektiert entgegenstellen. Ein Hauptaspekt der ökologischen Krise muß hier aufgezeigt werden können.

Aspekte der Ökokrise

Aus großer Distanz gesehen fließen dabei alle Detailfragen in die große bange Frage zusammen: Können wir die Menschheit der Zukunft ernähren? Was muß geschehen, um es zu können? Es wird sich aber bei schärferer Auflösung zeigen, daß diese Fragestellung genau am Kern der ökologischen Situation vorbei und in irreale Folgerungen führt.

Fast jeder ist heute von Informationen über Unstimmigkeiten im Bereich von Ernährung und Landwirtschaft irgendwie angesprochen.[2] Dies reicht von der Sorge um die Ernährung der bedrohlich wachsenden Menschheit mit der scheinbar moralisch motivierten Ertragssteigerung um jeden Preis und mit allen Mitteln bis zu scheinbar exzentrisch-subtilen Fragen gesunder Kost unserer überzogenen Wohlstandsgesellschaft. Die Verbindung von Ernährung und Landwirtschaft gibt uns allen, auch denen, die der Landwirtschaft fernstehen, Anlaß, das Problem landwirtschaftlicher Entwicklung mit Aufmerksamkeit zu betrachten.

Dabei muß aber der verengte Ansatz Landbau – Ernährung aufgebrochen und eine größere Fülle von Aspekten erfaßt werden. Greifen wir die Stichworte heraus, die in der öffentlichen Diskussion eine Rolle spielen[3]: Quantitative Steigerung der Produktion, Kontaminations- und Qualitätsproblem, Pflanzenschutz – Umweltbelastung, Wasserverschmutzung, Rationalisierung und Industrialisierung der Produktion, Arbeitskräftemangel, Landschaftspflege, Siedlungs- und Sozialstrukturprobleme, Verhältnis zu Politik, Industrie und Wissenschaft, Preisgestaltung, Verhältnis von Produzent und Verbraucher, Rolle des Marktes, Betriebsentwicklung, Gesundschrumpfung, Innovationsweigerung der Bauern, Sozialbrache, Bodenbesitzstruktur und Spekulation, Produktionsweise und ökonomisches System, industrialisierte Landwirtschaft in sozialistischen Industrienationen, Landwirtschaft in der Dritten Welt.

Zu jedem Stichwort könnte man nun kritische Fälle aufsuchen, könnte unmittelbare Ursachen und Schuldige suchen und auf Abhilfe drängen – etwa im Bereich der Intensivtierhaltung oder der Herbizidanwendung im Waldbau und anderes mehr. Man würde dort kaum Wesentliches erreichen, einmal weil der Fälle unabsehbar viele sind, zum zweiten, weil man ihrer in aller Regel zu spät ansichtig wird, wenn alles schon vorentschieden und praktisch unabänderlich ist. Der Erfolg solcher punktuellen Aktion ist vor allem, daß die dabei Engagierten mit der Realität des Systems konfrontiert werden und sich ein fundiertes – empirisch fundiertes – Bild unserer Lage machen können. Dies setzt allerdings voraus, daß den frustrierenden Erfahrungen nicht Resignation folgt, sondern das Bemühen, zwischen solchen Einzelerlebnissen Zusammenhänge zu sehen und daraus ein übergreifendes Verständnis der Menschheitskrise zu gewinnen. Das erfordert naturgemäß eine Fülle theoretischer Ableitungen und Überlegungen.

Dazu sind einige heuristische Regeln vielleicht nützlich. Unsere Zeit ist vor allem durch zwei Eigenschaften schwer erfaßbar geworden: durch die immer schnellere Veränderung aller Zustände und die zunehmende Undurchschaubarkeit aller Prozesse. Wenn wir aber mit der Vermutung nicht ganz falsch liegen, daß der totale Prozeß gewissen, wenn auch nicht unmittelbar sichtbaren Grundtendenzen folgt, so können wir daraus ableiten, daß es Teilaspekte des Prozesses geben muß, die gerade noch zu durchdenken sind und doch schon genügen, die Grundstruktur des zu hinterfragenden totalen Prozesses transparent zu machen. Solche Teilaspekte könnten die Bildungsmisere, das Abfallproblem, die Stadtentwicklung sein; wir wählen hier den Bereich der Landwirtschaft. Das mag folgende Besinnung erläutern: Die totale Krise hat den Charakter einer Kulturkrise. Kultur aber leitet sich – etymologisch und faktisch – von *cultura* = Ackerbau ab. Der Ackerbau ist historisch und heute Grundlage unserer Existenz, auch wenn das dem urbanen Bewußtsein verdeckt wurde.

Wir hätten dazu zwischen den genannten Stichworten und der Landwirtschaft Beziehungen herzustellen, das heißt eine Vorstellung von Situation und Funktion der Landwirtschaft in konsistenter Weise zu gewinnen. Das macht Vorüberlegungen zur Methode und Absicht der Betrachtungen notwendig. Wir brauchten sodann eine vereinfachte Darstellung der für uns relevanten Aspekte der Gesamtkrise, um sie auf das Bild der Landwirtschaft zurückprojizieren zu können und umgekehrt. Daraus könnten sich Einsichten zur Überwindung der Krise ergeben, wobei die Hinwendung zu einem Teilproblem uns aus rein abstrakten Überlegungen befreit und zu – wenn auch bescheidenen – Möglichkeiten praktischen Handelns führt; diese Möglichkeiten ergeben sich allerdings weder aus dem Studium der Philosophie, noch dem der Agrar- oder Naturwissenschaften, sondern aus der Zuwendung zu Anfängen einer Landwirtschaftspraxis, die sich bewußt dem Denken und Handeln der Zeit entgegenstellt und darin erfolgreich ist.

Humanökologie als Betrachtungsweise

Auf der Basis welcher Methode soll nun aber die Rolle der Landwirtschaft gesehen werden? Jeder rein fachwissenschaftliche oder standesbezogene Zugriff wäre für das Verständnis der ökologischen Krise zu eng. Was wir zu leisten haben, ist eine Revision vom Grund her, die das Bestehende auf Funktion und Legitimation hin hinterfragt. Dazu sind Beobachtungen des unmittelbaren Gegenstandes Landwirtschaft ebenso nötig, wie solche der Beziehungen zu Umwelt und Gesellschaft. Es leuchtet ein, daß dazu nicht die betriebsimmanenten Kategorien ausreichen, sondern daß die Maßstäbe von außen kommen und ergänzt werden müssen. Da aber im Grunde jeder Bereich unseres Lebensvollzugs – der urbane Raum, Verkehr, Konsum, Bildung ... – einer solchen Revision bedarf, die auf das sinnvolle Zusammenwirken und dessen Störung achtet, so liegt insgesamt die Gefahr eines methodischen Im-Kreis-herumgehens nahe und ebenso die Gefahr einer methodischen Vermengung. Die Aufgabe scheint perfekt nicht zu lösen.[4] Das auf diesem mühsamen Wege Erreichbare läßt sich als der Versuch verstehen, Humanökologie zu betreiben. Wenn klassische Ökologie die Lehre vom Stoff- und Energiehaushalt und seiner Determinanten im Ökosystem ist, so kann Humanökologie ihre Aufgabe nur fassen, wenn sie als Lehre vom Stoff-, Energie- und Informationshaushalt des Menschen mit seinesgleichen und seiner Umwelt in Raum und Zeit versucht wird. Machen wir uns aber nichts vor – ein wirklich operationales ‹System› der Humanökologie liegt nicht vor, ja, es wäre vielleicht gerade eine Falle für die Grundabsicht kritischer Überprüfung. Obgleich wissenschaftlich korrekt – reproduzierbar, prüfbar – sollte sie offen sein, da sie wissenschaftsimmanent nicht vollziehbar ist, sondern Wissenschaftlichkeit selbst hinterfragen muß. Damit muß sie auf das Ideal der Eindeutigkeit und zwingenden Ableitbarkeit aus Fakten verzichten und die Brücke zum Bereich der Werte herstellen. Ich versuche, ihre Aufgaben zu umreißen[5]:

> Humanökologie soll eine interdisziplinäre Synopsis der vielfältigen Aspekte menschlicher Ökologie leisten, insbesondere ist zu klären, welche Grenzen uns vom Ökosystem der Erde, in das wir eingefügt sind, gesetzt sind. Sie soll die Vorgeschichte unserer Situation aufzeigen und den jetzigen Zustand mit normativen Kategorien konfrontieren, wobei sie einzelne Bereiche immer in bezug auf das Ganze betrachtet. Sodann soll sie beratende Grundlage für erwünscht erscheinende Änderungen sein. Dabei gehen Entscheidungen in sie ein, die nicht mehr eindeutig aus dem Bereich objektivierbarer Wissenschaft und Faktizität stammen, sondern normative Entscheidungen voraussetzen. Diese sollen aber erkennbar und transparent sein[6].

Humanökologische Rolle der Landwirtschaft

Versuchen wir, die Rolle der Landwirtschaft zu skizzieren,[7] indem wir zwar extrem simplifizieren, uns dabei aber vom Ziel leiten lassen, alle wichtigen Funktions- und Sinnbezüge um so plastischer zu erfassen!

Das Grundschema ökologischen Zusammenhangs:

ergibt, auf das menschliche System sinngemäß übertragen:

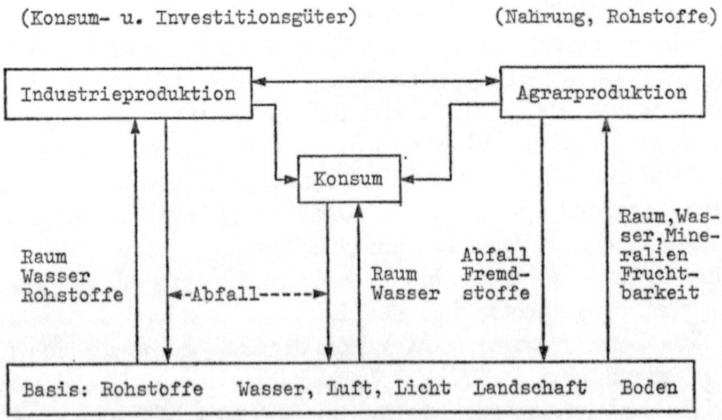

Wir erkennen daran: Konsum im Rahmen der Gesellschaft ist möglich, insoweit Industrieproduktion und Agrarproduktion Nahrung und Güter liefern. Industrieproduktion ist möglich, soweit Agrarproduktion (möglicherweise räumlich weit getrennt) Nahrung für Arbeiter liefert. Industrieproduktion ist also, obwohl indirekt über Maschinen und Hilfsmittel in die Agrarproduktion einbezogen, eine der Agrarproduktion nachgeordnete Größe.

Industrieproduktion und Agrarproduktion sind so weit möglich, wie es der Zustand der Basis erlaubt. Diese Basis wird durch den Lebensvollzug der Gesellschaft laufend verändert; Industrieproduktion, Agrarproduktion und Konsum konkurrieren miteinander einerseits um Arbeitskraft, andererseits um Raum für Standorte, Verkehr und Abfall, Wasser und Rohstoffe.

Jeder Schritt determiniert die künftige Situation mit. Das im Augenblick Mögliche ist durch die Vergangenheit bestimmt; die Berücksichtigung dessen, was daraus in Zukunft wird, ist aber zentrales Anliegen menschlicher Planung, sie setzt fundierte Kenntnis der Konsequenzen – und ein Maß für deren Bewertung voraus. Insbesondere sind gewisse Gemeinplätze kritisch zu hinterfragen: Welcher Umfang an Industrieproduktion ist tatsächlich nötig, um eine bestimmte Agrarproduktion langfristig zu erreichen? Nur wenn die ökologische Situation – oder die ökonomische etwa in der Dritten Welt – ein Mehr an Industrieproduktion erlaubt, kann sie als willkommener Luxus ins Auge gefaßt werden. Gerade diese humanökologisch zwingende Restriktion fehlt unserer Industriegesellschaft bis heute, tritt aber als Forderung immer stärker in unser Bewußtsein.

Die Rolle der Landwirtschafts- und Agrarproduktion ist noch zu grob skizziert. Ich differenziere weiter:

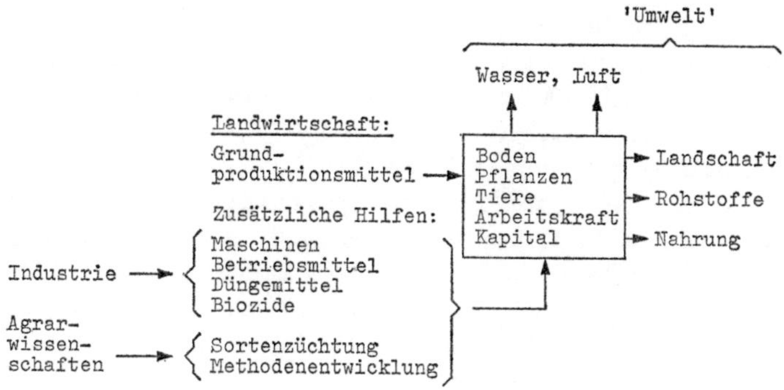

Dabei müssen wir bedenken, daß hiermit nur die Struktur materialer und energetischer Flüsse umrissen ist. Gesteuert aber wird das ganze Geschehen von den informatisch-gesellschaftlichen Bezügen, die als traditionale Verhaltensmuster oder aber als Außensteuerung durch wissenschaftlich-technische Information, Betriebsberatung, politische und ökonomische Beziehungen vermittelt werden. Die ‹Zange›, in der die Landwirtschaft steckt, läßt sich dann so darstellen:

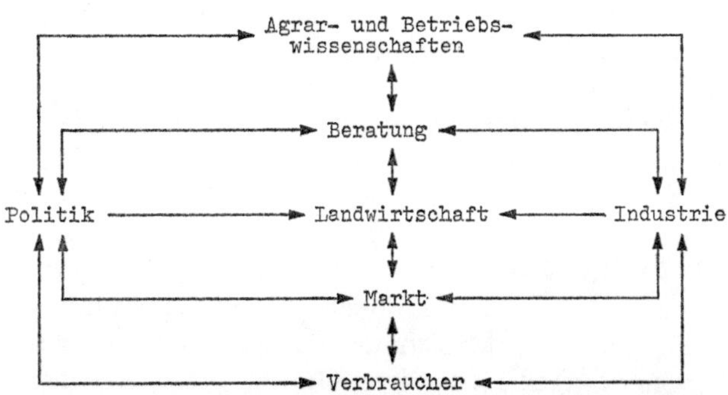

Landwirtschaft im Netz steuernder Interessen

Diese formalen Hinweise auf das Feld der gesellschaftlichen Wechselwirkungen, die noch keine Bewertung enthalten, können nun dem Leser zur Einbettung der folgenden kritischen Betrachtung des Zusammenwirkens negativ gesehener Entwicklungstendenzen dienen, wobei vor allem auch die Lage der Entwicklungsländer mitbedacht wird.

Schadenstendenzen der modernen Agrartechnik

Zweifellos ist – gleichgültig ob bei uns oder in der Dritten Welt – der autochthone, traditionale Landbau nicht der Weisheit letzter Schluß. Ohne Verbesserungen des Methodengefüges mit Hilfe der Wissenschaft und Technik sähe es bei uns und sieht es eben in der Dritten Welt noch weithin übel aus.

Aber dies ist nur die halbe Wahrheit. Die Methodenentfaltung hat eine Richtung, in der sie fortschreitet, auch, wenn das Optimum bereits passiert wurde. Mehr noch – sie hat, das wird uns immer klarer, das eigentliche Optimum überhaupt stets verfehlt. Das oben dargestellte Netz von Bereichen, die die Landwirtschaftspraxis determinieren, läßt aber plausibel erscheinen, daß Änderungen der Entwicklungstendenz nicht ohne Interessenverletzungen möglich sind und mit entsprechenden Widerständen zu rechnen haben. Ob aber solche Änderungen notwendig sind, ist nun aufzuzeigen[8].

In der Absicht, auf günstigen Flächen nutzbare Pflanzen anzubauen und das Emporkommen unerwünschter Arten zu vermeiden, entfernt sich die Agrarwirtschaft von Anfang an vom natürlichen, ausgewogenen Ökosystem in Richtung auf artenverarmte Oligokulturen. Sie setzt sich damit vielfältigen Gefahren aus, gegen die sie Schutzmaßnahmen entwickeln muß. In unserer hochdifferenzierten Industriegesellschaft ist diese Aufgabe vom wissenschaftlich-technischen Bereich übernommen worden – die Landwirtschaft wird weitgehend durch wirtschaftliche Einflüsse von außen bestimmt. Über eine systematisch aufgebaute Beraterorganisation werden die Betriebe Schritt für Schritt zu einer hochtechnisierten Struktur geführt und als Absatzmarkt vom ökonomischen Zwang her wie auch vom Kaufwillen der beteiligten Betriebe selbst stabilisiert. Hinkt die Kaufkraft nach, kann durch staatliche Subventionen nachgeholfen werden. Die Entwicklung der modernen Landbaumethoden hat dabei nicht zu einem Nebeneinander unabhängiger Teiltechniken geführt, die je für sich richtig oder falsch gemacht werden könnten und bei denen durch Einhaltung der gesetzten Normen Freiheit von Umweltschäden erreicht werden könnte. Vielmehr ist ein in sich konsistentes und von Beratern und Organisationen bewußt aufrechterhaltenes Methodengefüge entstanden. Nennen wir es kurz moderne Agrotechnik. Vorherrschende Züge sind:

- Hochrationalisierte, arbeitsextensive, das heißt Arbeitskräfte sparende, aber kapitalintensive Betriebsstruktur
- Produktmaximierende Düngung
- Präventiver, unbegrenzter Biozid-Einsatz

- Praktisch totale Monokultur mit möglichst hochgezüchteten, wenig resistenten Kulturrassen.

Zunächst wird auf diese Weise tatsächlich eine spektakuläre Steigerung der Produktivität erreicht, die nun aber von den dominanten, nichtruralen Interessen durch eine entsprechende Verschiebung des Preisverhältnisses zwischen den Agrarprodukten und technischen Fertigwaren ökonomisch abgefangen wird. Immer weniger Beschäftigte in der Landwirtschaft produzieren immer mehr Nahrungsmittel für immer geringeres Geld. Dies gilt im Prinzip für die Entwicklungsländer und die Industrienationen in gleicher Weise. Die unterentwickelte Landwirtschaft der Entwicklungsländer wird von vornherein in das System eingefügt, beginnend mit dem Übergang zu riesigen Monokulturen, zu technischer Rationalisierung und endend mit hohem Chemikalieneinsatz. Diese Entwicklung verläuft mit innerer Logik völlig kontinuierlich und ist fast allgemein als Ziel der grünen Revolution akzeptiert.

Seit langem gibt es kritische Stellungnahmen zu diesem System. Sie konnten sich jedoch bei uns nur in Form weniger Betriebe konkretisieren, die bewußt abweichende Methoden verwenden (biologischer Landbau). Nachdem sich aber in neuerer Zeit Fälle von Versagen der Agrotechnik häufen und man sich der ökonomischen und ökologischen Bedeutung der mit ihr verbundenen ‹external effects› bewußt geworden ist, wird die Kritik unabweisbar. Sie erwächst jetzt aus der Erfahrung, daß die gängige Agrochemie langfristig nicht zu stabilisieren ist, sondern mit Notwendigkeit zum Versagen führen muß. Schwerpunkte der Kritik sind dabei[9]:

- Die Tendenz zur kapitalintensiven und arbeitsextensiven Struktur ist das genaue Gegenteil dessen, was heute die Entwicklungsländer brauchen.
- Die produktionsmaximierende Agrotechnik ist instabil und zwingt zu Alternativen.
- Die heutige Agrotechnik ist prinzipiell zunehmend umweltfeindlich, ihr Chemikalieneinsatz kann wegen innerer Rückkopplungen nur steigen und
- sie ist landschaftsfeindlich, die Tendenz zu großräumiger Monokultur erzeugt einen technischen Produktionsraum, aber keine multifunktionale Kulturlandschaft.

Sozioökonomische Fehlentwicklung

Die Entwicklungsländer haben bei aller Verschiedenheit zwei Dinge weitgehend gemeinsam: Arbeitskräfteüberschuß und Kapitalmangel. Die heute übliche Agrotechnik hat sich in den Industrieländern unter genau umgekehrten Umständen entwickelt. Ein großer Teil der mit ihr verknüpften Umweltbelastung ist ein Preis, der für die Einsparung von Arbeitskräften gezahlt wird. Dabei verläuft die Entwicklung auf zwei verschiedenen Ebenen: erstens einer sozialpsychologischen und zweitens einer ökonomischen. Im sozialpsychologischen Bereich beobachten wir heute, daß Forst- und Landwirtschaft unter dem Rückständigkeitstrauma leiden. Sie können prinzipiell die Wachstumspolitik der Industrie nicht nachvollziehen und haben starke Sozialprestigeverluste hinnehmen müssen. Den Prestigegewinn hat die urbane Industriegesellschaft davongetragen. Die Reaktion ist nun, äußere Aspekte des Imponierstärkeren zu imitieren, um sich die Attribute der Fortschrittlichkeit zu verschaffen. Zu diesen zählt man: die hohe maschinelle Ausrüstung (Karikatur: Abschaffung der letzten Kuh zugunsten einer Melkmaschine) bei möglichst wenigen Arbeitskräften, hoher Chemikalieneinsatz (Düngung, Pestizide, Wachstumsregulation, Antibiotika), sowie Übergang zu einem einzigen Produkt und völlige demonstrative Aufgabe traditioneller Vielseitigkeit. Folge ist eine einseitige Ernährung und die Verödung der unmittelbaren Wohnumgebung.

Allen diesen Punkten kommen in den Industrieländern ökonomische Interessen entgegen. Die Vollbeschäftigung bei gleichzeitiger Streuung der Industrie (vgl. Landesentwicklungspläne), dafür gedacht, die Bevölkerung durch infrastrukturelle Bereicherung zu halten, führt zu harter Konkurrenz auf dem Arbeitsmarkt und zwingt zu äußerster Rationalisierung und Einsatz aller, auch kostspieligster Hilfsmittel. Ausrichtung auf ein einziges Produkt wird dann bereits aus Investitionsgründen unvermeidbar. Moderne Formgebung ist häufig aus Material-, Serien- und Subventionsgründen billiger als traditionelle, die sich dem ästhetischen Charakter der Landschaft besser einfügt.

Was über die Prestigesituation gesagt wurde, gilt für die Entwicklungsländer in noch höherem Maße, nicht aber der ökonomische Aspekt; hier stößt das unbesehen exportierte System auf eine genau inverse Situation: prinzipieller Kapitalmangel und Überschuß an Arbeitskräften. Der äußerste Rationalisierungszwang – fragwürdig genug bei uns! – ist in den Entwicklungsländern nicht gegeben.

Bezüglich der chemischen Hilfsmittel gilt zum Beispiel, daß ein guter Teil des Pestizideinsatzes durch Maßnahmen bedingt ist, die ihrerseits für Entwicklungsländer gar nicht wünschenswert und vorwiegend durch Fremdinteressen bedingt sind: Monokulturen, überzüchtete, krankheitsanfällige Sorten mit Höchsterträgen, Unkrautbekämpfung mit Totalherbiziden aus Mangel an menschlicher Pflege der

Kulturen. Eine diversifiziertere Kultur bietet Schädlingen von vornherein geringere Angriffs- und Vermehrungschancen und hat damit geringere Schutzprobleme. Es ließen sich daher – im Interesse der Entwicklungsländer, nicht aber der Industrie – die Ausgaben für diese Mittel drastisch reduzieren.

Landschaftsfeindlichkeit der Agrotechnik

Eine technische Produktionslandschaft arbeitet unter Ausschaltung möglichst vieler biologischer Parameter (Nützlinge, Schädlinge, größere Tiere, Bäume und Sträucher, die nicht direkt genutzt werden, alle Unkräuter). Damit verschwindet der größte Teil der biologischen Regenerationskräfte zur Luftreinigung, zur Wasserreinigung und zur Wiederherstellung des Humusgehalts im Boden. Es schwinden aber auch schützende Bedeckungen, die die Erosion verhindern. Diese aber fördert ganz und gar nicht die Proteinversorgung. Die Verödung der Landschaft führt zu einer unfreundlichen Atmosphäre, die, sobald die Rentabilität gering wird, die Landflucht außerordentlich begünstigt. Vielseitigkeit nimmt einen hervorragenden Platz in der Bewertung einer Landschaft ein. Nur durch diese wird Vertrautheit möglich, die eine positive Bindung bewirkt. Der technische, monotone Aspekt führt nur zu indifferenter Gewöhnung, der Raum bleibt austauschbar. Darauf lassen sich aber langfristig stabile Bevölkerungsverhältnisse nicht aufbauen.

Die Vielseitigkeit des Menschen ist unteilbar. Priorität der Proteinerzeugung vor der Landschaftsgestaltung ist eine Scheinalternative. Zum einen, weil die Entwicklung auch in armen Ländern nicht mit den Kategorien der Intensivtierhaltung betrieben werden kann; leider wird man im Konfliktfall trotz bester anderweitiger Vorsätze auf diese zurückgedrängt, wenn man das Normensystem der industriellen Profitgesellschaft akzeptiert. Zum anderen aber, weil sich zeigt, daß der Satz ‹Die schönste Landschaft ist die, die den höchsten Ertrag abwirft› zwar falsch ist, dafür aber seine Umkehr gilt, nämlich daß langfristig den höchsten Ertrag jene Landschaft abwirft, die wir nach klassischen Kategorien als eine schöne, gepflegte Kulturlandschaft empfinden.

Instabilität der Agrotechnik

Die moderne Agrotechnik als Stütze der Grünen Revolution geht von vereinfachenden Annahmen aus, die sich von einer gewissen intensiven Nutzung an als nicht mehr zulässige Simplifizierungen erweisen. Der Boden wird als abgeschlossenes System behandelt, das lediglich unbeteiligter physikalischer Träger einer Nährlösung ist, der man genau die durch die Ernte entzogenen anorganischen Bestandteile durch Düngung wieder zuführen muß. Moderne Bodenbiologie zeigt aber, daß wir von einem dynamischen Modell ausgehen müssen, das die Interaktionen der Bestandteile besser berücksichtigt.

Danach ist der Boden (der fruchtbare!) ein hochkompliziertes, in seiner physikalischen Struktur vom Bodenleben abhängiges System. Es ist offen gegenüber dem Wasser (Grund- und Oberflächenwasser), gegen das verwitternde anstehende Gestein oder sonstigen Untergrund und gegen seine eigenen, noch unaufgeschlossenen mineralischen Bestandteile sowie gegen die Atmosphäre. Gesunder lebendiger Boden vermag folgendes zu leisten:

- Durch autotrophe Bakterien, in Reisfeldern durch Blaualgen, sowie durch Wurzelsymbionten vermag er Luftstickstoff zu binden, und zwar in optimalen Fällen in einer Menge, die die kühnsten Absatzwünsche der chemischen Industrie übersteigt;
- Bodenorganismen vermögen aus den unlöslichen Mineralien die benötigten Spurenelemente herauszulösen und kolloide Ton-Humus-Komplexe mit hoher Kationenkapazität zu erzeugen;
- die Bodenorganismen sorgen dafür, daß alle löslichen Nährstoffe in unlösliche Formen durch Austausch oder organische Bindung in den Organismen selbst festgelegt werden. Damit wird das System gegen Verluste an Wasser geschützt;
- die permanenten Zersetzungsvorgänge absterbender Mikroorganismen versorgen die Kulturpflanzen stets mit einer ausreichenden, stetig gelieferten, aber nie überdimensionierten Nährstoffmenge. Dies sichert qualitativ hochwertige Erträge mit geringer Schädlingsanfälligkeit;
- Pflanzenreste und Unkrautflora haben ihrerseits für die organische Ernährung des heterotrophen Bodenorganismenlebens zu sorgen, ungenügend vorhandene Elemente (Kalium, Phosphor, Kalzium, Spuren von Bor, Kupfer und Eisen etc.) müssen je nach Situation in möglichst schwerlöslicher Form zur Vermeidung von Stoßwirkungen und Auswaschverlusten als Düngemittel zugegeben werden.

Die Agrotechnik greift nun in dieses System so ein, daß eine ganze Anzahl von Schadensrückkopplungen mit Verstärkerwirkung einsetzt. Die wichtigsten davon sind[10]:

- Die grundsätzlich angestrebte produktmaximierende Düngung mit löslichem Stickstoff (NO_3^-, NH_4^+) führt zum weitgehenden Verlust der Eigenstickstoffassimilation der Bodenflora. Das muß sofort durch Erhöhung der Stickstoffgaben kompensiert werden, von denen man nun für lange Zeit abhängig bleibt.
- Die produktmaximierende Düngung führt zu überoptimal gedeihenden und gesteigert gegen Schädlingsbefall empfindlichen Pflan-

zen. Spätestens jetzt überschreitet der Schädlingsbefall die Schadensschwellen.

- Durch großflächige Monokulturen wird wegen des dichten Substratangebotes die Schädlingsvermehrung übermäßig gefördert.
- Pestizid-Einsatz ist nun unerläßlich. Er dezimiert aber auch die Nützlinge, die im Gleichgewicht die Schädlinge zum Teil in Schach halten können. Weglassen der Pestizide führt nun zu katastrophalen Massenentwicklungen der Schädlinge, so daß eine irreversible Abhängigkeit von den Pestiziden geschaffen worden ist.
- Die Pestizide beeinträchtigen aber auch das Bodenleben, und dadurch sinken der Aufschluß der Bodenmineralien und die Austauschkapazitäten, damit verschlechtern sich Bodenstruktur und -fertilität. Die Kationen- und Wasseraufnahmekapazität sinkt, der Regen fließt schneller ab. Austrocknung erfolgt rascher, Bewässerung wird ineffizienter.
- Dadurch muß nun die Düngung vermehrt werden. Damit steigen Kosten und external effects: Durch Wasserbelastung Verstärkung der Eutrophierung und damit der Vektoreigenschaften von Schadorganismen im Wasser zur Krankheitsübertragung, sowie Versalzungsgefahr[11].
- Durch chemische Unkrautbekämpfung verliert der Boden das Ausgangsmaterial für Humusbildung und Mikroorganismen-Ernährung und oberflächliche Deckung. Damit steigt die Gefahr der Bodenerosion, und das Bodenleben fällt weiter ab.
- Durch längere Pestizidanwendung treten schließlich Resistenzerscheinungen der Schädlinge auf. Dosis und Zahl der Spritzungen müssen erhöht werden, neue Pestizide müssen zusätzlich eingesetzt werden. Die Kosten steigen weiter. Die Qualität der Produkte sinkt durch die zunehmende chemische Kontamination[12].
- Insekten und Pilze, die zuvor nicht als Schädlinge auftraten, dringen nun in den freigewordenen Lebensraum durch Dominanzverschiebung der Arten ein und werden zu neuen Schädlingen. Die Zahl der Spritzungen steigt immer weiter, die Rentabilitätsgrenze wird schließlich erreicht.

Diese ineinandergreifenden Rückwirkungen bewirken eine prinzipielle Instabilität der agrotechnischen Praxis.

Zunehmende Umweltbelastung durch Agrotechnik

Die aufgezeigten Schadensverstärkungen durch positive Rückkopplungen der harten Eingriffe der Agrotechnik in das Fertilitätsgefüge des Bodens haben zugleich die Folge, daß die Umweltbelastungen, die vom Agrarsektor ausgehen, grundsätzlich nur steigen können.

Mehr und mehr landwirtschaftliche Produkte tragen chemische Kontaminationen mit weitgehend unbekannten Schadwirkungen auf den Menschen. Die Neuentwicklung von Bioziden geht dabei so rasch, daß eine sorgfältige Prüfung der komplizierten physiologischen Eigenschaften illusionär ist und von niemandem geleistet werden kann.

Allenfalls vorübergehend dürfte es künftig erlaubt sein, aus Mangel an differenzierten Methoden oder bei besonders akuten und schweren (Tsetse, Anopheles, Heuschrecken) Schädlingsfolgen zunächst wie bisher fortzufahren. Es hat aber keinen Sinn, die Augen davor zu verschließen, daß wir auf diese Weise unsere stärksten Waffen unwirksam machen (durch Resistenz).

Wir brauchen die Pestizide – und gerade darum dürfen wir sie nicht in der heute üblichen Art und Weise verbrauchen! Niemand kann uns garantieren, daß die notwendige permanente Neuentwicklung von Bioziden schnell genug erfolgen kann.[13] Auf jeden Fall wird sich die Agrarproduktion ständig verteuern und schließlich ist mit grundsätzlichen Rückschlägen zu rechnen. Da viele Einsätze heute parallel laufen, können solche Rückschläge auch synchron auftreten. Was dann? Wollen wir auf diese Weise gezielt einen Zusammenbruch der Welternährung herbeiführen-, um das Übervölkerungsproblem zu lösen?

Versuch einer Skizze der Gesamtkrise

Ein umfangreiches kritisches Schrifttum liegt heute vor,[14] dem Versuch einer Beschreibung und der Ursachenanalyse gewidmet. Weder will ich es hier referieren noch ihm grundlegend Neues zufügen. Was hier nötig ist, ist ein wiederum vereinfachtes Bild der Krise, das plausibel ist und einem sich abzeichnenden Konsens in der Betrachtung entspricht. Es ist in der Darstellung weder zwingend noch ausschließlich; andere begriffliche Hervorhebungen sind möglich und von Fall zu Fall zweckmäßig[15].

- Die Krise wird bewußt als Ökokrise mit der Wahrnehmung von Umweltverschmutzung (Umweltschutz).
- Die Krise unterscheidet sich durch ihren totalen Aspekt von partiellen Krisen, die die Menschheit stets begleitet haben.[15]
- Die Ökokrise erweist sich als eine von zahlreichen, möglicherweise interdependenten Krisen, die alle den Charakter ungewöhnlicher Ausweitung von Problemen haben, die als lokale stets existent waren.
- Eine Liste der Hauptaspekte der «totalen globalen» Krise bzw. ihr entsprechender Katastrophen gibt Picht:

  Hungerkrise, Wasserkrise, Energiekrise, Bildungskrise, Kriegskrise,

Wissenschaftskrise, Krise der wissenschaftlichen Nebenwirkungen, Krise der Vernunft oder Menschlichkeit.
- Alle Krisenaspekte dehnen sich heute exponentiell mit dem allgemeinen Wachstum der beiden Hauptvariablen Bevölkerung und Industrialisierung aus.
- Die Gesamtkrise läßt sich interpretieren als Erreichen der Grenzen des Wachstums der genannten Hauptvariablen (Meadows)[16].
- Das exponentielle Wachstum besonders der Neuzeit läßt sich als Folge der wissenschaftlich-technischen Entfaltung verstehen.
- Die wesentlichen Anstöße zu dieser Entfaltung liegen in der Renaissance und Aufklärung, hängen aber dort wiederum von aufzeigbaren noch früheren religiösen und geistesgeschichtlichen Gegebenheiten ab (vgl Liedke, S 136 f).
- Absoluter Konsens besteht darin, daß so rasch wie möglich – nein, eben wie nötig – ein weltweiter Bewußtseinswandel zu vollziehen sei, wenn Katastrophen unvorstellbaren Ausmaßes noch verhindert werden sollen. Das neue Bewußtsein soll als Minimum die Bereitschaft enthalten, auch unter Opfern an der Krisenbewältigung mitzuwirken.
- Hier aber beginnt die Unsicherheit: wie soll es genau zugehen, wenn die Krise überwunden werden soll? Insbesondere: benötigen wir eine weitere Entfaltung der technisch-wissenschaftlichen Welt, um diese durch sich selbst einzuholen, oder sind ganz andere Wege zu suchen? Es stellt sich die dringende Aufgabe, zur Behebung dieser Unsicherheit beizutragen.

Versuchen wir deshalb, einige wichtige Tendenzstrukturen der Krisenentfaltung festzuhalten, aus denen heraus sich die Situation der Landwirtschaft, besonders das Verhalten der Gesellschaft ihr gegenüber, vertieft verstehen läßt.

Dabei ist zu bedenken: Eine solche Schematisierung birgt die Gefahr, verabsolutiert gesehen zu werden. Sie ist nicht mehr als ein Nachzeichnen besonders deutlicher Linien, denen die Entwicklung empirisch folgt, ohne daß sie dies total und ausschließlich täte. Andere bestimmende Größen schalten sich in das Geschehen überlagernd ein. Das skizzierte System ist eher etwas, das wie ein Feld oder eine dünne prägende Haut das Geschehen überformt, dessen Gewalt vor allem auf vier Pfeilern ruht:
- Es enthält nichts, was nicht gemeinhin zum Menschen gehört, ja, zum Teil noch tiefer in der Evolution verankert ist. Die Mechanismen sind alt: Erhebung von Mitteln zum Zweck und einseitige Akzentuierung bestimmter Neigungen und Verhaltensweisen (zum

Beispiel Sexualität, Jagd, Nahrungssuche, Brutpflege: Verlagerung des Lustgewinns auf das Mittel und vom Ziel weg).

Die wissenschaftlich-technische Metawelt (Wagner) ist ebenfalls zunächst eine Grundkategorie des Menschen (Picht), der stets einer selbstgeschaffenen künstlichen Welt bedarf. Was diese heute zu einer inhumanen Metawelt macht, sind der Umfang der ethischen Fehlbesetzungen (Wissenschaftsreligion) und das nahezu völlige Verschwinden der steuernden und dem menschlichen Erleben zugänglichen Sinngehalte und deren Ersatz durch metasprachliche Chiffren der Wissenschaft[17].

- Ihm steht keine nennenswerte organisierte Gegenkraft gegenüber. Die marxistische Kritik hat lediglich eine im Grunde systemimmanente Variante hervorgebracht.
- Das im totalen Prozeß der permanenten Revolution entstandene industrielle Subsystem hat eine von den partizipierenden Menschen weitgehend unabhängige Eigengesetzlichkeit entfaltet, die im Grunde ein eigenes neues Machtsystem darstellt.
- Der im totalen Prozeß gewachsene Interaktions- und Vernetzungsgrad ist so komplex geworden, daß seine endogenen Stabilisierungsmechanismen weitgehend undurchschaubar und damit unkontrollierbar geworden sind. Gezielte Änderungen des Prozesses werden damit ständig aussichtsloser.

Wichtigste Grundzüge des totalen und von uns als sehr stringent erfahrenen Prozesses lassen sich nun im normativen Bereich durch folgende Tendenz- bzw. Konsequenzlinien fassen:

Das Schema macht in etwa die heutige Situation im normativen Bereich transparent. Die primäre Überhöhung der dynamischen Höchstwerte aus dem emanzipatorischen Impuls und ihre schließliche egoistische Pervertierung zu Macht, Profit und Wandel steht im Vordergrund, mehr und mehr tritt der Gegenaspekt statischer Werte zurück. Die Pervertierung der dynamischen Kategorien schränkt deren Genuß aber auf eine Herrschaftsgruppe ein und läßt die Masse unter die negativen Aspekte der statischen Kategorien, nämlich Unfreiheit und Armut geraten. Das erste Aufbegehren gegen das System richtete sich vor allem gegen diese Entfaltung der Extreme, erfaßte aber nicht die Überakzentuierung der dynamischen Höchstwerte und deren naturgefährdenden Charakter. Als Antwort entstanden die sozialistischen Staaten des Ostens und die gestaffelte Partizipation bei uns. Beide Reaktionen haben nichts am grundsätzlichen Verlauf geändert, sondern ihn stabilisiert; wir können daher keine wesentlichen Unterschiede im ökologischen Verhalten der beiden – sagen wir: Systemvarianten – erwarten.

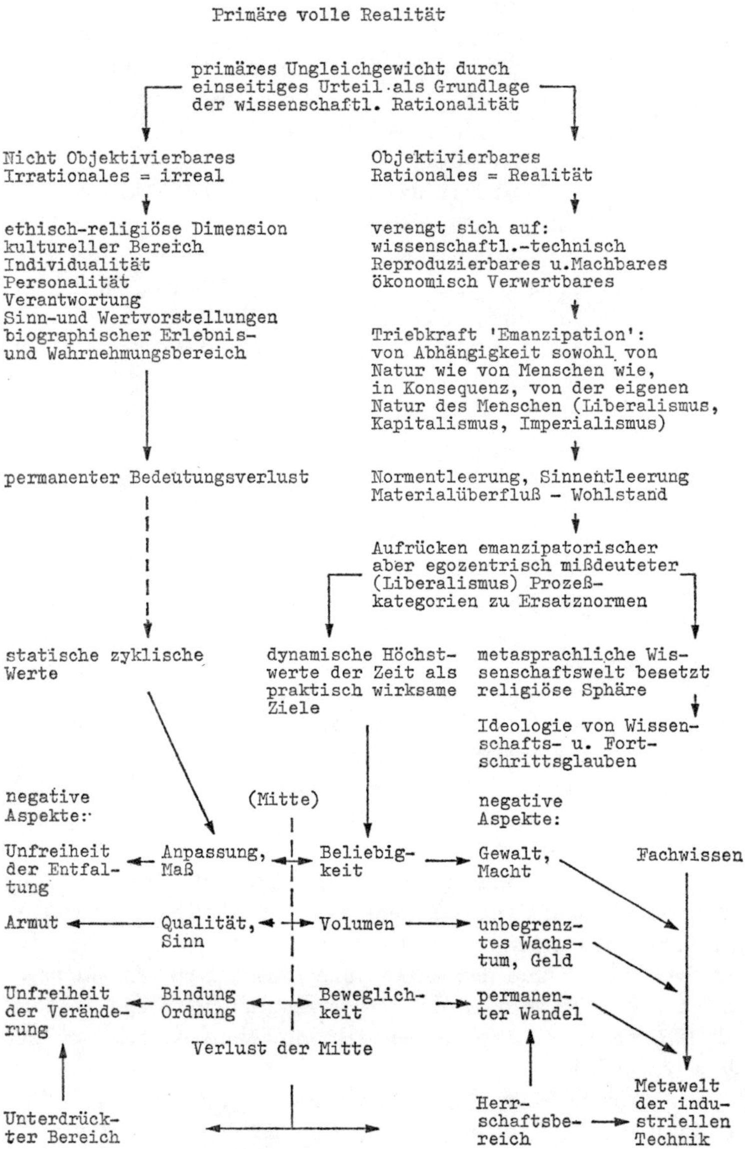
Primäre volle Realität
primäres Ungleichgewicht durch einseitiges Urteil als Grundlage der wissenschaftl. Rationalität
Nicht Objektivierbares Irrationales = irreal
Objektivierbares Rationales = Realität
ethisch-religiöse Dimension
kultureller Bereich
Individualität
Personalität
Verantwortung
Sinn-und Wertvorstellungen
biographischer Erlebnis- und Wahrnehmungsbereich
verengt sich auf:
wissenschaftl.-technisch Reproduzierbares u.Machbares
ökonomisch Verwertbares
Triebkraft 'Emanzipation': von Abhängigkeit sowohl von Natur wie von Menschen wie, in Konsequenz, von der eigenen Natur des Menschen (Liberalismus, Kapitalismus, Imperialismus)
permanenter Bedeutungsverlust
Normentleerung, Sinnentleerung
Materialüberfluß – Wohlstand
Aufrücken emanzipatorischer aber egozentrisch mißdeuteter (Liberalismus) Prozeßkategorien zu Ersatznormen
statische zyklische Werte
dynamische Höchstwerte der Zeit als praktisch wirksame Ziele
metasprachliche Wissenschaftswelt besetzt religiöse Sphäre
Ideologie von Wissenschafts- u. Fortschrittsglauben
negative Aspekte:
(Mitte)
negative Aspekte:
Unfreiheit der Entfaltung
Anpassung, Maß
Beliebigkeit
Gewalt, Macht
Fachwissen
Armut
Qualität, Sinn
Volumen
unbegrenztes Wachstum, Geld
Unfreiheit der Veränderung
Bindung Ordnung
Beweglichkeit
permanenter Wandel
Verlust der Mitte
Unterdrückter Bereich
Herrschaftsbereich
Metawelt der industriellen Technik

Jedem Wertbereich kommt eine gewisse spezifische Rationalität in der Verfolgung und Realisierung seiner Ziele zu, die zur Institutionalisierung und Produktion führt. Diese Rationalitäten sind die Kunstfertigkeiten, unsere Welt zu schaffen – das, was die Griechen etwa mit *téchnai* meinten. Unsere industrielle Technik ist hiervon eine extreme (und darin irrationale) Ausblendung. Wenn unsere ‹Kunst, Welt zu gestalten›, als ambivalent gesehen und erkannt wird, so gilt diese Ambivalenz für das Gesamtfeld rationaler Techniken, die sich den gesellschaftlichen Subsystemen als ihren spezifischen ‹Rationalitäten› zuordnen lassen. Ob ihre Verwirklichung positiv oder negativ ist, hängt vom harmonischen Maß der sie leitenden Normen ab, ist dieses verzerrt, so ist die Ambivalenz bereits vorentschieden zum Überwiegen des Negativen, was offensichtlich für die industrielle Technik heute gilt, vielleicht aber bereits für ihr Vorfeld, die naturwissenschaftliche Rationalität überhaupt[18].

Die Randgruppen, die sich den einseitig vorentschiedenen Zielgruppen nicht voll einordnen, zum Beispiel Handwerk und Landwirtschaft, werden entweder vom industriellen Prozeß aufgesogen oder zwangsweise nach ihm ausgerichtet, oder aber, wie der kulturelle Bereich, nur insoweit entwickelt, als sie kommerzialisierbar sind. Innerhalb des Machtkomplexes, der längst den ursprünglich politisch-administrativen Machtbereich überflügelt hat, können durchaus Konflikte auftreten, in denen bald die ökonomische, bald die technische Rationalität den Vorrang erhält.

Wir können uns dies im nebenstehenden Schema veranschaulichen[19].

Die hier gewählte Darstellung der Gesamtkrise läßt diese verstehen als eine Störung der hierarchischen Ordnung der gesellschaftlichen Subsysteme. Die Verengung des Realitätsbegriffs führt zur gigantischen und schließlich inhumanen Entfaltung des naturwissenschaftlich-industriell-ökonomischen Machtbereichs; in der Form des dynamischen Fortschrittsglaubens und dessen vielfältigen Spiegelungen in allen Bereichen besetzt dieser illegitimerweise den kulturell-normativen Bereich und löst damit einen irreversiblen Wachstumsprozeß aus. Zerstört wird dabei die Wertordnung, die zuvor regulierend Gleichgewichte erhalten konnte und eine Fülle «ökologischer Weisheit» enthielt.[20]

Der so umschriebene Prozeß wird von seinen unkritischen Bejahern optimistisch als permanente wissenschaftlich-technische Revolution bezeichnet. Damit geraten die politischen Kategorien von progressiv und konservativ ins Wanken.[21] Wenn die systemerhaltenden Kräfte – gewöhnlich konservativ genannt – dabei sind, eine lebensgefährliche

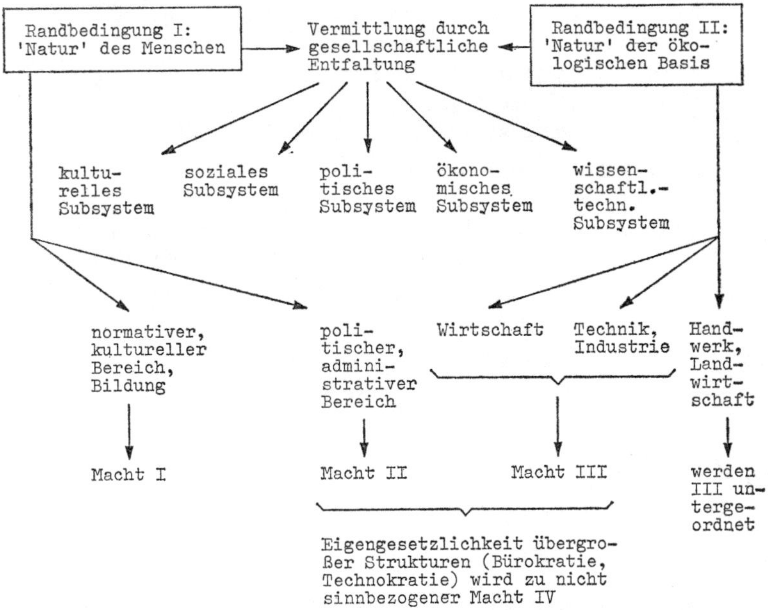

permanente Revolution zu betreiben, die darauf hinausläuft, alle unsere Anpassungsmechanismen zu überfordern und zu destruieren, so erscheinen diejenigen, die diese Revolution endlich beenden wollen, um das Leben und seine Grundlagen zu schützen, als konservativ im einzig legitimen Sinne – selbst wenn sie dies in der Absicht, systemverändernd zu wirken, betreiben. Dies läßt uns aber auch zum Teil die desolate Situation unserer politischen Parteien verstehen, die sich durch neue Theorienbildungen auf diese Lage einstellen müßten. Dabei hätten sie auch zu beachten, daß die erste Phase der permanenten Revolution – die zum wissenschaftlich-technischen-ökonomischen Machtkomplex als Herrschaftsform geführt hat – nun durch eine zweite Phase überlagert ist, in der durch die Übergröße der Institutionen deren Eigengesetzlichkeit als neue bürokratisch-technokratische Machtform auftritt, die jenseits der sinnvollen Einwirkungen des Menschen liegt. Dagegen zeigt die Landwirtschaft prinzipiell und unabdingbar konservative Eigenschaften.

Landwirtschaftskrise oder die Ohnmacht der industriellen Technik

Ich versuche nun, die kritische Lage der Landwirtschaft, wie ich sie geschildert habe, mit der eben entwickelten vereinfachten Darstellung der Gesamtkrise in Verbindung zu bringen. Dabei ergibt sich:

Der Prozeß der Verengung wahrgenommener Realität auf den Bereich wissenschaftlich-technisch-ökonomischer Machbarkeit, der zunächst mindestens partiell legitime emanzipatorische Antriebe enthielt, hat zu einem Ersatznormen- und Religionssystem geführt, in dessen Gefolge sich eine durch Imperialismus und Kapitalismus zum Teil beschreibbare Machtstruktur entwickelt hat. Dabei sind die negativen Aspekte der Emanzipation übermäßig und unsozial realisiert. Dies löst eine Wachstumsdynamik aus, die alle Bereiche erfaßt. Die Leitideologie läßt sich als Wissenschafts- und Fortschrittsglauben interpretieren. Dieser wirkt auf unseren Gegenstand – Landwirtschaft – auf mindestens vier Ebenen:

- Kraft der ersatzreligiösen Impulse soll alles den Aspekt fortschrittlichen Wachstums und Wandels tragen, auch wenn es der ökonomischen Rationalität – ja, letztlich sogar der Machterhaltung selbst widerspricht.
- Kraft des Strebens nach den dynamischen Höchstwerten sind die Aspekte der Emanzipation pervertiert in Vergewaltigung der Natur, des Mitmenschen und der eigenen Physis.
- Dank der so vollzogenen Perversion sind alle Vorgänge begünstigt, die auf Mehrung und Stabilisierung der systemimmanenten ökonomischen, technischen und wissenschaftlichen Rationalität zugunsten der Macht- und Profitsteigerung im etablierten Herrschaftsgefälle gerichtet sind.
- Kern der Macht- und Profitentfaltung ist der industrielle Bereich. Alle anderen Produktionsbereiche werden von ihm entweder aufgesogen (Handwerk) oder überfremdet (Erholung, Freizeit, Kultur) oder aber durch assimilatorische Überformung an den Rand des Ruins gebracht (Landwirtschaft).

Aus diesen vier Kernaktivitäten des Systems wird nun die Landwirtschaftsentwicklung in Auseinandersetzung mit den konservativen autochthonen Kräften der Landwirtschaft und im schwindenden Maße der Verbraucher als Kampf geführt.[22] Die dabei beschriebenen Erscheinungen lassen sich in folgende Thesen zusammenfassen:

- Modernisierungswahn außerhalb der ökonomischen Rationalität führt zur Vernichtung der Ästhetik durch geradezu zwanghaftes Streben nach Häßlichkeit bis zur Betriebsgefährdung, etwa bei exzessiver Monokultur.
- Wachstumsdrang als verinnerlichte Ideologie führt dazu, daß Betriebsstabilität als Zielvorstellung verloren geht. Betriebsvergrößerung um jeden Preis wird als Fortschritt empfunden.
- Die durch den industriellen Bereich beherrschte Ökonomie diktiert Preise. Dies geschieht so, daß Arbeitskräfte und Flächen im not-

wendigen Maß an die Industrie abfließen. Der Staat hilft einerseits durch Infrastrukturentwicklung, um diesen Prozeß zu erleichtern, andererseits durch Subventionen, um einen direkten Kollaps zu vermeiden.

- Die Wissenschaft entwickelt vorwiegend solche Agrarmethoden, die maximierendes vertikales Produktionswachstum mit Hilfe von Industriehilfsprodukten ermöglichen. Das nicht durch Industrieprodukte abdeckbare Methodenfeld bleibt unterentwickelt (Ökologie).
- Diese Methoden messen sich ausschließlich an den Werten des Systems: vorrangig Erhöhung des ökonomischen Erfolgs in den Machtzentren von Handel und Industrie. Die Landwirtschaft selbst hat effektiv nichts von aller Rationalisierung und Produktionssteigerung.
- Die Folgen sind Gefährdung und schließlich Verlust aller sozialen und ökologischen Werte, die von der Landwirtschaft zuvor mitproduziert wurden; hierzu gehören Qualität gesunder Nahrung, Landschaftspflege, Stabilität der Bodenfruchtbarkeit, wohlgegliederter Erholungsraum, Verbesserung des Wasserhaushalts, Luftreinigung.
- Die Landwirtschaft wird von Zulieferungen der Industrie fast vollständig abhängig; in industriellen Krisen, wie sie aus ökonomischen, militärischen oder sozialpolitischen Gründen jederzeit eintreten können, muß die gesamte landwirtschaftliche Produktion moderner Art zusammenbrechen. Dies gilt leider auch für entsprechende Projekte der Entwicklungsländer.[23]
- Die Entwicklung der Landwirtschaft in der Dritten Welt wird teils bewußt, teils unbewußt so gelenkt, daß ebenfalls völlige Abhängigkeit von Industrieprodukten entsteht. Da eine eigene hierzu nötige Industrie in der Regel unerreichbar ist, wird damit eine nicht lebensfähige Struktur aufgezwungen. Das potentielle Reservoir ökologischer Methoden bleibt ungenutzt. Der Methodentransfer im Rahmen landwirtschaftlicher Entwicklungsprojekte stellt so einen versteckten Ideologietransfer dar, der Abhängigkeit und Instabilität erzeugt.

Noch wissen wir nicht, ob die permanente Revolution, als die unser System charakterisiert werden kann, durch erwachenden inneren Widerstand oder durch Zerschellen beim Aufprall an äußeren Grenzen beendet wird. Zu einer der möglichen Katastrophen gehört jedenfalls ein blind systemimmanent erzwungener Zusammenbruch der Landwirtschaft durch die kurzfristig ausbeutenden, langfristig aber zerstörend wirkenden ertragsmaximierenden Methoden. West und Ost und die Dritte Welt zeigen dabei eine völlig parallele Entwicklungstendenz.

Auswege

Die vorwiegend ethisch getragene Betrachtung der globalen Situation[24] führt zunächst dazu, das Welternährungsproblem in den Vordergrund zu stellen. Dadurch wird eine bestimmte Folge der Argumentation scheinbar zwingend eingeleitet, wie sie am klarsten bei Picht (*Mut zur Utopie*), aber auch noch bei Müller (*Überlebensfragen 1*) zum Ausdruck kommt.

Die Prämissen lauten:

1. Die Bevölkerungsentwicklung ist, Geburtenkontrolle hin oder her, für die nächsten zwanzig Jahre nicht nennenswert zu beeinflussen.
2. Daher muß, um die Menschheit zu ernähren, eine drastische Steigerung der Produktion betrieben werden.

   Daraus folgt nun scheinbar:
3. Dies ist nur mit hochtechnisierter Landwirtschaft zu erreichen.
4. Diese ist nur vor dem Hintergrund hochentwickelter Industrie durchführbar.
5. Diese wiederum setzt eine komplizierte Ausbildung durch beste Schulen und Universitäten voraus.
6. In den Entwicklungsländern muß daher unter immensen Hilfsmaßnahmen zunächst das Bildungsniveau gehoben werden.
7. Sodann ist dort möglichst simultan die Industrie zu entfalten.
8. Erst dann ist es möglich, die gewünschte landwirtschaftliche Produktion zu erreichen.
9. Dies alles setzt aber die Überwindung des politischen Partikularismus voraus, bedingt weltweite supranationale Entscheidungssysteme höchster wissenschaftlich-technischer Kompetenz.

Obwohl dies in sich konsequent erscheint, sprechen doch eine Reihe von Überlegungen und Erfahrungen dafür, daß wir andere Folgerungen ins Auge fassen müssen. Die ganz offensichtlich irrealen Konsequenzen 3 bis 9 zeigen, daß wir nicht mit einem ethischen Postulat beginnen dürfen, um dann dessen Konsequenzen ohne Rücksicht auf deren Realisierung verbal zu vollziehen. Dies aus folgenden Gründen:

- Die Kette denkt Prolongierung von Gegenwart in Zukunft mit den Mitteln, die bereits die Gegenwart unvollziehbar machen. Der Hungertod findet ja, ohne irgendwelche Konsequenzen zu haben, ständig statt. Die permanente Revolution der wissenschaftlich-technischen Welt ist so allenfalls anzuheizen, aber nicht zu überwinden.
- Die Kette nimmt die tatsächliche ökologische Bedrohung nicht ernst, sie hinterfragt die Konsequenzen hochindustrialisierter Landwirtschaft nicht und versäumt so wahrzunehmen, daß der vorge-

schlagene Weg gar nicht gangbar ist – und zwar auf der ökologisch-technischen Ebene.

- Die Kette geht davon aus, daß das Vorgeschlagene ökonomisch durch einen moralisch-geistigen Sprung der Industrienationen eingeleitet und ermöglicht wird. Aber selbst wenn dies geschieht, wird nicht der Eigengesetzlichkeit übergroßer Superstrukturen Rechnung getragen. Diese werden nicht mehr vom geänderten normativen Subsystem, sondern aus der in ihrer Struktur eingeschmolzenen Ideologie der vorangegangenen Epochen, in der wir noch sehr fest stehen, sowie einer völlig sinn- und zweckfremden inneren Zwanghaftigkeit (Sachzwang + Bürokratie) bestimmt. Alleiniger Wechsel des Überbaus hilft hier nichts. Er käme dem Versuch gleich, Krebs dadurch zu heilen, daß der unter ihm leidende Kranke beschließen würde, ab sofort gesund zu sein.

Das heißt, daß wir auf dem Wege der wissenschaftlich-technischen Industriegesellschaft nicht weiterkommen. Auch fehlt uns offenbar der Mut, statt die Zukunft der Gegenwart zu konstruieren, nach Zeichen zu spähen, die die Gegenwart von Zukunft bezeugen! Wir finden diese aber durchaus – und zwar bei uns am Rande der Gesellschaft und in den Entwicklungsländern als erwachendes Bewußtsein der Möglichkeiten anderer Wege. Sie liegen in einer neuen Zuwendung zur Landwirtschaft – bei uns im Bereich der verschiedenen Varianten des sogenannten biologischen Landbaus, in Entwicklungsländern beim Versuch, eine industriearme postindustrielle Gesellschaft als Ziel zu konzipieren. Diese neue Zuwendung zur Landwirtschaft scheint mir als einzige mit den Randbedingungen der Gesellschaft – der Natur des Menschen und der Ökologie – in Einklang zu bringen zu sein.[25] Der Vorwurf, so wäre der Bevölkerungszuwachs nicht zu ernähren, greift nicht: mehr als auf diesem Wege sind einfach überhaupt nicht zu ernähren!

Wir werden durch die Krise darauf zurückverwiesen, uns mit der ureigentlichen Grundlage unserer Kultur – der *cultura* des Ackerbaus, detailliert zu befassen. Hier muß zunächst genügen, einige wesentliche Grundaspekte der heute vorherrschenden und der in die Zukunft weisenden Methoden nebeneinander zu stellen:[26]

Herkömmliche Zielsetzung	*Künftiger, ökologischer Landbau*
Kapitalintensiv Arbeitsextensiv	Kapitalextensiv Arbeitsintensiv
Monokultur ökonomische und politische Abhängigkeit	Diversität ökonomische und politische Pufferung

sozialpolitische Krisen	sozialpolitische Teilautarkie
Langeweile, Landflucht, Marktabhängigkeit	zeitlicher Arbeitsausgleich Bindung, Selbstversorgung
Landschaftsdegradierung durch Verarmung, Großflächigkeit, Ausräumung, Erschöpfung	Landschaftspflege durch Fruchtwechsel, Mischkulturen, Nischen, Produktionsvielfalt
Trennung von Pflanzenbau und Tierhaltung, Intensivtierhaltung mit Fertilitätsschäden	Verbund von Pflanzenbau und Tierhaltung, Ablehnung der Intensivtierhaltung, hohe Gesundheit und Fertilität im Tierbestand
Sortenwahl: anspruchsvolle und anfällige Hochleistungssorten mit geringer genetischer Stabilität	Sortenwahl: standortgerechte, widerstandsfähige Sorten unter Umständen geringeren Ertrages
Düngung: vorwiegend anorganisch und ertragsmaximierend	Düngung: harmonisch mit Betonung organischer Versorgung, ertragsstabilisierend
Humusverarmung	Humusaufbau
Bodenverdichtung, starke mechanische Bearbeitung	Bodenlockerung, jedoch möglichst wenig mechanische Bearbeitung und Belastung
Wasserbelastung (NO_3, Biozide)	Geringe Wasserbelastung
Umweltbelastung durch Betriebsabfälle ohne Verwendung	Verwendung der Siedlungsabfälle und der eigenen Abfälle
Pflanzenschutz	Pflanzenschutz
Ziel: Schädlingsvernichtung	Ziel: Schädlings-Nützlingsgleichgewicht unter der Schadensschwelle
Mittel: vorwiegend präventiver Einsatz von Bioziden	Mittel: Integration von biologischen, ökologischen und chemischen Verfahren, diese aber nicht präventiv
Erfolg: kurzfristig sehr gut, langfristig versagend (Resistenz, Schädlingsvermehrung, Artenverschiebung)	Erfolg: kurz- und langfristig befriedigend

Ökologie Durch Artenreduktion, Bodenverarmung und Schädlingsvermehrung gestört; Bodenfruchtbarkeit abnehmend, Wasserhaushalt gefährdet, beschleunigter Abfluß	Ökologie Durch biologische Gleichgewichte und Vielseitigkeit langfristig stabilisiert, Bodenfruchtbarkeit steigend, Wasserhaushalt stabilisiert
Produktqualität Durch Kontamination (Biozide) und Überversorgung (NO_3) gefährdet, kosmetische Qualität begünstigt, häufig Wassergehalt erhöht, geringe Haltbarkeit	Produktqualität Durch Kontaminationsfreiheit und Normalversorgung hohe innere Qualität und gute Haltbarkeit

Wichtig ist nun folgendes: ökologisch durchdachter Landbau ist zwar durchaus kapitalintensiv möglich, er kann aber auch arbeitsintensiv und mit einem Bruchteil der materialen Technik (entsprechend wenig Fremdkapital), vor allem mit wenig Chemikalien betrieben werden. Erfahrungen liegen in praktisch allen Klimagebieten vor. Sie haben häufig nicht nur den Charakter betriebstechnischen Erfolges, sondern tiefgreifender biographischer Erlebnisse.

Ein Farmer aus Nebraska, der seit einigen Jahren auf biologische Wirtschaftsweise umgestellt hat, sagt: «Unsere Erde riecht von neuem gut, wieder wie vor dreißig Jahren. Sie hat nicht mehr den bitteren Geruch wie damals, als wir Chemie verwendeten. Unser Gut roch nach dem Tod! Auch der Anblick ist schöner geworden. Unsere Erde hat wieder begonnen zu leben, es gibt von neuem Würmer, Vögel, Fasanen. Mein Soja reichte mir dieses Jahr fast bis an die Schultern; nie habe ich das vorher gesehen. Die Differenz ist so groß, daß meine Nachbarn zaudern.»[27]

Haben wir Gründe, einer Tendenzumkehr im Bereich des Landbaus so starke Bedeutung zuzumessen? Ist der Unterschied wirklich so gravierend – ein bißchen mehr oder weniger Chemie, ändert das viel?

Die Antwort lautet schlicht ja.[28] Einmal ist der Unterschied des benötigten technischen Aufwandes tatsächlich enorm; die umweltbelastenden chemischen Hilfen treten zurück, organische Abfälle inklusive derer des Siedlungsbereichs können als Düngemittel aufgenommen werden. Ökologische Maßnahmen stehen im Vordergrund; das komplizierte Spiel der Wechselwirkungen der Organismen wird gepflegt und so gelenkt, daß es zum entscheidenden Produktionsfaktor wird. Der Agrarraum zeigt vielfältiges, gesundes Leben. Er benötigt Vielseitigkeit – er wird wieder Erholungsraum.

Das ist aber nur die eine Seite. Die andere ist: auf dieser Basis können wir es uns überhaupt leisten, das Volumen und den ökologisch belastenden Umfang industrieller Technik einzuschränken. Es mag Verletzung eines Tabus sein, aber wir müssen uns daran gewöhnen: letztendlich führt daran kein Weg vorbei.

Die Aufgabe dabei ist, einen vernünftigen Bruchteil von Technik – von höchstraffinierter Technik! –[29] zu behalten, um nicht auf jene Stufe zurückzufallen, die eben diese ganze Entwicklung ausgelöst hat. Wir können uns – abgesehen von Randbedingungen der Ökologie – gesellschaftlich nur eine Technik leisten, die in überschaubaren Grenzen bleibt, so daß ihre strukturelle Eigengesetzlichkeit gering bleibt und sie von neuen ethischen Impulsen geleitet werden *kann*. Wir brauchen dann auch nicht auf supranationale wissenschaftlich-technische Organisationen zu hoffen, deren Umfang ja auch jene Grenzgröße überschreiten würde, jenseits derer sie der kritischen Vernunft entzogen und der Wirkung des ‹Parkinsonschen Gesetzes› und ‹Peter's Prinzip› überlassen sind.

Probleme, die nur durch solche übermenschlichen Institutionen lösbar sind, sind eben effektiv *so* nicht zu lösen. Das ist der harte Kern aller Überlegungen zu einer nachindustriellen Gesellschaft; zur Lösung aber brauchen wir eine neue, ökologische Konzeption der Landwirtschaft.

Wenn wir der optimistischen wissenschaftlich-technischen Utopie vorwerfen, sie sei nicht realisierbar und prolongierbar, so müssen wir uns fragen, ob dies denn für unseren Ansatz einer nachindustriellen Gesellschaftsform gilt. Die volle Beantwortung dieser Frage ist eine Aufgabe, die uns die nächsten Jahre beschäftigen muß. Hier wollen wir die Frage in der verkürzten und vereinfachten Form stellen: Was können wir denn, als Bürger einer westlichen Demokratie, die uns noch einige Jahrzehnte erhalten bleiben möge, auf eine solche Entwicklung hin tun?[30]

Unsere erste Aufgabe besteht darin, durch kritisches Analysieren unserer Lage die Situation hinreichend zu verstehen. In der hier skizzierten Absicht einer humanökologischen Betrachtung kann zweierlei erreicht werden:

– Es können, zum Beispiel durch Systemanalyse, solide inhaltliche Angaben über die im Rahmen unserer geschädigten Ökosysteme überhaupt noch möglichen und notwendigen Maßnahmen gewonnen werden, sowie über mögliche ökologische Konsequenzen bestimmter Entwicklungen (Energie, Wasser, Boden). Das kann Basis für gezielte politische Einzelmaßnahmen sein im Sinne einer Erhaltung unserer Ökosysteme;[31]

– Es kann durch Aufarbeitung der Gesellschafts- und Ökosystemanalyse und ihre Übertragung in anschauliche Darstellungen die Grundlage für neue Zielvorstellungen gewonnen werden, was schließlich zur Bildung einer praktisch brauchbaren kritischen Leittheorie führt (Konzeption einer nachindustriellen Gesellschaftsvorstellung). Diese kann Basis für die Weiterentwicklung erstarrter und überholter Parteiprogramme sein, ebenso kann sie entscheidende Anstöße für die Entwicklungshilfe geben.[32]

Auf dem Wege der etablierten Politik werden beide Aspekte zur Erfahrung der weitgehenden Machtlosigkeit des politischen nationalen Subsystems führen. Parallel wird man daher verstärkt einen zweiten Weg der subversiven Aktion wählen müssen. Ziel ist dabei im Grunde, das politische Subsystem durch Druck der Öffentlichkeit gegenüber dem wissenschaftlich-technisch-ökonomischen Machtkomplex zu stärken. Hier wird sich aber jeder spezialisieren und seiner Neigung nach bestimmten Teilproblemen bevorzugt zuwenden müssen. Um aber politisch nicht ineffizient zu bleiben, sollte jeder daran denken, die Entwicklung einer kritischen Leittheorie, die sich heute in offener Diskussion rasch entfaltet, mitzuvollziehen. Erst ein solcher Bezug kann den einzelnen Aktionen Richtung verleihen. Im Bereich unserer Demokratie bietet sich dabei jedem Bürger die Möglichkeit der Mitarbeit in verschiedensten lokalen und überregionalen Bürgeraktionen. Allerdings bietet dieses Feld im Kampf gegen Mißstände vielfältiger Art im wesentlichen negative Erlebnisse, vor allem das der Ohnmacht in einer demoralisierten Welt.

Die Zuwendung zur Landwirtschaft bietet dagegen die Möglichkeit positiver Entwicklung. Wir können uns noch kaum konkrete Vorstellungen von der ‹Industrie› des ‹nachindustriellen› Zeitalters machen. Wir sind aber sicher, daß dieses Zeitalter nur auf der Basis eines ökologisch bestimmten Landbaus ruhen kann. Jeder Schritt in Richtung auf ökologischen Landbau hin entspricht daher keimhaft vorweggenommener Zukunft. Die notwendige Neuorientierung vermag die Landwirtschaft nicht aus sich allein heraus zu erreichen. Sie benötigt dazu die Hilfe der Verbraucher, die sozusagen am anderen Ende der Interessenkette stehen. Verbraucherinitiativen[33], die sich zusammenschließen, um gemeinsam mit einzelnen landwirtschaftlichen Betrieben Verträge abzuschließen, könnten dazu führen, daß sich mehr und mehr Betriebe biologischem Anbau zuwenden. Dazu müßten die Verbrauchergruppen sich Information und Rat bei Vereinigungen holen, die sich mit biologischem Landbau beschäftigen.[34] Unser Ziel müßte sein, eine größere im Lande verstreute Zahl solcher ökologischen Versorgungsgemeinschaften zu bilden, die auf die Entwicklung des gesellschaftlichen Bewußtseins durch ihr Beispiel einwirken können. Welcher Erfolg hier erreichbar ist, ist kaum abzuschätzen; der Widerstand staatlicher und wirtschaftlicher Kräfte gegen jede Entwicklung ist mächtig und nutzt alle administrativen und publizistischen Möglichkeiten.[35]

Das für uns Gesagte gilt analog für die Entwicklungsländer. Dort wird heute erkannt, daß ‹Entwicklung› überhaupt nur noch Sinn hat, wenn sie auf Modelle nachindustrieller Gesellschaft hin ausgerichtet ist. Im Gegensatz zu uns gilt es dabei dort nicht, massive materiale Entwicklungen zum Verschwinden zu bringen, sondern die unrealisierbaren importierten Zielvorstellungen als Unsinn zu durchschauen, um neue Wege zu öffnen. Es erscheint daher nicht ausgeschlossen, daß die Entwicklungsländer rascher in der hier beschriebenen Richtung vorankommen und daß die entscheidenden Anstöße zur Umkehr uns aus der Dritten Welt erreichen.[36] Es werden dann allerdings keine sanften Stöße sein. Den Zellen ökologischer Landwirtschaft bei uns könnte in Zeiten des Umbruchs stabilisierende Wirkung zukommen.

GÜNTER ALTNER

Ökologie und die Sonderstellung des Menschen

Zur Frage einer umfassenden Theorie der Ökologie

«Die menschlichen Umwelten bilden, wie die der Tiere, nur Maschen im Gesamtgewebe der Natur.»
Thure von Uexküll

«Mit dem Menschen hat es jedoch ein besonderes Bewenden: Er ist das Lebewesen, das des Wahns fähig ist... Wie kam es, daß er seinen gesunden Tierverstand aufgab?»
Rudolf Bilz

Die Frage nach dem Verhältnis von Ökologie und Sonderstellung des Menschen betrifft die Darstellbarkeit des Menschen und seiner Bedürfnisse im Rahmen einer umfassenden ökologischen Theorie. Das Problem, das hier besteht, läßt sich durch das Gegenüber der beiden Begriffe Humanökologie – Ökologie kennzeichnen. Befürchten die einen, daß der Ansatz der Humanökologie schon von seiner Terminologie her notwendig zu eng sein müsse und letztlich nur auf die Bedürfnisse und Ansprüche des Menschen bezogen sein könne, so steht dem gegenüber ein allgemeiner Begriff von Ökologie, der auf die biologisch beschreibbaren Beziehungen aller Organismen bzw aller Populationen untereinander und zu ihrer Umwelt abhebt.

Humanökologie – Ökologie

Es kennzeichnet die Unabgeklärtheit der gegenwärtigen Diskussion, daß es einerseits Problemskizzen zur Humanökologie gibt, die gerade jene unterstellte Fixierung auf die Sonderbedürfnisse des Menschen kritisch reflektieren.[1] Und es ist zum anderen unbestreitbar, daß die meisten ökologischen Lehrbücher den Menschen *nur* als «beherrschendes Tier»[2] mit entsprechend gravierenden Schadfolgen zur Kenntnis nehmen. Dabei könnte in einer solchen allgemein-biologischen Sichtweise ebenfalls ein erhebliches Maß an anthropozentrischer Fixierung vorliegen. Solange die Ökologie nicht über die methodischen Vorentscheidungen, unter denen sie den Menschen und die nichtmenschliche Natur in den Blick nimmt, genauer zu reflektieren bereit ist, wird sie sich die Frage gefallen lassen müssen, ob ihre Ausklammerung der Sondermerkmale des Menschen nicht wiederum eine spezifisch menschliche Engführung darstelle, hier nun unter dem Deckmantel des Ökologisch-Allgemeinen und Objektiv-Faßbaren.

Jakob von Uexküll hatte immerhin schon 1909 in seiner Umweltlehre[3] deutlich gemacht, daß Umwelt nur unter Berücksichtigung des Funktionskreises zwischen Subjekt- und Objektseite zur Kenntnis genommen werden könne. Die Frage, was dies dann speziell für das Naturverhältnis des Menschen und das Verhältnis der Natur zum Menschen bedeute, ist in der Ökologie weitgehend undiskutiert geblieben. Die methodische und inhaltliche Unabgeklärtheit der Situation im Beziehungsfeld zwischen Humanökologie und Ökologie spiegelt also die allgemeine Schwierigkeit, daß das spezifische Naturverhältnis des Menschen im Zusammenhang mit seiner Sonderstellung weitgehend undurchschaut und von polaren Interpretationsversuchen verunklart ist. Die Ursachen für diesen Mißstand gehen weit in die Geschichte zurück und können hier nicht entfaltet werden. Wir fragen vielmehr auf dem gegenwärtigen Stand ökologischer Theoriebildung und anthropologischer Selbstbeschreibung des Menschen, welche Ansätze zur Behebung des Dilemmas bestehen und genutzt werden könnten. Dabei lassen wir uns auf das Gegenüber von Ökologie und Humanökologie ein.

Wendet man sich der heute gängigen Beschreibung der Kriterien für Ökosysteme zu, so wird man sehr schnell auf die interessante Tatsache stoßen, daß es keine abschließend definierbaren Grundeinheiten gibt, mittels derer man die mit dem Begriff Ökosystem gemeinte Sache bestimmen könnte. Es existiert auch kein ‹Urmeter› für Ökosysteme, von dem man additiv ausgehen könnte, um zu größeren Einheiten und schließlich zur Biosphäre zu gelangen.

Ökosysteme sind bestimmte im Stoffaustausch stehende Einheiten aus Biotop (Lebensraum) und Biozönose (Lebensgemeinschaft), die insgesamt die Biosphäre als den gesamten von Organismen bewohnten Teil der Erde und deren oberflächennahe Schichten ausmachen. Ökosysteme sind offene Systeme, die den einseitigen Energiezufluß von der Sonne aufnehmen. Ökosysteme sind durch ausgeglichene Stoffkreisläufe gekennzeichnet, die ihrerseits Grundlage für quasi-stationäre Zustände sind, solange das so gekennzeichnete Fließgleichgewicht stabil bleibt. Intakte Ökosysteme lassen sich durch bestimmte Stoffkonzentrationen kennzeichnen, zum Beispiel für Sauerstoff, Kohlendioxid. Intakte Ökosysteme sind ferner durch eine dem entsprechenden

Biotop angemessene optimale Arten- und Individuenverteilung gekennzeichnet. Berücksichtigt man den evolutiven Wandel von Ökosystemen, dessen Ergebnis und Ausgangslage der jeweilige Jetztzustand ist, so deutet sich damit auch der zeitliche Charakter des Ganzen an.

Insgesamt wird man unterstreichen müssen, daß die Biosphäre nicht von ihren Teilen, sondern nur von ihrem raum-zeitlichen Ganzen her als evolutiver Gesamtprozeß bestimmt werden kann, so wichtig die Analyse von Untereinheiten und Teilen ist. Oder wie Gerd von Wahlert formuliert: «Die moderne Evolutionsbiologie beschreibt Evolution als Dasein der Biosphäre in der Zeit; alle ihre Teilaspekte, darunter den der Ablösung innerhalb einzelner Linien sowie des Formwandels, sieht sie im Zusammenhang.»[4]

Störfaktor homo sapiens

Die so umschriebene Bestimmung von Ökosystemen und Leben überhaupt läßt erkennen, daß der Mensch aus der Perspektive der Ökologie keine Sonderstellung beanspruchen kann. Hier kann überhaupt keine Art eine Sonderstellung beanspruchen. Ja, der herkömmliche Artbegriff überhaupt erweist sich vor dem Hintergrund des ökologischen Argumentationszusammenhangs als viel zu partikulär und ungeschichtlich, so hilfreich er auch in der Vergangenheit für die Biologie gewesen ist.

Der Mensch besitzt für die Ökologie als besonderer Disziplin der Biologie nur insofern eine Sonderstellung, als er die für intakte Ökosysteme geltenden Kriterien negativ erfüllt.

Als Kriterien für intakte Ökosysteme wurden aufgeführt:
- Relative Stabilität durch ausgeglichenen Stoffhaushalt
- Ausgeglichene bis positive Energiebilanz
- Angemessenes Optimum für Arten- und Individuendichte
- Kontinuierlicher Wandel.

Auf der Grundlage einer explosiven Entwicklung ihrer Bevölkerungsdichte (1850: 1 Milliarde, 1930: 2 Milliarden, 1960: 3 Milliarden, 1970: 3,6 Milliarden, 2000: 7 Milliarden) ist die Menschheit dabei, die Stabilität der Biosphäre zu bedrohen und sich so ihre eigene Existenz zu schmälern. Im Zuge eines aufwendigen Energiekonsums und einer unausgeglichenen Rohstoffbilanz werden Wasser, Luft und Boden mit lebensfeindlichen Substanzen verseucht. Dies reduziert auf drastische Weise die Artenvielfalt irdischer Ökosysteme und bringt die relative Stabilität dieser Systeme ins Wanken und zum Umkippen.

Wie ungünstig die Gesamtsituation ist, zeigt der immerhin noch naturnahe Produktionsbereich der Landwirtschaft. Die in den letzten

Jahren erzielten Steigerungen der Ernteerträge um circa 50 Prozent wurden erkauft mit einer Kostensteigerung für Düngemittel um 300 Prozent und für Schädlingsbekämpfungsmittel um 1500 Prozent. Die menschliche Produktion geht nicht nur in dem Sinne auf Kosten der Biosphäre, daß sie die einmal gewordenen Naturvorräte unwiederbringlich ausbeutet, sondern gerade auch in dem anderen Sinne, daß sie die natürlichen Reproduktionskapazitäten durch ihre Produktionsrückstände lahmlegt und zerschlägt.

Ganz gewiß wird es dem Menschen nicht gelingen, die belebte irdische Schöpfung in den Abgrund zu stürzen, das Leben auf dieser Erde und damit die Biosphäre zu vernichten. Aber die Menschheit könnte es immerhin erreichen, daß sie die Biosphäre so weit zum Umkippen bringt, daß sich diese auf einem Niveau einpendelt, das für höhere Säugetiere, den Menschen eingeschlossen, katastrophale Reduzierungen und ungünstige Evolutionsausgangschancen bietet. Damit wäre gewissermaßen ein naturgeschichtlicher Trend, der einstmals zum Menschen führte und von dem dieser heute noch zehrt, abgeblockt oder zumindest auf einem (für den Menschen) ungünstigen Evolutionsplateau in neue Richtung gebracht.

Wie immer man die Zukunftschancen des Menschen biologisch bewertet, die Ökologie als spezielle Disziplin der Biologie oder als Gesamtansatz einer neuen Biologie kann den Menschen nicht als Sonderwesen oder in seiner Sonderstellung gegenüber der übrigen Natur zur Kenntnis nehmen. Oder anders: Die Sonderstellung des Menschen – was immer darunter zu verstehen ist – dokumentiert sich für die Ökologie darin, daß *homo sapiens* sapiens als besonderer Störfaktor der biosphärischen Stabilität hervortritt.

Sonderstellung des Menschen?

Die Ökologie wäre schlecht beraten, wollte sie sich auf biologisch nicht abdeckbare Sondermerkmale des Menschen (zum Beispiel der Mensch das Geistwesen, das produzierende Wesen und andere) einlassen, sie würde sich damit gerade an jene besondere außerökologische Grenze drängen lassen, an der und jenseits derer der Mensch meint, auf Kosten der Natur leben zu können und leben zu dürfen. Vermutlich sind die meisten unserer sogenannten ökologischen Grenzwerte durch dieses Handicap gekennzeichnet. Es handelt sich bei diesen Werten meistens um quantifizierte Rahmenwerte für die Sonderbedürfnisse des Menschen, in den seltensten Fällen um Richtwerte für die Respektierung ökologischer Gleichgewichte. Insofern wird die Ökologie als Biologie gut daran tun, ihren Namen beizubehalten und ihn nicht auf Humanökologie einzuengen.

Nun gibt es unter den Ökologen aber durchaus ein Problemgefühl dafür, daß mit der spezifisch ökologischen Einbeziehung des Menschen seine besondere Weltoffenheit und Umweltenthobenheit noch nicht abgegolten ist. In diesem Zusammenhang wird immer wieder auf die philosophische Anthropologie als Anschlußgebiet hingewiesen. So etwa auch Thure von Uexküll in seiner Einleitung zur Umwelt- und Bedeutungslehre von Jakob von Uexküll: «Die Frage nach der Stellung der menschlichen Intelligenz innerhalb des Kontinuums einer Naturplanmäßigkeit ist das große Thema einer philosophischen Anthropologie. Die Umweltlehre kann dazu nur wichtige Ansatzpunkte liefern.»[5] So unzureichend diese Arbeitszuweisung auch sein mag – schließlich wären auch noch andere Fächer und Sachbezüge zu berücksichtigen –, so lassen wir uns doch hier darauf ein und kennzeichnen in aller Kürze drei Ansätze, die in das Feld der philosophischen Anthropologie gehören oder sich zumindest mit ihm berühren. Dabei ist es typisch für alle drei Positionen, daß sie zur Kennzeichnung der Sonderstellung des Menschen auf die außergewöhnliche Größe und Leistungsfähigkeit des menschlichen Gehirns Bezug nehmen.

- Der Zoologe und Kybernetiker Wolfgang Wieser sieht die Sonderstellung des Menschen durch die Leistungsfähigkeit seines Gehirns bedingt.[6] Das menschliche Gehirn habe im Laufe seiner Evolution einen Funktionsreichtum und damit eine Autonomie erlangt, die es ihm auf dem Weg über Denken und Technik erlaube, die Sollwerte des Lebens schneller zu verstehen, als dies durch die sehr viel langsamere Gangart genetischer Veränderungen und evolutiver Anpassungen erreicht werden könne. So presche der Mensch gewissermaßen der Evolution voraus und gefährde durch die von ihm gesetzten Sollwerte die Stabilität der Biosphäre, die ihn hervorgebracht habe. Wiesers Theorie, die er mit vielen Autoren teilt, ist eigentlich eine biologische Theorie. Sie ist nur darin unbiologisch, daß sie den besonderen Stellenwert von Denken und Technik eingesteht und zu berücksichtigen versucht.
- Anders verhält es sich mit Gehlens Mängelwesentheorie. Gehlen hebt ganz bewußt auf die soziokulturellen Eigenschaften des Menschen ab und geht von einem ökologischen Minus bezüglich des Menschen aus. Der Mensch ist ein Mängelwesen: unangepaßt, embryonisch, instinktarm und nackt. Es sind die produktiven Akte der Bewältigung der Mängelbelastung, die den Menschen zum Menschen werden lassen und vom Tier trennen. Es gibt keinen Naturmenschen. Es gibt für den Menschen keine Existenzmöglichkeit in der unveränderten, in der «nicht entgifteten» Natur! «An genau der Stelle, wo beim Tier die Umwelt steht, steht daher beim Menschen

die Kulturwelt, das heißt der Ausschnitt der von ihm bewältigten und zu Lebenshilfen umgeschaffenen Natur.»[7]

Der Mensch macht aus seinen elementaren Belastungen Chancen der Lebensfristung, indem er seine intellektuellen Leistungen in immer umfassenderen Funktionskreisen zweckrationalen Handelns weitertreibt. Wir lassen dahingestellt, aus welchen Gründen Gehlens Theorie vom biologischen Stand des Wissens heute nicht mehr haltbar ist. Der Mensch war und ist genauso angepaßt und unangepaßt wie andere Lebewesen auch. Gehlens Theorie hat trotz aller versuchten biologischen Absicherungen etwas zutiefst Unbiologisches und Unökologisches an sich. Der Mensch wird erst dann zum Menschen, wenn er aus den natürlichen Zusammenhängen herausfällt und dieses Desaster auf Kosten der Natur kompensiert. Paradoxerweise ist bei Gehlen die vom Menschen unberührte Natur die «nicht-entgiftete» Natur.

Es kann nicht überraschen, daß Gehlens Mängelwesentheorie von den Technokraten aller Richtungen zur Fundierung herangezogen wird.

– Angeregt durch die Uexküllsche Umwelttheorie hat der Psychosomatiker Rudolf Bilz die Position Gehlens und verwandte Einstellungen als wahnhaftes Unmaß kritisiert.[8] Bilz' anthropologischer Ansatz ist insbesondere durch zwei Momente gekennzeichnet: Bilz geht auf die biologischen Archaismen im Verhalten des Menschen zurück[9] und setzt hier auch für den Menschen jene ausgewogene Subjekt-Umwelt-Verschränkung voraus, wie sie von Jakob von Uexküll in seinem Konzept des «Funktionskreises» als für alle Lebensformen gültig beschrieben worden ist.

«Uexküll lehrte uns», so schreibt Bilz, «daß Subjekt und Umwelt, ja, daß das Leben überhaupt eine in sich geschlossene, planvolle Ganzheit sei, und der Mensch ist in diese Textur unablässigen Geschehens hinein verwoben.» Aber dann fügt Bilz hinzu: «Mit dem Menschen hat es jedoch ein besonderes Bewenden: Er ist das Lebewesen, das des Wahns fähig ist.»[10] Die immer größer werdende Entfernung des Menschen aus den Bezügen der Natur droht das alte Entsprechungsgleichgewicht zwischen Mensch und Umwelt zu zerstören. Da dieses aber konstitutiv für den Menschen ist – das ist nun Bilz' These –, kommt es zu selbstregulatorischen Ausgleichsversuchen wahnhaften Charakters, die das fehlende Reiz-Umwelt-Äquivalent auszugleichen versuchen. Die Ganzheit des Lebendigen hält sich so gewissermaßen in der Entartung durch.

Bilz hat bei seiner Wahnthese nicht nur den Wahnkranken im eingeengten Sinne vor Augen, sondern gerade auch den kapitalistischen und technokratischen Fortschrittsglauben, der unsere Umwelt ruiniert. Oder mit Bilz' eigenen Worten: «Das absolute Glück, das auch dem Fischer un syner Fru nicht zuteil wird, kann es nicht geben, weil wir auf die anscheinend immer vorteilhafter werdenden Eier umsteigen müssen, das heißt weil wir infolge unseres Expansionsdranges nicht maßhalten können. Das mindeste, was wir an Tugend gewinnen sollten, wäre, die großen Umweltzusammenhänge zu sehen, in die wir gestellt sind, und unsere Wahnerbärmlichkeiten mit Humor zu tragen, das heißt das zu erlangen, was man heute als Bewußtseinserweiterung bezeichnet.»[11]

Läßt man sich auf die von Bilz aus guten Gründen geforderte Bewußtseinserweiterung ein, so ergibt sich die Notwendigkeit für ein ökologisches Denken, das den Menschen unter Berücksichtigung seiner geschichtlich gewordenen Sonderstellung in ökologische Zusammenhänge miteinbezieht. Also doch Humanökologie? Gewiß! Aber dies nun im Sinne einer umfassenden Beziehungstheorie im Zwischenfeld zwischen Natur und Geschichte, wie es sich seit den Tagen des Tier-Mensch-Übergangsfeldes ergeben hat. Rudolf Bilz hat in diesem Zusammenhang den Vorschlag für eine integrative Anthropologie als Basiswissenschaft gemacht, die ihrerseits in einer allgemeinen Biologie verankert sein müßte. In unserem Kontext erscheint mir der von Georg Picht vorgeschlagene Begriff der Humanökologie als eines allgemeinen Horizontes möglicher Verantwortung im Zwischenraum zwischen Umwelt und Welt als günstiger.[12]

Die Weltverantwortung des Menschen

Rudolf Bilz hat bei seiner Kennzeichnung wahnhafter Umweltdefizit-Kompensationsversuche auch den Herrschaftsauftrag von Genesis 1,28 in diesen Zusammenhang einordnen wollen: «Schon im Alten Testament findet sich der Auftrag, daß die Erde dem Subjekt Mensch untertan sein sollte, als ob ihm eine Verfügbarkeit über die Umwelt und alles Lebendige zustünde.»[13] Wenn Bilz seine Bibel sorgfältiger und vor allem nicht nur punktuell gelesen hätte, hätte er erkennen müssen, daß das von ihm intendierte Bild des Menschen gerade im Alten Testament angeboten wird. Die durch den Herrschaftsauftrag gekennzeichnete Gottesebenbildlichkeit oder Sonderstellung des Menschen meint gerade nicht wahnhafte Hybris und Sein-Wollen-wie-Gott, sondern «eine Verantwortung zwischen Gott und Welt, zwischen Geschichte und Natur, meint jene noch nie erreichte Fähigkeit, über die Kreatur zu verfügen, ohne sie zu zerstören, mit der Zukunft und im Blick auf die Zukunft zu leben, ohne sie herbeizuzwingen.»[14] Der Begriff der Humanökologie – das soll durch diese kurze Zwischenbemerkung unterstrichen werden – impliziert notwendig auch theologische Überlegungen, die ihr besonderes Gewicht darin haben könnten, daß hier die Frage nach dem Verhältnis des Menschen zum Ganzen der Schöpfung aus der Perspektive eines umgreifenden Horizonts gestellt wird.

Aber kehren wir noch einmal zum Verhältnis von Ökologie und Humanökologie zurück. Die kritische Gegenüberstellung der beiden Ansätze dürfte gezeigt haben, daß keine der beiden Sichtweisen auf Kosten der anderen erübrigt werden kann. Die Beschreibung der Wechselbeziehungen zwischen den Organismen und ihren Umwelten bis hin zu der evolutiven Perspektive der Gesamtbiosphäre muß den Menschen als Teil dieser Natur miteinschließen. Die Tatsache, daß sich unter dieser Perspektive die menschheitliche Existenz als gravierender Störfaktor zeigt, stellt einen indirekten Verweis auf die eigentümliche Distanz und Distanzierungsfähigkeit des Menschen gegenüber der nichtmenschlichen Natur dar.

Dies müßte die Humanökologie ihrerseits anregen, die Grundlagen und Grenzen menschlicher Weltverantwortung unter Einbeziehung ökologischer Sachverhalte neu zu überdenken. So daß die Humanökologie vor der Aufgabe stünde, über ökologisches Denken *nachzudenken*, während die Ökologie – angeregt durch eben dieses Denken der Humanökologie – Ökologie zu *betreiben* hätte. Oder wie Georg Picht im Hinblick auf die «Erdherrschaft» des Menschen sagt: «Wenn man die Probleme der Anthropologie unter der Perspektive der möglichen Erdherrschaft des Menschen durchdenkt, ist man genötigt, entsprechend dieser Polarität zwei komplementäre Fragestellungen durchzuführen, deren eine den Menschen von seinen Naturanlagen her, deren andere ihn von seinem Vermögen zur Verantwortung her betrachtet.»[15]

Humanökologie und Ökologie stehen also – bildlich gesprochen – in den beiden Brennpunkten einer Ellipse, deren Ganzes nur unter wechselseitiger Bezugnahme auf beide Brennpunkte bestimmt werden kann. Es ist auch evident, daß Humanökologie als neue Weltverantwortung des Menschen und Ökologie als neue Perspektive der Biologie unter dem wechselseitigen Einfluß ihrer Denkansätze nicht mehr das sein können, was sie waren. Weltverantwortung kann heute nicht mehr nur auf die Einheit der Menschen bezogen sein, so wenig diese bereits vollendet ist. Sie muß vielmehr den Bereich der nichtmenschlichen Natur als ihren mitkreatürlichen Verantwortungsbereich akzeptieren lernen und der herkömmlichen Ausbeutung von Natur als Mißbrauch von Verantwortung den Abschied erteilen. Und Ökologie ihrerseits wird nicht davon absehen können, daß es der ebenso zur Weltverantwortung (und zum Mißbrauch derselben) veranlagte Mensch ist, dessen natürliche Bindungen sie zu beschreiben hat. Aus diesem kritischen ökologischen Bewußtsein heraus wird sich die Biologie auch nicht mehr länger zum wissend-unwissenden Helfershelfer zerstörerischer Naturausbeutung machen dürfen. Denn es kann nun in der Humanökologie nicht mehr um unbegrenzte Naturausbeutung zugunsten anthropozentrischer Interessen und in der Ökologie nicht mehr um die ausschließliche Konzentration auf die objektivierbaren Seiten des Lebens gehen.

Es ist äußerst schwer zu sagen, was dieser Ansatz biosphärischen Denkens für das methodische Konzept einer lebensberücksichtigenden Gesamtökologie bedeuten könnte. Es bietet sich auf den ersten Blick ein Feld komplementärer Bezugspunkte an (so abgewertet und mißbraucht der Begriff des Komplementären auch ist), innerhalb dessen nach methodischen Differenzierungen gesucht werden müßte: Subjekt – Objekt, Qualität – Quantität, Ganzheit – Detail, Zeitberücksichtigung – Zeitabstraktion, Offenheit – Geschlossenheit, Solidarität – Verfügung, Naturbelassenheit – Präparation, Erfahrung – Empirie.

GERHARD LIEDKE

Von der Ausbeutung zur Kooperation

Dreiundzwanzig Thesen[1]

These 1

Das Umweltproblem ist nicht ein rein naturwissenschaftlich-technisches Problem. Es stellt sich auf mindestens drei vielfach miteinander verflochtenen Ebenen:

a) auf der naturwissenschaftlich-technischen Ebene;
b) auf der politisch-gesellschaftlich-ökonomischen Ebene;
c) auf der Ebene des kollektiven und individuellen menschlichen Bewußtseins.

These 2

Fallweises Kurieren einzelner Symptome der gegenwärtigen ökologischen Krise ist zwar unumgänglich, kann aber insbesondere auf den Ebenen b) und c) die Krise nicht überwinden. Die tieferen Gründe für das Zustandekommen der Gesellschafts- und Bewußtseinsformationen, in deren Gefolge die ökologische Krise eingetreten ist, müssen erkannt werden.

These 3

Ein Engagement von Theologie und Kirche ist in diesem Zusammenhang unausweichlich, weil diejenige Bewußtseinsformation, welche die ökologische Krise mitverursacht hat, unter anderen biblische Wurzeln hat: in den biblischen Schöpfungserzählungen konnte das Denk- und Handlungsmodell der Herrschaft des Menschen über seine Umwelt (dominium terrae) eine Begründung finden.

These 4

Mit dem Heraufdämmern des Menschen in der Evolution entsteht das Bewußtsein von technischen Errungenschaften (zum Beispiel Werkzeugen). In den ‹primitiven› Mythen stehen diese Errungenschaften aber nicht im Dienst der Menschen, sondern im Dienst der Götter.

Menschen, technische Errungenschaften und bearbeitete Umwelt sind in gleicher Weise von den Göttern geschaffen, sie bilden eine mythische Einheit.

These 5

Die jahwistische Urgeschichte des Alten Testaments entsakralisiert die Errungenschaften und macht sie zu menschlichen Errungenschaften, deren Ambivalenz darin besteht, daß sie einerseits das Dasein des Menschen ermöglichen, andererseits den Menschen in Schuld verstricken. Trotz ihrer Ambivalenz sind sie aber eine Wirkung des Segens Gottes.

These 6

Die Formulierung des dominium terrae in der Priesterschrift, Genesis 1, 26b. 28b («damit sie herrschen über die Fische im Meer ...; seid fruchtbar und mehrt Euch und erfüllt die Erde und macht sie Euch untertan!»), muß von ihrer Vorgeschichte, der jahwistischen Fassung der Urgeschichte, her verstanden werden; sie ist eine späte, zusammenfassende – aber nicht alles umfassende – Notiz, die besagt: «Gott hat den Menschen dazu geschaffen, daß er sich die Erde und ihre Kräfte untertan mache; die Errungenschaften der menschlichen Kultur entsprechen nicht nur dem Willen des Schöpfers, sondern sie gehen auf das Gebot des Schöpfers zurück.»[2]

These 7

Der Auftrag zum dominium terrae darf aus zwei Bezügen nicht gelöst werden: a) aus dem Bezug zur menschlichen Schuld, b) aus dem Bezug zum Geschaffensein des Menschen nach dem Bild Gottes.

These 8

Das Neue Testament festigt und radikalisiert die Grundvoraussetzung des dominium terrae: die Entsakralisierung von Mensch und Umwelt. Allerdings wird diese Entsakralisierung nicht als allgemein gegeben betrachtet, sondern als eine Möglichkeit der durch Christus aus der Schuldverhaftung zum wahren Ebenbild Gottes befreiten Menschheit.

These 9

Die alte Kirche des Westens entschärft die Brisanz des dominium terrae, indem in der Folge der neuplatonisch-stoischen Konzentration auf den Einzelmenschen Genesis 1, 26 ff vorwiegend als Herrschaft der Vernunft über die Affekte (symbolisiert in den Tieren) und über den Leib (symbolisiert in der Erde) interpretiert wird. Diese asketischmönchische Tradition hält unter anderem mögliche Konsequenzen der biblischen Entsakralisierung von Mensch und Umwelt über tausend Jahre lang zurück.

These 10

Luther versteht das dominium terrae wieder real als Weltherrschaftsauftrag an den Menschen. Im Sinne des Neuen Testamentes sieht er auch den Zusammenhang mit dem Ebenbild-Gottes-Sein des Menschen wieder: wenn Christus durch das Evangelium das Bild Gottes im Menschen erneuert, dann ist der Mensch autorisiert zur Mitarbeit mit Gott in und an Gottes Schöpfung.

These 11

In Umkehrung der für das Neue Testament und Luther kennzeichnenden Reihenfolge (Ebenbild–dominium terrae) ist das dominium terrae für Francis Bacon die Aufforderung an den Menschen, die durch den Sündenfall verlorene paradiesische Herrschaft über die Umwelt wiederzugewinnen (dominium terrae–Ebenbild), wiederzugewinnen mit dem Macht verleihenden Instrumentarium naturwissenschaftlichen Wissens.

These 12

Descartes' Formulierung von den Menschen als den maîtres et possesseurs de la nature offenbart die Verwandtschaft der gedanklichen Grundformation neuzeitlicher Wissenschaft mit dem Schema des Frühkapitalismus: die Herren der Natur sollen zugleich ihre Besitzer sein.

These 13

Karl Marx' Sicht ist signifikant für eine vertiefte Einsicht in das Ausbeutungsverhältnis Mensch–Umwelt: menschliche Arbeit ist die Kategorie, die den «Stoffwechsel» des Menschen mit der Natur vermittelt. Damit ist der starre Dualismus Mensch–Natur überwunden: der Mensch ist als Teil der Natur ernst genommen, in der Arbeit macht er sich Natur dienstbar, verändert damit zugleich auch seine eigene Natur.

These 14

Die reale Utopie des späten Marx vom Verhältnis des Menschen zur Natur zielt nicht auf eine romantische Identität von Mensch und Umwelt. Arbeit, das Grundelement des «Reiches der Notwendigkeit», wird es auch im «Reich der Freiheit» geben. Das Verhältnis des Menschen zu seiner Umwelt könnte aber doch verändert werden: der Umwelt würde ein Eigenwert zukommen, sie würde nicht restlos Ware sein und sich daher auch nicht durch Verdinglichung der Natur des Menschen am Menschen rächen müssen.

These 15

Die eschatologischen Utopien des Alten und Neuen Testaments schließen die Versöhnung des Menschen mit seiner Umwelt ein. Der Unterschied zu Marx liegt darin, daß nicht vom Menschen allein die Herstellung dieser Versöhnung erwartet wird, sondern daß sie aus einer Kooperation des Menschen mit Gott hervorgehen soll, in welcher Gott allerdings nicht auf den Menschen angewiesen ist.

These 16

Die Menschheit trat in eine neue Epoche ein, als durch den Gott der Bibel das Verhältnis Gott–Mensch aus einem Verhältnis der «Ausbeutung» in ein Verhältnis der Kooperation (im Hinblick auf die Weltgestaltung) verwandelt wurde; die Menschheit kann in eine neue Epoche eintreten, wenn sie analog ihr Verhältnis zur Umwelt von Ausbeutung in Kooperation verwandelt.

These 17

Das Stichwort ‹Kooperation› soll andeuten, daß ‹Operation›, Arbeiten mit der Umwelt, technologisches Arbeiten in größtem Stil auch in Zukunft unvermeidlich ist. Das ‹Bewahren› macht das ‹Bebauen› nicht entbehrlich.

These 18

Die Quasipersonalisierung, die der Umwelt als dem Partner einer Kooperation zugemutet wird, scheint im Hinblick auf quantentheoretische und informationstheoretische Überlegungen vertretbar.

These 19

Kooperation bedeutet zum Beispiel starke Intensivierung der Erforschung der ökologischen Gleichgewichtsmechanismen. Ist der Partner der Kooperation besser bekannt, können auch seine Reaktionen besser abgeschätzt werden, ist Kooperation eher möglich.

These 20

Kooperation des Menschen mit seiner Umwelt erfordert vom Menschen eine Überprüfung der gesellschaftlich-ökonomischen Leitwerte. Produktionszuwachs und Steigerung des Konsums als Leitwerte des

Bebauens müssen mit zu artikulierenden Leitwerten des Bewahrens korreliert werden.

These 21

Theologie kann durch den Hinweis auf die eschatologische Realität der Versöhnung des Menschen mit der Natur und die damit gegebene innerweltliche, wenn auch nicht allein menschliche Möglichkeit der Kooperation zwischen Mensch und Umwelt diejenigen ermutigen, die angesichts der Größe der zu leistenden Aufgabe und den zu erwartenden Widerständen resignierend aufgeben wollen. Aktionen der Kirchen haben hier einen ihrer Ansatzpunkte.

These 22

Mut entsteht durch Vertrauen in die Zukunft. Mut ist deshalb heute so schwer realisierbar, weil gerade diejenige technische Beherrschung der Umwelt, die konzipiert war, uns die Angst vor der Übermacht der Natur zu nehmen, unser Vertrauen enttäuscht hat. Deshalb kann Mut nicht aus dem Vertrauen in technische Bewältigung der ökologischen Krise entstehen, sondern muß aus anderen Quellen schöpfen.

These 23

Die Kirchen könnten ein – von ihnen selbst fast vergessenes – Modell des kooperativen Umgangs mit der Umwelt in eschatologischem Horizont anbieten: die Kooperation von Gott, Mensch und den Umweltelementen Brot und Wein in der gottesdienstlichen Feier des Abendmahls.

ANMERKUNGEN

zu: Chancen der Krise

1 Nachschrift einer Sendung der ‹Dienstagsredaktion› des Süddeutschen Rundfunks ausgestrahlt am 26. März 1974

zu A. M. Klaus Müller: Der Mensch an der Zeitmauer des Überlebens

1 A. M. K. Müller, F. Solms, E. von Weizsäcker, D. Gupta, *Überlebensfragen 1*. Entscheidungen heute für das Leben von morgen. Radius Stuttgart 1973. – A. M. K. Müller, *Die präparierte Zeit*. Der Mensch in der Krise seiner eigenen Zielsetzungen. Radius Stuttgart, 2. Auflage 1973
2 Vgl A. M. K. Müller, «Ist die Wahrheit feststellbar?», in Gerd Heinz-Mohr (Hrg): *Ärger mit der Wahrheit*. Wienand Köln 1972, besonders S 44 f
3 Georg Picht, «Grundlinien einer Philosophie der Musik», in *Merkur* 221 1966 S 710 f – G. Picht, «Die Zeit und die Modalitäten», in H. P. Dürr (Hrg) *Quanten und Felder*. Physikalische und philosophische Betrachtungen zum 70. Geburtstag von Werner Heisenberg. Vieweg Braunschweig 1971 – G. Picht, «Theorie und Meditation», in *Merkur* Heft 4 (1974)
4 Carl Friedrich von Weizsäcker, *Die Einheit der Natur*. Studien. Hanser München 1971, S 247 f – Gopi Krishna, C. F. von Weizsäcker, *Biologische Basis der Glaubenserfahrung*. Barth Weilheim, zweite Auflage 1973
5 Weizsäcker, *Basis* aaO S 44 f – Gernot Böhme, «Die Physik zu Ende denken. Die Philosophie Carl Friedrich von Weizsäckers», in *Merkur* Heft 6 (1972), S 593 ff
6 Müller, *Zeit* aaO, S 28 ff
7 Vgl Solms, *Überlebensfragen 1*, aaO S 33 ff
8 Vgl zB *Der Spiegel* 15. 3. 1971, S 172 f (Zitiert in Müller, *Zeit* aaO, S 516 f
9 Günter Mack, «Predigt für die Vernunft», in *Deutsches Allgemeines Sonntagsblatt* Nr 51/52, 23. 12. 1973
10 Dennis Meadows u a, *Die Grenzen des Wachstums*, DVA Stuttgart 1972 – Vgl auch Harvey Simmons, «System Dynamics und Technokratie», in C. Freeman, M. Jahoda u a, *Die Zukunft aus dem Computer?* Eine Antwort auf die Grenzen des Wachstums. Luchterhand Neuwied 1973, S 317 ff
11 Jay W. Forrester, *Der teuflische Regelkreis*. DVA Stuttgart 1972

12 Müller, *Zeit* aaO S 53
13 Vgl zB Hedwig Born, Max Born, *Der Luxus des Gewissens.* Erlebnisse und Einsichten im Atomzeitalter. Nymphenburger München 1969, S 64
14 Weizsäcker, *Einheit* aaO S 126 – Müller, *Wahrheit* aaO S 46 ff
15 Müller, *Zeit* aaO Abschnitt II, 2
16 Müller, *Zeit* aaO S 143 ff, S 227 f, S 325 ff – A. M. K. Müller, W. Pannenberg, *Erwägungen zu einer Theologie der Natur.* Gütersloher 1970, S 12 ff
17 Vgl Ernst von Weizsäcker, «Ethische Probleme aus der Biologie», in *Zeitschrift für Evangelische Ethik,* Heft 3 (1972). Gütersloher, S 150 ff, besonders S 254 f – E. v. Weiszäcker, «Der Mensch als Objekt seiner selbst», in Helmut Aichelin, Gerhard Liedke (Hrg) *Naturwissenschaft und Theologie.* Texte und Kommentare. Neukirchener 1974, S 242 ff; besonders S 247 f
18 C. F. von Weizsäcker, *Die Geschichte der Natur.* Vandenhoeck & Ruprecht Göttingen, 4. Auflage 1958 – Müller, *Zeit* aaO S 307 ff, S 333 ff, S 341 ff, Abschnitt II, 5
19 Weizsäcker, *Einheit* aaO, besonders Abschnitte II, 3; II, 4; II, 5 u S 241 – Müller, *Zeit* aaO Abschnitt II, 4
20 C. F. von Weizsäcker, «Die philosophische Interpretation der modernen Physik», in *Nova Acta Leopoldina,* Neue Folge Nr 207, Bd 37/12 Barth Leipzig 1972 – A. M. K. Müller, «Naturgesetz, Wirklichkeit, Zeitlichkeit», in E. von Weizsäcker (Hrg), *Offene Systeme I.* Klett Stuttgart 1974. Insbesondere Abschnitte II, 3 u III, 3 – Müller, *Zeit* aaO S 311 f
21 Müller, *Zeit* aaO S 310, S 444 f, S 638 f
22 Müller, *Zeit* aaO S 622
23 C. F. von Weizsäcker, «Gestaltkreis und Komplementarität», in *Zum Weltbild der Physik.* Hirzel Stuttgart 11. Auflage 1970, S 349 ff – Müller, *Zeit* aaO S 309 f
24 E. von Weizsäcker, *Überlebensfragen I,* aaO S 67
25 Müller, *Zeit* aaO S 41, S 120
26 Müller, *Überlebensfragen 1,* aaO S 71 ff; besonders S 93 – A. M. K. Müller, «Vom Sinn des Leides», in M. Krauss, J. Lundbeck, *Die vielen Namen Gottes.* Steinkopf Stuttgart 1974
27 Viktor von Weizsäcker, *Pathosophie.* Vandenhoeck & Ruprecht Göttingen 1956, S 238
28 G. Picht, «Philosophie und Politik», in *Merkur,* Heft 7 (1972), S 617 ff; besonders S 622
29 Vgl zB Hartmut von Hentig, *Cuernavaca oder: Alternativen zur Schule?* Klett Stuttgart 1972, S 124 ff
30 Weizsäcker, *Basis* aaO S 13
31 Müller, *Zeit* aaO S 216 f – Weizsäcker, *Basis* aaO S 36, S 42
32 G. Picht, «Die Bedingungen des Überlebens – Von den Grenzen der Meadows-Studie», in *Merkur* Heft 3 (1973) Klett – G. Picht, «Wir brauchen neue Überzeugungen», in *Evangelische Kommentare* Heft 6 (1973) S 329 f
33 Müller, *Zeit* aaO S 30 ff
34 Müller, *Zeit* aaO S 524 ff
35 Vgl G. Picht, *Mut zur Utopie.* Die großen Zukunfstaufgaben, Piper München 1969. Insbesondere S 103
36 G. Picht, *Der Gott der Philosophen und die Wissenschaft der Neuzeit.* Klett Stuttgart 1966, S 65 ff – Müller, *Naturgesetz* aaO Teil III.
37 Weizsäcker, *Basis* aaO S 44

38 Vgl das Geleitwort von Helmut Gollwitzer zu Milan Machoveč, *Jesus für Atheisten*, Kreuz Stuttgart, 2. Auflage 1973

39 Vgl zB die Einführung von Heinz Eduard Tödt zu Günter Howe, *Gott und die Technik*, Furche Hamburg 1971 (auch zitiert in Müller, *Zeit* aaO S 487 f)

40 Viktor von Weizsäcker, *Der Gestaltkreis*. Theorie der Einheit von Wahrnehmen und Bewegen. Thieme Stuttgart, 4. Auflage 1967. Vorwort

41 Müller, *Zeit* aaO Abschnitt II, 6 u II, 7

42 Müller, *Zeit*, aaO S 140 ff, S 160, S 368, S 417, S 379, S 593, S 642, Fig 3 (S 211), Fig 10 (S 389)

43 Müller, *Zeit* aaO S 412 ff, S 451 ff – Vgl auch Müller, *Überlebensfragen 1*, aaO Thesen auf S 84, S 89, S 96

44 Müller, *Überlebensfragen 1*, aaO S 97 f

45 Helmut Gollwitzer, *Krummes Holz und aufrechter Gang*. Zur Frage nach dem Sinn des Lebens, Kaiser München 1970, S 382

46 Vgl Anmerkung 43, *Überlebensfragen 1*

zu Ernst von Weizsäcker: Wer zerstört?

1 Dem Beitrag liegt das Manuskript eines Vortrags zugrunde, der unter dem Titel «Wer zerstört die wohnliche Erde?» am 29. 6. 1973, am Tag der Kirche während der Kieler Woche, gehalten wurde. Die Kieler Woche 1973 stand unter dem Gesamtthema «Wohnen». Der Text wurde im Mai 1974 leicht überarbeitet und mit Anmerkungen versehen

2 Dennis Meadows u a, *Die Grenzen des Wachstums*, rororo Reinbek 1973

3 Paul Ehrlich, *Die Bevölkerungsbombe*. Hanser München 1971, S 57–64

4 Auf neue Technologien setzen alle ‹Anti-Alarmisten›, so zum Beispiel J. Maddox, *Unsere Zukunft hat Zukunft*, DVA Stuttgart 1973. Hiergegen hat u a Klaus Meyer-Abich eingewendet, daß letztlich alle Technologien *Energie* kosten, die unabhängig von Verschmutzung (die sich notfalls wieder abfangen ließe) auf jeden Fall *Wärme* produziert. Und die globale Wärmebelastung der Umwelt mit ihren klimatischen Folgen ist nicht durch neue Technologien zu verhindern

5 In den USA, wo entsprechende Gesetze seit einigen Jahren in Kraft sind, gibt es schon Erfahrungen mit der Schwierigkeit, sie durchzusetzen: Noel de Nevers, «Enforcing the Clean Air Act of 1970» in: *Scientific American* Juni 1973

6 Gerhard Liedke, «Von der Ausbeutung zur Kooperation – theologisch-philosophische Überlegungen zum Umweltschutz» in: Ernst von Weizsäcker (Hrg), *Humanökologie und Umweltschutz*. Studien zur Friedensforschung Band 8, Klett Stuttgart 1972. Vgl auch S 136 ff dieses Buches

7 Vgl Garfield, «The Delivery of Medical Care» in: *Scientific American* April 1970. Vgl auch F. Fitz Roy u Ernst v. Weizsäcker, «Einige politisch-ökonomische Fragen im Umweltschutz», in Ernst v. Weizsäcker (Hrg), *Humanökologie und Umweltschutz*, aaO

8 Horst Eberhard Richter, *Lernziel Solidarität*, Rohwold Reinbek 1974. Vgl auch Ivan D. Illich, *Tools for A Society*, London 1973

9 Die Aussagen dieses Absatzes sind zweifellos kontrovers. Sie implizieren eine fundamentale Auseinandersetzung mit dem menschlich und sachlich scheinbar so überzeugenden Ansatz der Moralität guter Naturwissen-

schaft, beispielhaft dargestellt von H. Mohr, *Wissenschaft und menschliche Existenz*, Rombach Freiburg 1967. Für diese Auseinandersetzung sind meine kurzen Bemerkungen sträflich oberflächlich. Eine der Tragweite angemessene Begründung meiner Haltung sehe ich in dem Buch von A. M. Klaus Müller, *Die präparierte Zeit*, Radius Stuttgart, 2. Auflage 1973

10 Ernst von Weizsäcker (Hrg), *Offene Systeme I* – zur Zeitstruktur von Information, Entropie und Selbstorganisation, Klett Stuttgart 1974. Darin besonders: E. v. Weizsäcker, «Erstmaligkeit und Bestätigung als Komponenten der pragmatischen Information»; sowie Th. T. Ballmer und E. v. Weizsäcker, «Biogenese und Selbstorganisation – Beitrag zum Problem der Entstehung von Zwecken»

11 Carl Friedrich v. Weizsäcker, *Die Einheit der Natur*, Hanser München 1971

12 Ernst v. Weizsäcker (Hrg), *Offene Systeme I*, aaO

zu Claus Buddeberg: Inhumane Aspekte der heutigen Medizin

1 Nach T. Löbsack, *Medizin als Gefahr*, München 1970

2 *Med. Klin.* 68 (1973) S 831, Tagungsbericht von der 79. Tagung der Deutschen Gesellschaft für Innere Medizin

3 C. Buddeberg, «Inhumane Tendenzen in der modernen Medizin», in *Therapie der Gegenwart* 112 (1973) S 523 ff

4 H. Marcuse, *Der eindimensionale Mensch*, Neuwied 1967, S 170 ff

5 H. Baier, «Die Medizin in der Wohlstandsgesellschaft», in *Med. Klin.* 68 (1973) S 1405 ff

6 T. Parsons, Struktur und Funktion der modernen Medizin, in *Kölner Zeitschrift für Soziologie und Sozialpsychologie*, Sonderheft 3

7 K. Dörner, «Die Rolle des psychisch Kranken in der Gesellschaft», in *Schriftenreihe Arbeitsmedizin, Sozialmedizin, Arbeitshygiene* Bd. 33 (1969) S 14

8 A. Finzen, *Arzt, Patient und Gesellschaft*, Stuttgart 1969 und J. J. Rohde, *Soziologie des Krankenhauses*, Stuttgart 1962

9. P. Mössinger, *Sorgen um die Medizin*, Heidelberg 1968

10 R. Gross, «Der Kranke, der Arzt und die Technologie», in *Deutsches Ärzteblatt* 70 (1973) S 2888 ff

11 ebd

12 Wickert-Institute Tübingen, *Patientenumfrage für den Hartmannbund 1973*

13 R. Gross und R. Fritz, «Die Wissenslawine und ihre Bewältigung durch den Arzt», in *Deutsches Ärzteblatt* 71 (1974) S 871 ff und 950 ff

14 ebd

15 ebd

16 T. Löbsack, aaO

17 Nach Angaben des statistischen Bundesamtes (1970) aus «Ausbildungsbedarf für Mediziner bis zum Jahr 2000. Untersuchungsergebnisse des Bundesministeriums für Bildung und Wissenschaft»; veröffentlicht von McKinsey u. Co. am 13. 11. 73

18 D. Spain, *Iatrogene Krankheiten*, Stuttgart 1967

19 J. Wunderli, «Gut sterben können ist ein Recht des Menschen», *Tagesanzeiger* Zürich 23. 3. 1974. (Vom selben Autor erscheint demnächst im

Klett-Verlag Stuttgart das Buch *Euthanasie oder über die Würde des Sterbens)*

20 ebd

21 Vgl dazu auch C. Buddeberg, *Der psychisch Kranke und die Eindimensionalität der technologischen Gesellschaft,* Dissertation Hamburg 1970; und K. Dörner, *Bürger und Irre,* Frankfurt 1969

22 E. Klee, «Geschäft mit Alten», in *Die Zeit* Nr 43 (1972)

23 E. Klee, «Menschen als Stückgut», in *Die Zeit* Nr 11 (1974)

24 W. Heisenberg, *Der Teil und das Ganze,* München 1969, S 278

25 J. Lind, «Die Geburt der Familie in der Frauenklinik», in *Med. Klin.* 68 (1973) S 1597 ff

26 H. E. Richter, *Patient Familie,* Reinbek 1970

27 H. Müller, «Die kranke Familie», in *Med. Klin.* 68 (1973) S 1122 f

zu Kurt Egger: Landwirtschaft und Überlebenskrise

1 H. M. Enzensberger, «Zur Kritik der politischen Ökologie», in *Kursbuch* 33, 1973, S 35. Hier wird der sachliche Kern der pessimistischen Umweltprognosen gegen den von links kommenden Versuch, die Ökokrise als ein manipuliertes Ablenkungsmanöver ohne reale Basis abzutun, klar zurückgewiesen. Die spezifische Blindheit gegenüber den Fakten wird besonders deutlich in der seltsamen Allianz von Kade mit der Sussexgruppe (Freeman Jahoda und andere, *Zukunft aus dem Computer?* Luchterhand Berlin 1973)

2 Allgemeine kritische Vorstellungen geben zum Beispiel C. I. Brieger, *Silberne Schleier,* München 1970, sowie das klassische Buch von Rachel Carson, *Der stumme Frühling.* Wichtig ist dabei, daß die Gesamttendenz, nicht diese oder jene methodische Einzelheit zur Kritik steht.

3 Eine ausführliche ökologische Darstellung der Landwirtschaftskrise geben K. Egger und R. Reichling, «Landwirtschaft, die Stabilisierung des Agro-Ökosystems als Kern einer Überlebensstrategie», in *Zivilisationsfolgen,* hrg von H. Schäfer, Hanser-Verlag 1974

4 Vgl S 135. Die dort aufgezeigte Unmöglichkeit, Humanökologie «biologisch» zu betreiben, da die Vermittlung zwischen Mensch und Umwelt gesellschaftlich und historisch sich vollzieht, führt auch zu unserer Konzeption von Humanökologie

5 A. M. K. Müller, «Findet die Zukunft noch statt?» in *Überlebensfragen 1,* Radius Stuttgart 1973, S 21 ff. Die von uns skizzierte Aufgabe einer Humanökologie rückt in die Nähe jener Wissenschaft der zweiten Potenz, wie sie Müller fordert. Ich hege jedoch größte Skepsis dagegen, daß diese sich in Prolongierung der äußeren Form wohlorganisierter Wissenschaft im Rahmen von Superinstitutionalisierung wird erreichen lassen. Auch gehöre ich zu jenen «schlimmen Hindernissen auf dem Wege zur Bildungsrevolution», die «kulturkritische Diffamierung der Technik durch Sozialromantik» betreiben. Müllers Beitrag in diesem Band zeigt bereits größte Skepsis gegenüber der Wertneutralität der Technik

6 Hier muß die Möglichkeit bedacht werden, einen Teil der Wertordnung aus dem Erlebnis der ökologischen Krise als objektiv gültige Grenzen unserer Willkür zu erkennen und damit zurückzugewinnen. Darin ist auch der Versuch enthalten, den normativen Bereich partiell zu objekti-

vieren. (Vgl Langheim, *Umweltbewertungssystem*, Bertelsmann Gütersloh 1974)

7 Vgl nochmals Anmerkung 3, sowie K. Egger, B. Glaeser, J. Reichling, «Thesen zu einer Neuorientierung der Landwirtschaft», in *Die Neue Gesellschaft* 1973, S 953; und K. Egg und B. Glaeser- «Die systemverändernde Funktion der Landwirtschaft» in *Die Neue Gesellschaft* 1974

8 Vgl hierzu auch die im Auftrag des Bundesministeriums für Wirtschaftliche Zusammenarbeit erstellte Studie *Ökologische Probleme ausgewählter Entwicklungsländer* von K. Egger, B. Glaeser, E. Hagolani, B. Lang, J. Reichling und W. Seidensticker, Buske-Verlag 1972, vor allem S 30–127

9 Vgl hierzu besonders den Aufsatz von E. F. Schuhmacher, «Anpassung der Technologie an die Bedürfnisse der Entwicklungsländer», in *Scheidewege* 4/1974, S 251 ff und das in Anmerkung 1 zitierte Buch; desgleichen die Bemerkung in diesem Band S 17 f

10 Bereits Liebig selbst, dem wir die Hauptanstöße zur Entwicklung gezielter organischer Düngung verdanken, verwarf die Anwendung der N-Düngung aus ökologischen und physiologischen Gründen. – Eine auf neuesten, systemtheoretischen Überlegungen basierende Kritik der heutigen Düngepraxis gibt R. Kickuth, *Produktionsbiologie – Umweltbiologie – Gegensätze oder Komplemente,* Nr 30 der Schriftenreihe der Vereinigung Deutscher Gewässerschutz eV 1973 S 3 ff

11 Vgl K. Egger und andere, *Ökologische Probleme ausgewählter Entwicklungsländer* aaO, S 204 ff (E. Hagolani)

12 Vgl Report of the Seventh Session of the FAO Working Party of Experts on Resistence of Pests to Pesticides, Meeting Report AGP/1971/M/7, sowie die vorangehenden Reports. – Ein besonders eindrucksvolles Beispiel des Zusammenbruchs regionaler Produktion durch den Pestizideinsatz und die Rettung des Gebietes durch integrierte Methoden gibt R. F. Smith. Report of the Second Session of FAO Panel of Experts on Integrated Pests Control, FAO Rom 1969 – Vgl auch K. Egger und andere, *Ökologische Probleme* aaO, S 109 ff

13 Der Versuch, diese Situation als besonders reizvollen Wettlauf für den Chemiker darzustellen, ist eine besonders makabre Form fortgeschrittener Fachidiotie: R. Wegeler, *Chemie der Pflanzenschutz- und Schädlingsbekämpfungsmittel,* Springer Berlin 1970

14 G. Picht, *Mut zur Utopie,* Piper München 1969 – Picht gibt eine besonders nüchterne und klare Darstellung der vielfältigen Aspekte der Gesamtkrise. Hier wird konsequent durchdacht, welches die Bedingungen für eine vernunftgemäße Fortsetzung unserer wissenschaftlich-technischen Zivilisation wären. Wenn die Ereignisse uns inzwischen pessimistisch stimmen gegenüber der Erfüllung dieser Bedingungen, so heißt das nicht, daß ihre Ableitung falsch gewesen wäre, sondern daß die Menschheit dabei ist, den darin aufgezeigten Weg definitiv zu verfehlen

In diesem Abschnitt habe ich mich vor allem durch folgende weitere Schriften leiten lassen: G. Picht, *Die Wertordnung einer humanen Umwelt.* A. M. K. Müller, *Die präparierte Zeit,* Radius Stuttgart 1972. F. Wagner, *Die Wissenschaft und die gefährdete Welt,* Beck München 1969. F. Wagner, *Weg und Abweg der Naturwissenschaft,* Beck München 1970. R. F. Behrendt, «Zerstörbarkeit und Gestaltbarkeit der Zukunft», in *Technische Rundschau* Jahrgang 1972 Nr 11, 12, 13

Vgl auch M. Himmelheber, «Rückschritt zum Überleben» in *Scheidewege* 4/1974 S 61 ff

15 Die Darstellung von Müller in diesem Band (S 51 ff) hebt zum Beispiel Aspekte der Wissenschaftskatastrophe hervor, die in meiner Darstellung außer acht gelassen worden sind, die aber notwendigerweise herangezogen werden müssen, um zu dem bei Müller erreichten Grad der Verallgemeinerung zu gelangen

16 Vgl J. P. W. Forrester, *Der teuflische Regelkreis,* DVA Stuttgart 1971; und Dennis Meadows und andere, *Die Grenzen des Wachstums,* DVA Stuttgart 1972

17 Vgl hierzu die Betrachtung «Ethik und moderne Wissenschaft» von A. M. K. Müller in diesem Band S 45, in der die tieferen Gründe für die Unhaltbarkeit der Vorstellung wertneutraler Wissenschaft und Technik entfaltet werden

18 Vgl Müller ebd

19 Vgl hierzu auch das Kapitel «Die Bestimmung des Menschen» in H. Schäfer, *Leib, Geist, Gesellschaft,* Claudius München 1971

20 Vgl dazu die Hinweise in Anmerkung 6

21 Vgl dazu E. Eppler in *Die Qualität des Lebens,* EVA Frankfurt 1972, S 86 ff, sowie den Beitrag Epplers in diesem Band S 9 ff

22 Hierzu ergänzend aus sozialpsychologischer Sicht T. Brocher, *Grüne Sündenböcke der Industriegesellschaft?* Selbstverständnis, Fremdwahrnehmung und Kommunikation eines Berufsstandes. IMA – Informationsgemeinschaft für Meinungspflege und Aufklärung eV Hannover 1970

23 Vgl dazu die Auswirkungen der Ökokrise bis in die Versorgung von Entwicklungsländern mit Düngemitteln, die von Eppler erwähnt werden – in diesem Band S 11

24 Vgl hierzu R. Wegeler, aaO, sowie A. M. K. Müller, *Überlebensfragen 1,* aaO S 19 ff

25 Vgl Dipak Gupta, «Die Zukunft der Entwicklungsländer» in A. M. K. Müller und andere, *Überlebensfragen 1,* aaO S 45 ff

26 Es ist verblüffend, welche Parallelität der negativen Aspekte zutage tritt, wenn man die vier Thesen Buddebergs mit unserer Gegenüberstellung vergleicht und dabei bei Buddeberg die Worte Spezialisierung – Patient – Arzt als Spezialist durch: Monokultur – Ökosystem – Landwirt ersetzt! (Vgl den Beitrag von C. Buddeberg in diesem Band S 81 – Vgl auch Anmerkung 33)

27 Rundschreiben Nr 7 (1974) S 6 der Internationalen Föderation Biologischer Landwirtschaftsvereinigungen (Nature et Progrès, 3 Chemin de la Bergerie, 91700 Ste. Geneviève-des-Bois, France)

28 Die hier aufgeführten Sachgründe ergeben in ihrer Gesamtheit nichts anderes als die von Buddeberg (in diesem Band S 81) unter Bezug auf Marcuse dargestellte Tatsache, daß in jede Technologie eine bestimmte Ideologie eingegangen ist

29 Dies muß die Aspekte der «sanften Technologien», wie sie der Beitrag von Weizsäckers in diesem Band S 74 anspricht, ebenso einschließen wie diejenigen der «angepaßten» Technologien Schuhmachers (vgl E. F. Schuhmacher. Es geht auch anders – Technik und Wirtschaft nach Menschenmaß, Desch München 1974)

30 Vgl hierzu H. Schäfer, *Leib, Geist, Gesellschaft,* aaO, besonders das Kapitel «Die Bestimmung des Menschen»

31 Vgl hierzu die Ebenen eins bis drei im Beitrag Weizsäckers in diesem Band S 68 ff

32 Vgl hierzu die vierte Ebene im Beitrag von Weizsäckers in diesem Band S 70 und S 74. Der Auftrag der Kirchen, hieran mitzuwirken, ist evident. Versuche, sich dieser Verantwortung zu entziehen, weil sie unangenehme Konsequenzen haben könnte, können nicht überzeugen

33 Die hier angesprochenen Initiativen zur Kooperation Verbraucher – Erzeuger in kleinen Gruppen selbständiger Art verstehen sich genau als ein mögliches Beispiel dessen, was A. M. K. Müller als kleine Experimentiergruppen anspricht, die im überschaubaren und erlebbaren Bereich den Durchbruch in neue Gestaltungen des Menschseins möglich machen. (Vgl Müllers Beitrag in diesem Band S 65 und Müllers Gesprächsbeitrag in diesem Band S 17)

34 Der Verfasser ist gern bereit, selbst Auskünfte zu geben. Auskunft erteilt auch die Koordinationsstelle «Naturgemäßer Landbau», 34 Göttingen, Friedrich-Ebert-Str. 54. – Eine vorzügliche Übersicht über den biologisch-dynamischen Landbau geben Koepf, Patterson, Schaumann, *Biologische Landwirtschaft,* Ulmer Verlag 1974. – Eine mehr literarisch-volkstümliche Darstellung biologischer Anbauweise gibt das Buch von A. Seifert, *Gärtnern, Ackern ohne Gift,* Biederstein München 1972

35 Eine besonders entstellende Darstellung des biologischen Landbaus mit dem Ziel, diesen als uninteressant abzutun, gibt das Ministerium für Ernährung, Landwirtschaft und Umwelt in Stuttgart in den Informationen für die Landwirtschaftsberatung in Baden-Württemberg, Jahrgang 1972 Nr 4. Landwirtschaftsdirektor Dr. Brugger, «Biologischer Landbau – Landwirtschaft der Zukunft?»

36 Damit käme das zum Zuge, was A. M. K. Müller in diesem Band S 44 als zweite Verteidigungslinie auf der Ebene der Länder der Dritten Welt anspricht – wobei ich darin einen optimistisch-konstruktiven Aspekt zu sehen versuche

zu Günter Altner: Ökologie und die Sonderstellung des Menschen

1 E. v. Weizsäcker, Hrg *Humanökologie und Umweltschutz,* Studien zur Friedensforschung Bd 8, 1972

2 So zB W. Klausewitz, «Unsere Umwelt als Lebensraum» in *Grzimeks Buch der Ökologie,* 1973 S 532 ff

3 J. v. Uexküll, *Umwelt und Innenwelt der Tiere,* 1909

4 In E. v. Weizsäcker, aaO, S 68/69

5 J. v. Uexküll, G. Kriszat, *Streifzüge durch die Umwelten von Menschen und Tieren,* 1970, S XLVI/XLVII

6 W. Wieser, *Genom und Gehirn* – Information und Kommunikation in der Biologie, 1970

7 A. Gehlen, *Der Mensch,* 1962, S 38

8 Vorwort zu J. v. Uexküll, Theoretische Biologie 1973, S V ff

9 Vgl R. Bilz, *Paläanthropologie,* 1971

10 R. Bilz, aaO, S XI

11 R. Bilz, aaO, S XXI/XXII

12 G. Picht, «Philosophie und Völkerrecht», in G. Picht, C. Eisenbarth, *Frieden und Völkerrecht*, S 221/222
13 R. Bilz, aaO, S XVII
14 G. Altner, «Das Christentum und der Fortschritt», in *Evangelische Kommentare* 4 (1974) S 197
15 G. Picht, aaO, S 195

zu Gerhard Liedke: Von der Ausbeutung zur Kooperation

1 Aus einer umfangreicheren Arbeit in Ernst von Weizsäcker (Hrg), *Humanökologie und Umweltschutz*, Studien zur Friedensforschung Bd 8, Stuttgart 1972, S 36 ff. Auszugsweiser Nachdruck mit freundlicher Genehmigung des Gemeinschaftsverlags Klett/Kösel
2 Claus Westermann, *Genesis*, Biblischer Kommentar. Altes Testament I, Neukirchen 1966, S 84

Günter Altner, geboren 1936. Studium der Theologie und der Biologie. 1968 bis 1971 Studienleiter der Evangelischen Akademie Mülheim/Ruhr, 1971 bis 1973 Professor für Humanbiologie an der Pädagogischen Hochschule Schwäbisch Gmünd. Wissenschaftlicher Referent an der Forschungsstätte der Evangelischen Studiengemeinschaft in Heidelberg. Interessengebiete: Primatologie, Anthropologie, Schöpfungstheologie. – Neuere Veröffentlichungen: *Kreatur Mensch* (zusammen mit H. Hofer), 1973; *Die Sonderstellung des Menschen*, 1973; *Schöpfung am Abgrund*, 1974.

Claus Buddeberg, geboren 1946. Studium der Medizin und Soziologie in Tübingen, Lausanne und Hamburg. 1970 Promotion, 1972 Staatsexamen. Assistenzarzt an der Psychiatrischen Universitätsklinik Zürich. Arbeitsgebiete: Familien- und Ehetherapie, Verhaltenstherapie, interdisziplinäre Fragestellungen.

Kurt Egger, geboren 1932. Studium der Biologie, Chemie und Physik in Tübingen und Innsbruck. 1957 Promotion, seit 1960 in Heidelberg, jetzt wissenschaftlicher Rat und außerplanmäßiger Professor am Botanischen Institut der Universität Heidelberg. Hauptarbeitsgebiete: Biochemie der Pflanzen, theoretische Humanökologie.

Gerhard Liedke, geboren 1937. Dr. theol., Pfarrer, wissenschaftlicher Referent an der Forschungsstätte der Evangelischen Studiengemeinschaft in Heidelberg. – Veröffentlichungen unter anderem: «Recht und Grenze rationaler Weltgestaltung», in G. Lanzenstiel (Hrg), *Technik und kritische Weltgestaltung*, oJ; «Von der Ausbeutung zur Kooperation», in E. v. Weizsäcker (Hrg), *Humanökologie und Umweltschutz*, 1972; zusammen mit H. Aichelin (Hrg), *Naturwissenschaft und Theologie*. Texte und Kommentare, 1974.

A. M. Klaus Müller, geboren 1931. Studium der Physik in Braunschweig und Bristol, 1960 Promotion, seit 1972 wissenschaftlicher Rat und Professor für theoretische Physik an der Universität Braunschweig. Freier Mitarbeiter an der Forschungsstätte der Evangelischen Studiengemeinschaft in Heidelberg. Arbeitsgebiete: Quantentheorie, theologische und Humanaspekte der Grundlagenkrise in den Wissenschaften und in der Politik. – Veröffentlichungen unter anderem: «Information und Wirklichkeit», in *Verständigung.* Festschrift für Hanns Lilje, 1960; *Erwägungen zu einer Theologie der Natur* (zusammen mit W. Pannenberg), 1970; *Die präparierte Zeit,* 1972; *Überlebensfragen* 1 (Hrg), 1973.

Ernst von Weizsäcker, geboren 1939. Ordentlicher Professor für Interdisziplinäre Biologie an der Universität Essen. Arbeiten über Biokybernetik, Friedensforschung, Bildungspolitik. – Veröffentlichungen unter anderem: *BC-Waffen und Friedenspolitik* (Hrg), 1970; *Baukasten gegen Systemzwänge* (Hrg), 1970; *Humanökologie und Umweltschutz* (Hrg), 1972.

A. M. KLAUS MÜLLER (Hrg)

Überlebensfragen 1

Entscheidungen heute für das Leben von morgen

«Nicht mehr den partikularen Interessen, sondern dem Überleben der Menschheit muß bei allen Entscheidungen für morgen die Priorität gehören, – von diesem Grundgedanken geht der Autor aus. Sein Buch wägt ab, es erörtert. Neben zwei eigene Aufsätze stellt er drei Beiträge zu den Themen WACHSTUM ODER ÜBERLEBEN? (Friedrich Solms), DIE ZUKUNFT UND DIE ENTWICKLUNGSLÄNDER (Dipak Gupta) und BIOLOGISCHE ENTDECKUNGEN VERÄNDERN DIE ZUKUNFT (Ernst von Weizsäker). In dem gesamten Problemkreis, sagt der Autor, wird die Theologie ‹für die nächsten Jahrzehnte die sie bestimmenden Aufgaben suchen müssen›.»
Die Neue Barke

«Es bleibt uns, wenn die Zukunft stattfinden soll, nur ein Weg: Wir müssen zuerst und jeden Tag mit dem Bewußtsein des Leidens von Millionen leben und uns in ständiger Reflexion auf die hier skizzierten Zusammenhänge mit diesem Leiden solidarisieren. Wir müssen aufspüren, wo wir fliehen, und unsere eigenen Fluchtversuche durchkreuzen. Zum Beispiel müssen wir lernen, uns dem Ghetto der Hochspezialisierung dadurch zu entziehen, daß wir uns bei der Berufsausbildung und auch während der Berufsausübung ganz bewußt mehrere Möglichkeiten offenhalten. Es ist notwendig, aber es genügt nicht mehr, ein guter Spezialist zu sein, sonst aber blind, Konsument und vielleicht noch verliebt. Wir alle müssen aufgeklärte Spezialisten werden. Wir müssen die Orte aufsuchen, wo die gemeinsamen Probleme vieler Spezialisten verhandelt werden, und dort die Aufgaben in den Blick zu bekommen suchen, die vordringlich sind. Am vordringlichsten freilich ist ein Bewußtseinswandel, eine völlige Umkehr in all unseren Lebensbezügen. Das alte Wort von der Umkehr aus dem Neuen Testament gewinnt damit einen alltäglichen, säkularen Bezug.»
Leseprobe aus «Überlebensfragen 1»

112 Seiten, Paperback,
ISBN 3-87173-507-8

A. M. KLAUS MÜLLER

Die präparierte Zeit

Der Mensch in der Krise seiner eigenen Zielsetzungen

«Müllers Modelle politisch-demokratischen Verhaltens unterscheiden sich wohltuend von einer Art blind-fanatischer Politisierung, an deren Ende die ideologisch bevormundete Wissenschaft steht. In diesen Zusammenhang gehört auch seine Skepsis gegenüber einer gängigen revolutionären Attitüde, die den Kollaps der wissenschaftlich-technischen Welt als Vorstufe zur idealen Gesellschaft herbeisehnt.
Der Berliner Theologe Helmut Gollwitzer, der eine rezensionsartige Einleitung zu Müllers Buch geschrieben hat, äußert sich über so viel zweifelnde Nüchternheit gegenüber dem spätmarxistischen Verheißungen recht ungehalten, bei allem sonstigen Respekt. Auch das ist eine Besonderheit: Ein Buch, das seine kritische Würdigung gleich mitliefert.
Kritik an Wissenschaft und Technik ist heute zwar nicht selten, sie bedient sich aber häufig modephilosophischer Reizformeln, deren Eingängigkeit dem Leser die Meinung suggeriert, nun habe er das Problem verstanden und durchdacht. So leicht macht es Müller seinem Leser nicht. Er lehrt denken, und das kostet Aufmerksamkeit und Konzentration. Und Zeit für rund 650 Seiten. Doch die Anstrengung lohnt sich.»

Hannoversche Allgemeine Zeitung

«Das Buch von Klaus Müller ist ein von der Leidenschaft des Denkens ebenso wie von der Begegnung mit der christlichen Botschaft geprägtes Buch. Es sieht in einem kühnen Wurf Fakten und Entwicklungen zusammen, die viele nur ahnend und in den einzelnen Fetzen ihrer Erfahrungen und Überlegungen wahrgenommen haben. Es fordert damit auch zur kritischen Rückfrage und zum eigenen Weiterdenken heraus.»

Deutsches Allgemeines Sonntagsblatt

668 Seiten, Leinen,
ISBN 3-87173-503-5

GERD VON WAHLERT

Ziele für Mensch und Umwelt

Vorschläge der Biologie für eine bewohnbare Erde

«Dieses Buch faßt einige Überlegungen zusammen, die ich als Biologe in den letzten Jahren unter dem Aspekt von Verständlichkeit und Relevanz für Nichtbiologen angestellt habe. Den theoretischen Zusammenhang dieser Überlegungen versucht die Einführung deutlicher zu machen und weiterzuführen, als das die einzelnen Kapitel tun können. Denn was hier vorgelegt wird, bezeichnet einen Anfang. Das Ziel ist die Neubestimmung dessen, was uns die Naturwissenschaft Biologie heute zu geben oder abzufordern hat, aber auch dessen, was wir ihr abfordern oder antun müssen. Die Biologie steht dabei als Teilaspekt dessen, was Europa und die von ihm bestimmte Tradition bisher zur Geschichte der Menschheit beigetragen haben.
Dieses Buch will nicht in erster Linie ein Beitrag zur theoretischen wissenschaftlichen Diskussion sein. Die Reflektion ist nötig, aber nicht Selbstzweck; Wissenschaft kann nicht mehr als Rechtfertigung ihrer selbst dienen. In dieser und in vielen anderen Beziehungen haben wir in Europa umzudenken begonnen und herkömmliche Ansichten aufgegeben. Wir werden noch sehr viel mehr aufgeben müssen, darunter vor allem angemaßte oder auch wohlerworbene Rechte; und was wir lernen müssen, ist Demut gegenüber Mensch und Natur. Bei dieser Neubesinnung der Industrienationen müssen die Kirchen noch weit mehr helfen, als sie das schon tun; und sie können es weit besser, als sie das bisher sehen. Auch das ist Thema dieser Überlegungen.
Dieses Buch erscheint im gleichen Verlag wie DIE PRÄPARIERTE ZEIT von A. M. Klaus Müller. Das ist kein Zufall. Klaus Müller hat untersucht, was ein Physiker uns zu den Gegenwartsfragen sagen kann. Ich möchte zeigen, was in der gleichen Lage ein Biologe denkt und tut.»

Gerd von Wahlert im Vorwort

HANS GEORG SCHWEPPENHÄUSER

Das kranke Geld

Vorschläge für eine soziale Geldordnung von morgen

Eine zentrale Erkenntnis dieses Buches lautet: Die erst in der Neuzeit endgültig vollzogene Trennung zwischen Kultur- und Wirtschaftsbereich, die einseitige Zuordnung des Geldwesens zum ökonomischen Sektor sind keineswegs «naturgegeben». Möglicherweise könnte mit der Aufhebung dieser Trennung auch die Krise des heutigen Geldsystems überwunden werden. «Dieses Buch handelt nicht von dem, was die Tagespresse als Krankheit des Geldes bejammert, Zinshöhe oder Inflationsrate. Schweppenhäuser geht es grundsätzlicher um ‹das soziale Versagen des Geldwesens› ... (Er) will auch nicht nur belehren, er agitiert, wenn auch auf höchst geistreiche Weise. Freilich, obwohl das ganze Buch auf politische Konsequenzen zielt, bleibt gerade der diesbezügliche Schlußabschnitt offen. Das Buch läßt sich auf die Fronten Privatkapitalismus contra Staatskapitalismus nicht verteilen. Es liegt quer dazu als eine Suche nach einem noch nicht realisierten System, das auch das Geld durch eine Gewaltenteilung demokratisiert.

Das Neueste, Stuttgart

304 Seiten, Kunststoff,
ISBN 3-87173-501-9

HANS GEORG SCHWEPPENHÄUSER

Macht des Eigentums

Auf dem Weg in eine neue soziale Zukunft

«Wie das alles miteinander im Zusammenhang steht, wie wir im Verlauf der geschichtlichen Entwicklung in die verfahrene Situation von heute geraten sind, wie auch der Kommunismus (als Staatskapitalismus) uns nicht retten kann, wie man in Freiheit von jeglicher Ideologie den Dingen und ihren Notwendigkeiten auf den Grund kommt, wie wir nicht an die fatale Alternative (Privat-) Kapitalismus-Kommunismus gefesselt zu bleiben brauchen, wie sich die Allmacht des Staates auf vernünftige Macht zurückschrauben läßt, wie sich das alles, wenn nur unbefangene Einsicht und ehrliches Wollen da sind, bewerkstelligen läßt – das berichtet sachkundig, spannend, lebendig, temperamentvoll und ungemein tiefgründig ein Mann, der die Vorgänge und Zusammenhänge aus eigener vielseitiger Praxis kennt.

Nürnberger Nachrichten

Projekte 40, 96 Seiten,
ISBN 3-87173-040-8

CHRISTOPH BARTELS

Aus erster Hand

Plädoyer für das Elementare im öffentlichen und privaten Leben

«Es gibt keinen Grund, sich die Lektüre dieses prächtigen Buches zu schenken: im Stil ein brillanter Essay, in der Sache eine gründliche und frische Studie – und im Preis sogar eine längere Anfahrt zum Buchhändler wert. Ich habe mich gleich über die thematische Weitläufigkeit und die sprachliche Originalität gefreut, die an keiner Stelle in das Belanglose abgleiten ... Der Autor bleibt auch, wo er ganz freundlich und liebenswürdig plaudert, bohrend und aufklärerisch. Dieser Umstand empfiehlt sein Buch noch einmal.»
Deutsches Pfarrerblatt

«Man möchte fast wetten: wer das Bändchen von Christoph Bartels in die Finger bekommt, der kann nicht mehr aufhören zu lesen. Mit Sicherheit wird er nicht mehr aufhören zu schmunzeln. Christoph Bartels zeigt mit scharfer Beobachtung und versöhnendem Humor, welch befreiende Chance das Elementare hat, wo es sich hervorwagt ... Gerade wer ‹keine Zeit› hat, sollte sich daher – in elementarem Aufbegehren gegen dieses Dogma! – die Zeit zu dieser Lektüre nehmen.»
Deutsches Allgemeines Sonntagsblatt

Projekte 51, 96 Seiten mit 11 Karikaturen, ISBN 3-87173-051-3

CHRISTOPH BARTELS

Berufsbilder im Wandel

Interviews aus der Praxis exemplarischer Berufe

Was soll man den Schülern heute raten, die unsicher sind, ob sie einen bestimmten Beruf wählen sollen? Hier sind acht Berufe als Beispiele ausgewählt und Personen, die sie ausüben, interviewt worden. So wird anschaulich, wie Berufe sich gewandelt haben und sich in Zukunft wandeln werden.
«Wer mit den Zeitgenossen Berufsfragen erörtert, muß sich auf das Feld der Bildungs- und Gesellschaftspolitik begeben. Dazu ist Bartels bereit. Aber er vollzieht diese Wendung zur allgemeinen Gesellschaftsproblematik – die für den einzelnen auch eine Fluchtbewegung sein kann – nicht zu rasch, sondern behaftet seine Gesprächspartner und Leser bei ihrer eigenen beruflichen Existenz.»
Evangelische Kommentare

Projekte 36, 96 Seiten, ISBN 3-87173-036-X

EBERHARD STAMMLER

Kirche am Ende unsres Jahrhunderts

Witterungen – Wünsche – Wagnisse

Es kann eigentlich nur einem Mann wie Stammler, seines Zeichens Pfarrer, derzeit leitender Redakteur der Evangelischen Kommentare, gelingen, glaubhaft über die Kirche am Ende des 2. christlichen Jahrtausends zu schreiben.

Stammler macht einen Prozeß bewußt, in dem sich die Kirche befindet. Er versucht Konsequenzen aufzuzeigen, und jeder, der das Buch liest, wird den Eindruck haben, daß diese Konsequenzen letztlich positiv sind. Es könnte ja tatsächlich sein, daß wir am Ende dieses Jahrhunderts mit Verhältnissen zu rechnen haben, in denen nicht nur die Wirtschaft, die Staaten, die Politik, sondern auch die Kirche einen völlig veränderten Boden vorfindet, auf dem sie tätig sein muß.

120 Seiten, Paperback,
ISBN 3-87173-513-2

HORST ALBRECHT (Hrg)

Christus hinter Sprachbarrieren

Versuche mit Rundfunkandachten
Ein Lernbericht

45 % aller Rundfunkhörer hören gelegentlich oder häufig Morgenandachten. Fast 10 Millionen Menschen – die Rundfunkandacht ist, vor allem dank ihrer günstigen Sendezeit am frühen Morgen, eine der meistgehörten Sendungen überhaupt. Fast drei Viertel sind mit den Morgenandachten «zufrieden». Ist also alles in Ordnung? Was suchen sie in dieser Sendung? Was bekommen sie? Was könnten die Verantwortlichen anders, besser machen? Und schließlich: Was ist mit dem restlichen Viertel der Hörer, die von den Meinungsforschern so charakterisiert werden: Protestanten überrepräsentiert, außerdem verhältnismäßig hoher Bildungsstand, überwiegend jüngere Leute, SPD-Präferenz, sachliches Interesse an kirchlichen Angelegenheiten.
Auf die genannten Fragen gibt Horst Albrechts Buch die genauesten Antworten, die heute möglich sind. Es dokumentiert Expertenbefragungen in verschiedenen Funkhäusern, enthält Texte und Analysen mehrerer Rundfunkandachten, einen grundlegenden sprachsoziologischen Beitrag zur Hörerforschung und außerdem neue Modelle von Rundfunkandachten.

140 Seiten, Paperback,
ISBN 3-87173-512-4

HANNAH GREEN

Ich hab dir nie einen Rosengarten versprochen

Bericht einer Heilung

«Dieses Buch erzählt die Geschichte der sechzehnjährigen Deborah Blau, Amerikanerin jüdischer Abstammung, die mit der Diagnose ‹Schizophrenie› in eine psychiatrische Klinik eingewiesen und nach mühsamer Behandlung und mancherlei Rückschlägen geheilt wird. Ganz offensichtlich handelt es sich um einen autobiographischen Bericht, der sich von anderen Büchern mit ähnlicher Thematik vor allem dadurch unterscheidet, daß er auf jeden sensationellen Kitzel verzichtet, vielmehr ungeheuer ehrlich, aufrichtig und unsentimental ist. Wie Deborah, die sich vor der Auseinandersetzung mit ihrer Umwelt in ein imaginäres Reich Yr geflüchtet hat, Schritt um Schritt von der jüdischen, aus Nazi-Deutschland entkommenen Ärztin dazu gebracht wird, die oft qualvolle Realität zu akzeptieren, wie sie den Alltag der Klinik und die Geschichte ihrer Leidensgenossinnen erlebt, das wird ohne Schnörkel und dramatische Hilfsmittel erzählt.
Aber dieses Buch ist spannender und aufwühlender als mancher Roman . . .»
Südd. Rundfunk (Bücherbar)

240 Seiten, Paperback,
ISBN 3-87173-505-1

ETHEL GRÖNING

Die Hakenkreuzbonbons

Eine private Chronik

Ein Leben, wie es viele von uns leben. Aber die meisten von uns könnten nicht so davon erzählen: ehrlich, ohne jede Scheu, dabei zugleich aus einer so souveränen Distanz, daß immer wieder Humor, gelegentlich auch
nie und Satire aufblitzen.
l Gröning ist seit etwa 20
Gemeindehelferin. Uns
uch bekannt, in dem
u so farbig, so leicht
r von einem sol-
hen Talent be-

Man kann eine zeitgeschichtliche Epoche, schon gar eine wie die Hitler- und Nachkriegszeit, nicht objektiv beschreiben. Ethel Gröning geht den entgegengesetzten Weg: sie reflektiert diese Zeit im Spiegel ihres subjektiven Erlebens. Leser, die heute zur mittleren Generation gehören, werden auf einprägsame Weise ihre eigene Zeit wiedergegeben sehen.

208 Seiten, Paperback,
ISBN 3-87173-510-8